现代学徒制人才培养金光模式
研究与实践

陶权 著

吉林大学出版社
·长春·

图书在版编目(CIP)数据

现代学徒制人才培养金光模式研究与实践 / 陶权著.—
长春：吉林大学出版社，2021.8
ISBN 978-7-5692-8598-7

Ⅰ．①现… Ⅱ．①陶… Ⅲ．①职业教育－学徒－教育制度－研究－中国 Ⅳ．① G719.2

中国版本图书馆 CIP 数据核字 (2021) 第 148074 号

书　　名：现代学徒制人才培养金光模式研究与实践
XIANDAI XUETUZHI RENCAI PEIYANG JINGUANG MOSHI YANJIU YU SHIJIAN

作　　者：陶权 著
策划编辑：邵宇彤
责任编辑：高珊珊
责任校对：付晶淼
装帧设计：优盛文化
出版发行：吉林大学出版社
社　　址：长春市人民大街 4059 号
邮政编码：130021
发行电话：0431-89580028/29/21
网　　址：http://www.jlup.com.cn
电子邮箱：jdcbs@jlu.edu.cn
印　　刷：定州启航印刷有限公司
成品尺寸：185mm×260mm　16 开
印　　张：19.5
字　　数：394 千字
版　　次：2021 年 8 月第 1 版
印　　次：2021 年 8 月第 1 次
书　　号：ISBN 978-7-5692-8598-7
定　　价：89.00 元

版权所有　　翻印必究

前　言

《国务院关于加快发展现代职业教育的决定》（国发〔2014〕19号）对"开展校企联合招生、联合培养的现代学徒制试点，完善支持政策，推进校企一体化育人"做出了具体要求，《国家职业教育改革实施方案》（国发〔2019〕4号）强调借鉴'双元制'等模式，总结现代学徒制和企业新型学徒制试点经验，校企共同研究制定人才培养方案，及时将新技术、新工艺、新规范纳入教学标准和教学内容，强化学生实习实训"，这表明现代学徒制已经成为国家人力资源开发的重要战略。2017年，广西工业职业技术学院被教育部批准为第二批国家现代学徒制试点单位。

为助力贫困学生圆大学梦，培育企业急需的卓越人才，同时为大学生提供大学毕业后充分施展才能的平台，亚洲最大、世界前10名的制浆造纸企业金光集团APP(中国)2018年3月在广西推出"圆梦计划"助学项目，金光集团APP（中国）为学生提供了良好的学习、生活条件，学生在学校三年的学习费用(包括学费、住宿费、书费等)全部由公司承担，学生毕业后，在金光集团旗下企业就业，工资及相关福利待遇不低于金光集团APP（中国）项目区当地本科毕业生水准，学生毕业就业后公司为工作业绩优秀者提供在岗本科教育的机会。

结合全国第二批现代学徒制试点项目的实施，广西工业职业技术学院、金光集团APP（中国）、广西大学三方共同成立"圆梦计划"金光自动化现代学徒班，积极开展金光现代学徒制试点人才培养模式的研究与实践。

本专著针对校企双主体育人教学运行机制建设、学校人才培养与企业用工需求不匹配、教学内容与企业岗位需求脱节等问题，从2015年开始校本研究，依托教育部现代学徒制第二批试点项目，借鉴德国、英国等发达国家现代学徒制经验和悉尼协议"学生中心、成果导向、持续改进"的OBE理念，结合广西壮族自治区特点，从专业设置、机制建设、招工招生、培养方案、双师队伍、资源建设、工学一体、教学管理、教学评价等方面，实践探索校企双元的少数民族地区现代学徒制，并进行模式改造和本土升级，形成了具有中国特色、制浆造纸风格的现代学徒制金光模式，具有一定的理论意义和较高的实用价值。

　　本书分为理论篇和实践篇，第一章和第二章是理论篇，第三章到第五章是实践篇。本书由陶权统稿，其中，第一章由王娟、庞广富撰写；第二章由谢彤撰写；第三章的第一节到第六节由陶权、苗文峰撰写；第三章的第七节由王彩霞、李华青撰写；第四章由陶权、王彩霞撰写；第五章的第一节到第四节由周雪会、李可成撰写，第五章的第五、六节由陶权、谢彤、庞广富、王彩霞和广西金桂浆纸业有限责任公司的王艳峰、欧芳芳、李华青、韦荣李、朱博峰、谢文飞、卢修龙、吕林辉等撰写。在撰写过程中，得到了金光纸业（中国）有限责任投资公司和广西金桂浆纸业有限责任公司的大力支持，在此表示衷心的感谢！

　　由于水平有限，书中难免出现错漏，烦请读者不吝指正。

陶 权
2021 年 5 月

目 录

上篇　理论篇

第一章　现代学徒制　　3
　　第一节　现代学徒制概述　　3
　　第二节　国外现代学徒制发展现状　　5
　　第三节　我国现代学徒制的发展和探索　　15

第二章　悉尼协议 　　20
　　第一节　《悉尼协议》的具体要求和专业建设范式　　20
　　第二节　《悉尼协议》专业建设范式实施流程　　26

下篇　实践篇

第三章　现代学徒班实践——以金光集团为例　　37
　　第一节　金光集团 APP（中国）"圆梦计划"　　37
　　第二节　金光现代学徒班双主体育人机制建设　　41
　　第三节　校企推进招工招生一体化　　48
　　第四节　成果导向的金光现代学徒班人才培养方案　　51
　　第五节　金光现代学徒班"双元育人、校企交替、四岗递进、生徒转换"人才培养模式实践　　71
　　第六节　校企混编的"双导师"教学团队建设　　75
　　第七节　金光企业文化引路，构建金光现代学徒班专业文化　　81

第四章　现代学徒班实施主要成效及创新点——以金光集团为例　　89
　　第一节　构建了企业参与人才培养全过程机制　　89
　　第二节　企业、学生、专业、学校多方受益　　95
　　第三节　形成了"双元四岗八共"人才培养金光模式　　96
　　第四节　创新亮点　　97

第五章	现代学徒班系列管理制度和标准——以金光集团为例	101
第一节	协议书	101
第二节	金光现代学徒班各种方案	119
第三节	金光现代学徒班的管理制度	148
第四节	金光现代学徒班的各种标准	162
第五节	根据制浆造纸岗位工程项目提炼的10个教学案例	240
第六节	其他材料	291

参考文献   303

上篇　理论篇

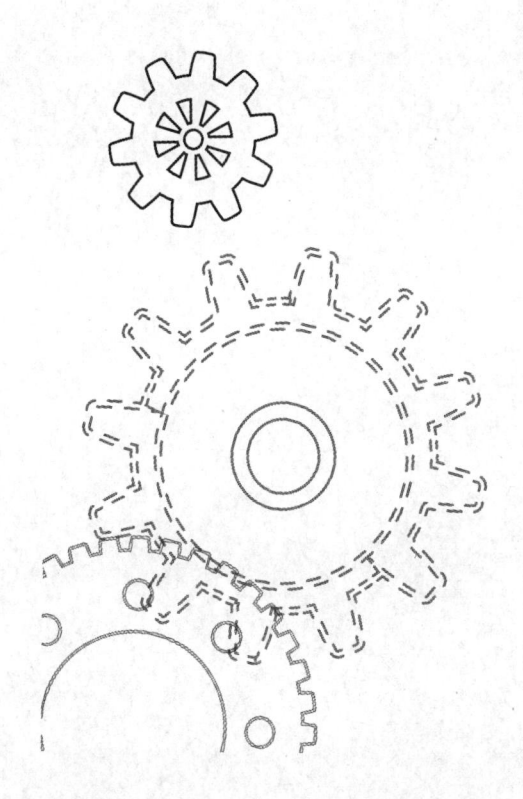

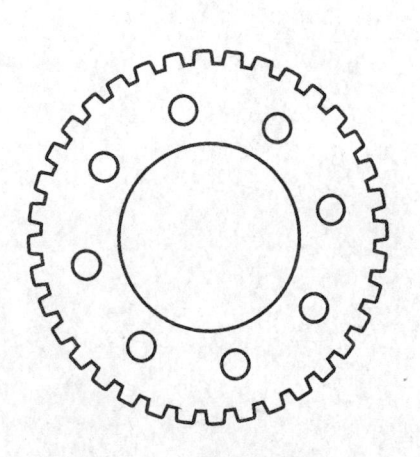

第一章 现代学徒制

第一节 现代学徒制概述

在世界经济竞争日益激烈的大环境下，我国经济发展转型策略和产业结构不断调整，技术及产品的创新周期急剧减短，使得企业更为看重员工的创新能力和综合素质。在职业院校产生以前，一种"边做边学"形式的师带徒的传统学徒制是文化、知识、技术传承的主要手段。18世纪下半叶，伴随工业革命建立起来的机器化大生产模式使得传统学徒制逐渐走向没落，顺应时代发展的职业学校教育取而代之。然而，单纯的职校教育重理论、轻实践，在培养人的创新能力与综合职业能力方面凸显出诸多弊端，职校毕业生不再是劳动力市场的"香饽饽"。部分发达国家经济的迅猛发展使人们感受到与经济、生产紧密联系的职业教育与职业培训的威力，在这样的时代背景下，学徒制在世界职业教育发展过程中重新回到了人们的视野，不同的是，人们赋予学徒制更多的内涵和意义，将其称为"现代学徒制"。

在世界各国的人才培养过程中，职业教育一贯承担着为社会及企业培养技术技能型人才的重任，然而近年来却出现了市场供需脱节、学生实操能力与行业企业需求相去甚远等问题。职业院校要发展、要创新，首先要进行改革，并积极尝试建立健全现代学徒制度，进一步提升职业教育对当地经济发展的贡献度。在城市化和企业规模化的格局下，传统学徒制必然会在诸多方面受到打击，原有的教学和培训方式已然无法继续彰显它的优势。因此，时代呼唤"现代学徒制"的诞生。

上世纪80年代末以来，国外出现了现代学徒制的改革浪潮，重新立法规范学徒制。现代学徒制已成为全球很多国家职业教育发展的战略重点，是当今世界培养技术技能人才的重要制度。据统计，在欧盟27个成员国里面，有24个国家在中等教育阶段开展了严格意义上的现代学徒制，另有 14 个国家在高等教育层面开展了广泛意义上的现代学徒制。如德国"双元制"模式的现代学徒制、英国的"现代学徒制"、澳大利亚的"新学徒制"等，这些国家都是通过有效的法律制度和相应的经费保障政策加以实施现代学徒制的。学徒制这种传统的职业教育形式，符合职业教育规律，能够协调教育和就业的关系，促进校园生活到工作现场的顺利过渡，为学生终身学习提供机会，降低青年失业率，提升企业竞争力。国际国内普遍认为，学生核心职业能力的发展，要通过"学校与企业相结合、学习与工作相结合"的校企合作模式来实现，现代学徒制是基于校企深度合作的职业教育制度和人才培养模式。在国内职教改革过程中，现代学徒制的推进力度呈不断上升的趋势，近几年来，李克强同志非常重视现代学徒制在职业教育中的试点和推进工作，希望借助试点，由点及面地构建完善的现代学徒制度。《国务院关于加快发展现代职业教育的决定》一文中提出，开展校企联合招生、联合培养的现代学徒制试点，完善支持政策，推进校企一体化育人。教育部重点推动开展现代学徒制试点工作，2013 年，委托部分地区、科研机构、职业院校与企业，开展现代学徒制理论研究和实践探索。2014 年 8 月 25 日，印发《教育部关于开展现代学徒制试点工作的意见》，这标志着我国的现代学徒制试点工作已经进入实质推进的阶段。建立"现代学徒制"这种职业教育人才培养模式是未来我国职业教育改革的大势所趋。

一、传统学徒制

传统学徒制度是一种超经济强制的特殊的雇佣劳动关系，由行会制度演变而来，是手工业行会组织的一个重要组成部分，它起源于中世纪行会对技工师傅的培训。在人类社会的生产和生活中具有重要的历史意义。所谓学徒制，是在行会规则下，学徒与雇主之间通过书面或口头的契约形式确定师徒关系，由师傅指导，徒弟在规定的时间内学习工艺、掌握技艺和熟悉从业技能的制度。《新哥伦比亚百科全书（第 4 版）》（1975 年）中提到："学徒制是学习一项技能或进入一个行业的制度，学员需遵守约定，并为其学习付出一定年限的劳动"。从以上界定中，可以看出传统学徒制存在契约关系，学徒在"师傅"的指导下，学习某种行业或职业技能，学徒与培训方签订协议，确定正式的契约关系，同时学徒还可获得劳动报酬。

二、现代学徒制

现代学徒制已经从根本性质上区别传统学徒制，这是一种将学校职业教育和学徒制相结合形成的现代技能人才培养模式。现代学徒制的核心是校企合作和工学结合，主要分为基于学校的新型学徒制和基于企业的新型学徒制两种。在现代学徒制的概念中强调的"现代"一词是相对于"传统"而言的。相较于传统学徒制，现代学徒制在经济社会背景、生产组织形式、技能传播范围、师徒关系的性质、是否有教育机构参与以及对人的要求等方面，有更全面的以及被赋予促进社会发展人物的要求。因此，现代学徒制是建立在信息社会、知识经济与"产品导向"生产组织形式基础之上的，是在创新、自我实现与终身学习等教育理念的普及及全球竞争加剧、产品创新周期大幅缩短的情况下，将生产现场的学徒培训与现代学校思想相结合的一种合作职业教育制度。虽然每个国家有不同的学徒制模式，但总体而言，世界各国的学徒制大多都具有以国家为主导，结合社会需求的发展特征。我国的现代学徒制指的是由企业和学校共同推进的一项育人模式，教育对象既可以是学生也可以是企业员工。一部分时间在学校学习，一部分时间在企业生产，并且可以从企业领取相应的工资。现代学徒制是一种强调师徒关系之间的技艺传承人才培养模式，但与传统学徒制相比较，不但拥有法律保障，而且从培养目标、培训方式等方面都有所改革和创新。

我国发展现代学徒制具有一定的优势：我国早在封建社会便有了传统学徒制，学徒制在我国古代以师傅带徒弟的形式存在，集中在工匠相关的行业。这为我国发展学徒制奠定了历史基础，使公众能够理解学徒制的概念和基本存在形式；我国的职业教育的发展在世界上处于领先地位，职业学院基本都有校企合作的相关经验，能很好地建立现代学徒制中与企业方面的合作；国家经济结构的转变需要企业聘用更专业的员工，企业面临着新入适岗技术员工的短缺，为了招收到更好更多的优质员工，企业也支持现代学徒制的发展。我国已开展现代学徒制试点工作，试点单位遍布全国，而学徒制未来必将由点带面，实现全民化发展。我国建立起政府支持，院校、企业共同协调，社会积极响应的完善的现代学徒制框架，必将为我国带来大批的技术型人才，实现社会经济的结构性调整，重现"工匠大国"的风采。

第二节　国外现代学徒制发展现状

学徒制是一种传统的教育形式，在中世纪时期随着手工业的发展和行会的出现渐渐形成。进入工业革命后，由于生产方式发生了变化，职业学校教育逐渐取代了学徒制，学徒制由此转向衰落。二战后，经济飞速发展，考虑到对优秀技术技能人才的需要，西方各国开始重新投入学徒制的建设，掀起一轮现代学徒制的改革浪潮。

历经革新的学徒制不仅包含了传统学徒制的优点，还有了一定的进步。英国的现代学徒制、美国的注册学徒制、德国的双元制、瑞士的"三方协作"现代学徒制以及澳大利亚的"新学徒培训制"是具有代表性的西方现代学徒制。它们制度健全、分层管理、校企合作、统一标准、普职融通的特点，有效促进了本国的经济发展。

一、德国"双元制"职业教育

德国成为传统的工业强国，其职业教育功不可没。德国官方声称："德国经济强势的根本原因，在于德国统一的和卓越的职业教育和职业继续教育。"其中"双元制"作为德国职业教育的主要模式，为德国职业教育蓬勃发展提供了制度支持。德国的职业教育无论从法律上还是从实践上，都与普通教育有着密切的联系，两者紧密衔接。德国实行12年义务教育制，其中9年普通教育、3年职业教育，普通教育为接受职业教育打基础。德国的职业教育体系包括职业准备教育、职业教育、职业进修教育以及职业改行教育。职业准备教育指的是对那些准备接受"双元制"职业教育的青年人进行的职业教育，其目标是通过传授获取职业行动能力的基础内容，从而使青年人进入国家认可的职业教育体系中。职业教育包括职业基础教育和专业教育，旨在针对不断变化的劳动环境，通过规范的教育过程传授符合要求的、进行职业活动必需的职业技能、知识和能力（职业行动能力），使受教育者获得必要的职业经验；职业进修教育主要指在职提高或晋升培训，是在职人员为了提高自己的技术业务水平，在企业谋求更好发展而参加的教育培训，其应提供保持、适应或扩展职业行动能力及职业升迁的可能性；职业改行教育应传授从事另一职业的知识。

职业教育主要在德国高中阶段的职业类学校开展。这一阶段的职业类学校有两大类。一类是就业导向的职业类学校，主要有两种：其一为"双元制"职业学校，学生主要来自主体中学或实科中学，学制3—3.5年，采取企业与职业学校联合办学形式，70%时间在企业，30%时间在职业学校，是德国技术工人的摇篮；其二为全日制职业专科学校，学生也主要来自主体中学或实科中学，学制1—3年，毕业后就业。另一类是"立交桥"式的职业学校，主要有三种：其一为专科高中，学生主要来自实科中学，学制一般为2年，其中实践与理论课程各1年，毕业生直升专科大学；其二为职业或技术高中，学生主要来自实科中学或已接受过职业教育，进行学制2年的全日制理论学习，毕业后升入综合大学（有专业限制）；其三为专科、职业或技术完全中学，学生主要来自实科中学，学制3年，毕业生直升综合大学。衔接德国职业教育与普通教育的"立交桥"极为畅通。

德国的"双元制"职业教育模式是其职业教育的一大特色。所谓"双元制"职业教育模式是指教育机构和企业联合承办职业教育，企业和职业学校、教师和企业培训师共同培养学生，最大限度地利用学校和企业的资源优势，强调理论和实践相结合，从而培养出有专业理论知识，又有专业技术和技能以及解决职业实际问题能力的高素质的技术人才的一种教育制度。

20世纪60年代以来，德国职业教育"双元制"的成功促使美国、欧盟国家以及中国在内的许多国家采用学徒制来培养年轻人,以提高就业率。德国的"双元制"起源于20世纪初,由于当时生产力的不断发展对技术人才的需要,企业培训和职业学校相结合的教育方式已经形成,但未制度化。1969年德国《职业教育法》的颁布,对职业教育培训进行了规定,首次提出了"双元制",标志着"双元制"教育模式的确立。此后经过几十年的不断发展,"双元制"已成为德国现代学徒制的特色,并成为世界现代学徒制研究的典型,被其他国家争相效仿,并创造出许多适合各国国情的现代学徒制培训项目。德国的《职业教育法》规定:18岁以下的青年必须接受职业教育。参加"双元制"职业教育的青年人要与企业签订职业教育合同,他们有学员和学徒的双重身份,在企业接受实际操作技能培训,在学校进行理论学习。国家承认的教育职业约350个(该数量随社会生产发展变化而变化),每个职业有相应的《职业教育条例》,它是职业培训和考试的基本依据。根据该条例及相关法律、法规,"双元制"培训考试一般分为中间考试和结业考试。结业考试在企业考技能,在学校考理论。它既是"双元制"的出口考试,也是从事职业的入口考试。

(一)"双元制"的显著特点

(1)企业广泛参与,并发挥主导作用。德国双元制职业教育事实上是从学徒制度发展而来的。也就是说,随着工业化生产的发展,完全由企业承担的学徒制度吸收了学校教育的内容,形成了职业教育制度。从职业教育的招生到培训都有企业的广泛参与。在德国,绝大多数大型企业拥有自己的培训基地和学员,有些没有能力单独按照培训章程提供全面和多样化职业培训的中小企业,能通过跨企业的培训和学校工厂的补充训练、委托其他企业代为培训等方法进行职业教育。"双元制"职业教育模式下的学生大部分时间在企业进行实践操作、接受技能培训。关于考试及资格的认证也有企业组成的行业协会主管。

(2)健全的法律法规体系。德国的职业教育在学校名称、培养目标、专业设置、学制长短、办学条件、经费来源、教师资格、教师进修、考试办法、管理制度等方面,均设立了一套包括立法监督、司法监督、行政监督、社会监督在内的职业教育实施监督系统,使职业教育真正做到了有法可依,依法执教,违法必究,以法律形式完善了职业教育的管理和运行模式,促进了职业教育健康有序发展。《职业教育法》和《手工业条例》是其职业教育最重要的法律依据。

(3)各类教育形式之间的灵活分流。德国各类教育形式之间的随时分流是德国教育的一大显著特点。学生在接受基础教育之后的每一个阶段,都可以从普通学校转入职业学校接受职业培训。同样,学生在接受了"双元制"职业培训之后也可以再经过一定时间的文化课补习,重新进入高等院校继续深造和学习。德国职业教育的各个层次以及它们与普通教育之间可以相互沟通，形成了"H"型结构网络。因此，这种教育体系可以为每一位受教育者提供纵向、横向的发展机会，使绝大部分学龄儿童及青少年能接受到至少一项职业教育训练，直接掌握一门技术而被企业雇用，同时又能为继续深造的青年提供接受高等教育的机会。

德国"双元制"模式，充分调动了企业和职业学校的各种优势资源，将职业理论和实际操作有机结合起来，提高了学生的职业素质，同时其健全的法律法规体系和教育形式的灵活转换，满足了学生多元和个性发展需求，保障了职业教育有序健康发展。

（二）德国"双元制"现代学徒制改革

为了延续"双元制"职业教育的传统优势，推动以"双元制"为标准的现代学徒制的进一步发展，使"双元制"职业教育人才能适应数字化和现代化需求，德国政府于2019年底正式颁布了《职业教育法修订案》。此次修订对德国"双元制"的现代学徒制度也进行了进一步修订和完善，修订后的《职业教育法》于2020年1月1日正式生效。主要进行了以下几个方面的改革。

（1）明确双元制学徒报酬最低额度。新修订的《职业教育法》第17条和18条中规定，为增强双元制学徒的生活待遇保障，有关企业需要为学徒支付职业教育报酬，并明确提出职业教育报酬的最低额度以及具体的实施要求，从法律的角度保障学徒获得报酬的权益，以提高双元制职业教育的吸引力。专业有利于缓解企业和学徒间因为劳资关系造成的矛盾和利益冲突，使学徒全身心投入职业技能的学习中，进一步为企业创造价值。

（2）拓宽双元制学徒入学和升学途径。为了吸引学生进入双元制职业教育学习，新修订的《职业教育法》规定，拓宽双元制职业教育与其他阶段教育的通融性，以法律的形式明确双元制学徒的入学和升学途径。

（3）增强双元制学徒的保障机制。《职业教育法》修订案中对双元制学习者（学徒）受教育过程中可以享有的权利保障机制进行了说明，主要包括三方面：学习者的学习物资保障，学习者在外培训权益的保障以及通过修订其他相关法律对学习者权益的保障。

（4）推动双元制教育体系数字化、国际化。伴随着德国工业4.0进程的不断推进，近年来职业教育出台了一系列政策推进教育数字化进程。早在2012年德国就开始实施"职业教育中的数字媒体"计划，并随着时间的推移不断加深推进。该计划旨在推进数字技术在职业教育与继续教育中的应用，开发适用于教学的新品，提高学习者和教学者应用数字技术的能力。2016年4月德国提出"职业教育4.0——适应未来数字劳动专业人才资格与能力"倡议。该倡议支持德国科研企业以双元制教育为基础，分析数字化对职业要求在数量和质量上的影响，从而更好地为修订职业教育法提供依据。同时建立职业教育4.0的监测与预测系统，从劳动市场和职业资格角度考察未来数字化发展的情况，从而分析劳动市场对具有数字化劳动能力的人才的具体需求。德国强大的工业得益于完善的职业教育制度，"双元制"作为德国职业教育的传统模式，成为其现代学徒制的主要特色，为德国职业教育的蓬勃发展做出重要贡献，同时也为德国工业发展培养出大量技术人才。在新一轮的职业教育改革和现代学徒制改革的背景下，德国坚守双元制在职业教育领域的重要地位，坚持把双元制的现代学徒制作为主体。为了确保双元制的现代学徒制在职业教育领域的地位，德国采取一系列措施，从增加双元制的现代学徒制的吸引力，提高双元制的现代学徒制的教学质量，促进双元制的现代学徒制的国际化进程3个方面进行改革，进一步优化双元制的现代学徒制度，确保双元制在德国职业教育中的传统地位和重要作用。

二、英国现代学徒制

学徒制在欧洲有着悠久的历史，英国从12世纪起实行学徒制，中间历经多次改革变化。1993年11月，英国政府提出"现代学徒制"（MA，Modern Apprenticeship）项目，并把这一项目看作"重振英国职业教育与培训的国家行动计划"，现代学徒制在吸收传统学徒制优点的基础上结合了现代社会的特点，发展出了学徒制新模式。

英国学徒制的制度体系是在国家职业资格框架下展开的，并随之不断做出调整。当前英国正式的学徒共包括三级，面向的是16岁以上的所有人：中级学徒制（Intermediate Apprenticeship）——对应国家职业资格NVQ2级；高级学徒制（Advanced Apprenticeship）——对应国家职业资格NVQ3级；高等学徒制（High Apprenticeship）——对应国家职业资格NVQ4级及以上。

英国学徒制有显著的特点。

1. 更新的培养目标

培养目标是一种教育形式区别于另一种教育形式的本质特征。随着生产力的发展和科学技术的进步，现代生产活动的科技含量越来越高，工艺越来越复杂，职业流动性越来越大，英国现代学徒制的培养目标在传统学徒制的基础上有了进一步的发展。现代学徒制的培养目标从单纯培养熟练技术工人发展到培养理论联系实际的新型劳动者，因此，它的适用领域有了较大的拓展。

2. 多样的课程体系

课程是实现培养目标的媒介，英国现代学徒制培养理论联系实际的新型劳动者的目标通过其多样性的课程体系得以实现。二战之前，英国的学徒制培训就已经引进了脱产培训，但培训内容不规范，课程不成体系，培训内容主要由雇主与学徒协商确定，主观随意性强，缺乏系统性，培训质量难以得到保证。英国现代学徒制加大了课程开发的力度，在课程的科学性与实用性方面有了长足的进步，形成了既相互联系又相互独立的课程体系，该课程体系包括三个方面的内容：

（1）关键技能课程。关键技能又称核心技能，是从事任何职业都必须具备的跨职业的基本工作能力，是为应对现代生产的高科技含量和职业流动性不断增强的状况而开设的课程。

（2）NVQ课程。NVQ是国家职业资格（National Vocational Qualifications）的简称。它是一种以国家职业资格标准为导向的职业资格证书制度，它以不同岗位所需要的基本能力为基础，开发出相应的行业岗位标准，是为具体职业而设置的资格体系，它几乎覆盖了所有职业的各层次标准——从刚工作的新手到高级管理人员的技能和知识要求以及在实际工作中的职责、权利范围与行为规范要求。

（3）技术证书课程。技术证书是一种评价具体职业知识水平和理解力的证书。它为国家职业资格的获得提供必要的基础知识和理解力的学习。学习与技能委员会和课程与资格局正在开发相关课程。国家和课程局已经认可在某些领域把高级职业教育证书或职业资格A水平（高级普通国家职业资格证书的新名称）作为技术资格的过渡性评价。技术资格将与高等教育的基础学位衔接，为完成高级现代学徒制培训的青年开辟接受高等教育的新路径。

3. 工读交替的教学模式

英国现代学徒制的培养目标主要是通过工读交替的教学模式来实现的。随着现代社会生产方式的巨大变革，科学技术的不断进步以及现代学徒制的范围的不断拓展，社会生产对工人的素质要求大大提高，传统学徒制单纯的现场教学模式不能适应新的生产方式的需要。因此，英国现代学徒制在传统学徒制现场教学的基础上发展出现场教学与学校教育相结合的工读交替的教学模式。整个学徒期一般持续4-5年，第一年徒工脱产到继续教育学院或"产业训练委员会"的训练中心去学习，在以后的几年中，培训主要在企业内进行，徒工可利用企业学习日的时间每周一天或两个半天带薪去继续教育学院学习，也可去继续教育学院学习一些"阶段性间断脱产学习"的制课程，徒工完成整个学徒训练计划，并顺利通过相关考核后，还可获得相应的职业资格证书。

三、澳大利亚新学徒制

澳大利亚的职业培训可以追溯到中世纪，其后的职业培训管理和监督权逐渐由行业协会向国家政府部门转移，逐渐发展成为根植于"双元"体系的新学徒制。1998年联邦政府开始实行新学徒制，新模式认为学徒的培训应该同时在企业和职业学校展开，并以企业培训作为学徒培训的主要组成部分。同时，新模式也规定雇主（也就是提供职业培训的企业方）与学徒之间要签订培训合同，而且这些合同还要在企业所属的州和地区培训局等机构正式注册备案。

澳大利亚的新学徒制是在一个全国统一的培训框架下开展的，以培训包模式进行培训，培训包的内容主要包括职业能力标准、职业培训标准与考核评估标准三大部分，培训包由国家产业培训委员会开发，国家有关部门审批。开设的内容都由国家各相关专业培训理事会及其顾问组织根据产业发展需要来确定，并根据劳动力市场的变化不断调整。职业培训标准与能力标准是高度统一的，国家能力标准有一个通用的表达格式，该能力标准由八种不同的能力水平等级构成，极为详尽且有很强的可操作性。

澳大利亚的新学徒制注重市场导向，政府根据市场需求、新学徒的就业率与收入水平进行资助，对社会急需的职业培训重点支持，拨款高于其他职业培训；对培训机构的资助主要根据学员结业后的就业率高低与收入多少确定；对招收学徒的企业在税收上给予优惠。

澳大利亚新学徒制联合社会各类主体一起，在技术和继续教育学院（TAFE模式）的基础上运行，有确定的培训项目和依据标准，培训广泛、方式灵活、对象多样且证书多样。此外，政府还给予高于其他行业的经费支持，这大大提高了参与培训各方人员的积极性，有效发动了社会组织的力量，特别是新学徒制培训服务中心，其服务内容包括学生在企业接受学徒培训的合同和享受待遇等各个具体项目，并全程跟踪、提供保障，是连接职业学校和企业的桥梁。

但是，澳大利亚新学徒制也存在着一些急需解决的问题。首先是在职培训与脱产学习的整合。新学徒制最重要的一个特点是将在职培训与脱产学习相结合，学徒在工作现场进行培训，可以迅速地将所学的知识应用到实际中去，但是，生产本身的压力以及工作情景变化的不可预测性给培训带来了一定的困难。而由培训机构提供的全日制教育恰好可以弥补这一缺陷，可以帮助学徒系统地获得某一职业领域的知识、学会学习以及掌握关键技能。此外，通过与其他企业的学徒进行交流可获取更多的职业信息，提高未来就业弹性。但实际情况却是，大部分雇主不了解学徒在TAFE学院学习的情况，似乎也没有机会让学徒在工作现场操练他们在TAFE学院学到的东西；同样，TAFE学院的老师也不太了解学徒的工作情况。所以如何更加有效地将在职培训与脱产学习整合在一起，是澳大利亚提高学徒培训质量所要解决的一个难题。

其次是辍学率居高不下。学徒和受训生一直以来都是澳大利亚手工业、贸易等领域技术工人的主要来源。新学徒制诞生之后，虽然学徒和受训生人数逐年增加，但学徒和受训生辍学比例也在逐年递增，因此，在大力发展新学徒制的同时，人们也越来越关心学徒制和受训生制辍学率的问题。就业关系对学徒制辍学情况影响最大。一项调查表明，辍学者有一半以上是因为工作或与雇主相关的原因而中断培训，如被当作廉价劳动力使用、恶劣的工作环境以及与雇主关系不融洽等；培训的质量是导致辍学者中断培训的另一个重要原因，缺乏雇主和指导者的支持以及脱产学习的名存实亡导致很多学徒中断培训。

为了解决上述问题，澳大利亚政府进行了目标明确、内容清晰的学徒制改革。2005年颁布的《实现澳大利亚劳动力技能化法案》，标志着"新学徒制"改革的开始。改革目标非常明确，一是建立从中央政府到州/领地统一的学徒制管理机构。二是雇主肩负为学徒提供长期有效深造机会的责任。三是解决技能型人才紧缺问题，引导人才质量和结构向合理方向发展。四是改善学徒培训条件，既要缩短培训时间，又要保证培训质量。五是通过成功学徒的典型引领，激发各类人员对学徒制的认同并积极参与其中。六是全方位关怀学徒的专业技能与素养品德养成，提高学徒留存率与毕业率，以高质量的学徒标准回馈社会。

"新学徒制"改革内容清晰。在政府层面，联邦政府负责规划职业教育发展战略并协调处理跨地区与跨行业企业问题，具体事务则交由政府、行业企业、工会、雇员组织和培训机构等代表组成的国家质量委员会负责。州/领地政府负责对学徒制发展做出战略规划、注册管理培训机构、审批学徒培训合同、确保培训质量、提供经费支持等。改革内容中还增加了职业研究生证书与文凭，建立了新的培训质量标准。2006年开始澳大利亚不再使用"新学徒制"这一词汇，而是直接为其冠名"澳大利亚学徒制"，意在打造澳大利亚现代学徒制的品牌，为此，澳大利亚实施了能力本位的国家学徒培训计划与学徒加速培训计划，用能力本位的培训与认可模式来取代以前的以学制时间衡量学徒质量的机制。二是服务支持系统完善。澳大利亚政府直接面向雇主和学徒及利益相关方提供与学徒制相关的一切服务，包括为学员提供拟从事行业的相关资料、寻找合适的雇主或学徒、签订培训合同、协调雇主与学徒的关系、申请激励经费等，并与集团训练组织、注册训练机构、学校和社区组织等机构保持有效联系。学徒培训机构开设各种认证课程，必须达到质量培训框架要求并经过批准才给予注册。持续改进培训包，以三年为限，由行业技能委员会对培训包进行修订、更新与整合，且经过相关部门认可后才能正式启用，以保证培训内容的针对性与适时性。

四、美国注册学徒制

1937年，美国颁布《国家学徒制法案》（National Apprenticeship Act），该法案正式将学徒制纳入联邦政府管理的范畴。2008年，美国重新修订了《国家学徒制法案》，特别强调学徒制不仅可以满足现代经济社会对技能型劳动力日益增长的需求，还可以满足各利益相关主体的需求。

（一）美国现代学徒制的组织管理

1. 美国学徒制的联邦级组织管理

美国现代学徒制受《国家学徒制法案》的约束，根据该法案，美国劳工部（Department of Labor）被授权管理和协调学徒制的相关事宜。如规范学徒标准并促进其实施以保护学徒权益，协助主体间合作制订学徒制项目并推进学徒制项目实施等。美国劳工部则设立学徒制咨询委员会（The Advisory Committee on Apprenticeship，ACA）专门负责为联邦政府提供与现代学徒制相关的决策咨询和建议，主要针对五个方面：一是为制定和实施影响全国现代学徒制的政策、法规和规章提供意见；二是研究如何将学徒制模式扩大到能源和医疗等行业；三是研究如何更有效地与社会劳动部门、教育部门及社区合作，提升学徒制认可度；四是如何为所有人提供就业机会，为新员工和在职员工、青年和弱势群体等提供持续就业的机会；五是努力提高国家学徒制的绩效，做好质量监督工作，促进学徒制健康、公平、高质量发展。因此，《国家学徒制法案修订案》还做出规定，劳工部可任命咨询委员会相关成员以促进学徒制培训工作顺利开展。

2. 美国学徒制的州级组织管理

在联邦政府《国家学徒制法案》的基础上，各州也纷纷制定了相关法律以保证学徒制的顺利运行，这些法规不仅对管理和参与学徒制的相关组织和个人的责任进行了界定，还对州级管理组织的责任和义务进行了规定，主要负责学徒制实施过程中的具体细节，如选拔学徒、确定行业学徒制标准、确定培养方案和时间、签署学徒制协议等。州级法律法规以联邦政府顶层设计为基础，同时形成双重法律保障、多级组织管理的运行机制，正是这些制度保障使得联邦级与州级管理组织规范有序，学徒制得以在州和全国范围内蓬勃发展。

（二）美国现代学徒制的实施

美国现代学徒制的利益相关主体主要有三个，受益最大者便是学徒工，通过接受学徒培训，获取谋生的技能；其次是企业雇主，这里代表了行业、企业，承担着学徒培训的责任，同时可获得劳动力资本；最后是社区学院，学徒培训学习理论知识的主要机构。只有各方主体在每个政策实施的具体环节中相互配合，才能达到学徒培训的目标。

1. 美国现代学徒制的三大主体

第一，学徒。学徒是现代学徒制组成要素中最基本、最核心的要素，更是学徒工作顺利开展的核心主体。学徒主要培育对象一般为拥有操作技能或者其他目标职业相关技能的年满 16 周岁的中学毕业青年,有些特殊专业年龄要求为 18 周岁以上。除青年毕业生外,注册学徒制学徒工还包含部分失业人员、退伍军人、家庭妇女以及社会专业技术人员等。根据学徒与雇主之间的注册协议规定,学徒必须完成规定学时的理论知识与实际操作技能的学习,由学校和雇主企业分别承担两部分的学习内容的教学人物。学习年限一般为一年至五年不等,这取决于学徒所选择的行业。学徒在学习期间,不仅免除学费,还可以获得雇主企业实习工资。完成培训后,学徒通过职业能力结业考核后方可结业,并取得州级学徒制事务管理局或劳工部颁发的结业证书。同时,一些行业的学徒如果修够了相应专业的理论课程学分,可继续到两年制或四年制的大学进行深造,获得学位。

第二,雇主企业。美国现代学徒制的项目主要由雇主企业、劳动管理组织和行业中心组织者三者承担。雇主企业根据相关规定,登记注册成为学徒制项目的承担单位,在州立学徒制事务局或劳工部学徒制管理部门取得备案,履行学徒签署的学徒制协议。雇主企业还负责与学校教育机构合作,制订培养方案和课程计划,并对学徒的实践培训计划及具体实施的过程负责。此外,雇主企业还会为学徒分配一个相应行业领域的熟练工即师傅对其操作实践课程进行指导。学徒学习期间的工资、在社区学院学习理论课程产生的学杂费和教材费用及为学徒工提供岗位实习所要投入的经费等,都由企业雇主承担。

第三,社区学院。美国走出金融危机的阴影后,在 2015 年开始推行社区学院承诺运动(Americas College Promise),实施指导性路径改革,大力推广"证书制度"和"学徒制"。公立社区学院成为为学徒工提供理论教学的主要教育场所。根据雇主企业与学徒的需求,合作的社区学院会有专业教师提供行业专业领域的理论课程的教学,包括语文、数学、英语等基础课程以及与岗位相关的技能理论课程。每一个学徒工每年至少要完成近 150 个小时的理论学习和近 2000 个小时的岗位技能培训课程。理论课程的学习与企业实践课程同步交替进行,理论课程大多会安排在企业的休息日进行。学徒在取得结业证书后,还可向社区学院提出申请副学士学位的请求。

(二)美国现代学徒制的核心内容

(1)学徒准入资格。在美国现代学徒制中,如何挑选合适的学徒也是有法律规定的,所有选择学徒的方法和措施,必须经过地方学徒理事会办公室批准,以保证政策实施的公平性。学徒准入标准必须是一致的且每一个学徒项目只能选择其中一种准入标准,并且需保障准入标准对每一位准学徒都是有效的。在大方针政策下,各州政府制定了相应的规定,确保准学徒的权利和义务的公平。

(2)工学结合模式。在真实工作环境中的实践培训和课堂上的理论教学都是学徒培训缺一不可的，学徒可在获得文化理论知识的同时提高解决问题的能力和其他职业能力，如人际交往能力等。

（3）学徒结业认证标准。为了保障学徒制培训的发展和进步，政府在现代学徒培养标准的制定上发挥了主导作用。美国成立了国家学徒制委员会，主要负责《国家学徒标准》的制定，并根据需要定期进行修正，为行业提供最新的学徒培训政策。

第三节 我国现代学徒制的发展和探索

改革开放以来，我国学校职业教育体系在国民经济的高速发展中取得了令人瞩目的成就，在其规模不断扩大的同时服务社会的能力也不断增强，职业教育体系中的学历教育与职业培训并举的模式为各行各业系统地培养了大量人才，最早的职业技术教育形式是学徒制。但是，我国职业教育也存在着突出的问题。长期以来，受传统思想的影响，我国对职业教育的社会认可度一直较低；职业教育理论和实践脱节而导致的教学质量不高是制约职业教育发展的重要问题；职业教育并未得到充分发展。目前我国正处于国际地位上升和国际竞争力不断提高的时期，处于大力建设国内国际双循环经济模式的阶段，人力资源短缺和国民技能水平匮乏的问题日益凸显。因此，人们开始重新思考职业教育的定位与发展，学徒制是职业教育的重要形式，是发展经济的重要措施。重视职业教育和学徒制的发展，培养具有较丰富的理论知识和高技能水平的现代劳动力显得尤为重要。现代学徒制强调工作导向和工作经验，工学结合的培养模式既可以有效解决毕业生理论与实践脱节的问题，提高学生的综合素质和就业竞争力，又可以提高学校教育对社会需求的适应能力。因此，现代学徒制被寄予培养高水平技术技能人才的厚望，发展现代学徒制成为我国职业教育改革的内在要求。当然，现代学徒制的发展需要政府的大力支持及良好的社会环境，各行各业的共同协作及其体系内部的改革也是必不可少的。

为了加速现代职业教育改革进程，我国开始从国家战略的高度大力支持人才培养模式改革。2010年的《国家中长期教育改革和发展规划纲要（2010—2020年）》《教育部关于推进高等职业教育改革创新引领职业教育科学发展的若干意见》《国务院办公厅关于开展国家教育体制改革试点的通知》纷纷提出构建现代的职业教育体系，推行校企合作的办学体制，改革职业教育培养模式。2014年的《关于加快发展现代职业教育的决定》提出积极发展多种形式的继续教育。2019年又颁布了《国家职业教育改革实施方案》更是提出要启动1+X证书制度试点工作、建设"双师型"教师队伍、实施"提高计划"等，由追求规模向追求质量转变，力求办成专业特色鲜明的现代职业教育。这一系列政策法规的出台，标志着我国进入了加快发展现代职业教育的"新常态"，尤其是 2014 年下发的《教育部关于开展现代学徒制试点工作的意见》，更是为职业院校的现代学徒制改革指出了"新思路"，树立了"新目标"。职教人才的培养模式取决于社会经济的发展模式，职业教育在不同的经济发展阶段要有与之相适的人才培养模式。在我国经济发展即将迎来新常态化的历史阶段，职业教育探索试行现代学徒制已上升为国家意志。

现代学徒制是企业从单纯用人、订单式培养转化到全程介入的育人模式，是职业教育扎根于企业的最佳途径之一。实行现代学徒制的核心就是正确处理好政府、学校、企业和学生（学徒）四者之间的利益关系，并通过特定方法，牢固其关系，以形成长效机制，实现国内高职院校现代学徒制高速全面发展。借鉴国外现代学徒制的成功经验，现对我国高职院校实施现代学徒制提出几点建议。

一、完善法律法规体系，明确管理主体责任

我国官方文件中首次出现"现代学徒制"一词还是在 2011 年的《教育部关于推进高等职业教育改革创新引领职业教育科学发展的若干意见》，而真正关于现代学徒制的相关文件还是 2014 年的《教育部关于开展现代学徒制试点工作的意见》，但是该文件还属"意见"性质，并未上升到"法"的高度，其约束力和指导力与法律还相差甚远。而美国早在 1937 年就通过了《国家学徒制法案》，已经将现代学徒制的规范和保障上升到了国家立法的层面；英国 2009 年发布的《学徒制、技能、儿童与学习法案》，结束了二百多年英国学徒制无法可依的历史；瑞士 2004 年新修订了《联邦职业教育法》，明确了职业教育的责任主体；澳大利亚早在 1894 年就制定了不同于英国的《1894 新南威尔士学徒法案》，该法案虽历经修改和补充，但仍然保留着一些关于学徒管理的框架。国家的制度和政策安排，特别是政府的教育政策对现代学徒制影响巨大，我国现代学徒制发展的政策需要进行科学定位，顺应社会发展趋势，不断对相关法律进行修订与完善、出台相关政策以立法保障促进现代学徒制试点工作的良好运行。现代学徒制应以《中华人民共和国职业教育法》为基础，指导各个行业领域的学徒管理，规范招生或招工条件，学徒在完成学徒培训之后，根据考核评价结果与企业协商是否留在企业中继续工作。此外，法律政策等还对现代学徒制试点工作中可能出现的问题做出可操作性的指示，要将各利益主体的诉求作为政策内容的关键点，尤其是要让企业等主体看到潜在的利益，调动其参与积极性。例如，在签订合同方面，应出台相关规定，包括学生在学校学习的师资配备，学校要从人才培养的需要出发，制订课程内容，也包括在企业实习期间的工作安排、实习工资、住宿安全等，让学生在学习、工作期间都能得到保障，若发现问题，学生和雇主两边都可以借此规定切实保护自身权益。要做好政策实施质量监督工作，对实施的成效进行评估，随时

关注法律政策实施中遇到的问题，不断修订与完善政策，使现代学徒制的法律政策体系更加规范化。

目前我国现代学徒制还处于试点阶段，尚未形成明晰的培训体系，有关学徒制的政策制定、管理组织和实施、评价标准的制定等还未有明确的标准，我国应借鉴外国经验，建立起合理的学徒制管理体制，设立自上而下的管理机构，中央管理部门负责全国现代学徒制的总体统筹规划，省级管理部门根据国家的政策文件和思想制定适合本省实情的学徒制管理规范，地方管理机构负责当地的学徒制的监督与管理。

二、提升学徒人才培养层次，实现与高等教育互通路径

中职、高职高专院校是我国实施现代学徒制的主要教育机构，学徒制与高等职业教育甚至高等教育体系之间建立互通桥梁是发展学徒制的重要途径。我国应重视学徒制与高等教育互通机制问题，致力于营造有利环境，试推行硕士学位制度。如果将学徒制推广到本科层次甚至硕士层次的应用性专业教育中，既有利于普通高等教育培养满足企业需求的应用型人才，也有利于学生、学徒掌握更深厚的理论知识和职业技能，提升职业发展预期，打造更好的职业发展道路。实现学徒制与高等教育互通路径，将学徒制与学位挂钩有以下益处：

（1）可以为许多职教院校学生提供继续深造的上升通道。学徒制与学位有机结合，可以给予毕业的学徒进一步提升自己的机会，改变原来为追求学历不得不从技术型人才向理论性人才转变的思想，减少高级技能人才流失。学位与学徒制的有机结合不仅满足学生与社会的需求，还提升了学徒制的整体层次，使学徒制的层级更具合理性。

（2）激励高等教育机构的参与积极性。工学结合的培养模式让学生的知识素养和实践技能得到更好地培养和提高，还可以使学生获得相应的学位，完全符合高等教育机构尤其是高等职业院校的培养目标。

（3）满足社会对不同层次职教人才的需求。拓展学徒制的培训层次，合理布局中、高级技能人才的培训规模，既能培养出有熟练技能和研究能力的专业技术人才，又可适应经济发展与企业转型升级的实际需求。

将学徒制扩展到更多领域和行业需要高等教育、职业教育与学徒制之间有更强的联系，结合目标明确的政策，促进教育机构、企业和学徒管理机构之间的密切合作。学徒制与高等教育连接有以下方法：

（1）建立雇主、本科大学和专业机构的联盟组织。市场需求、发展空间、资金投入、政府扶持、社会认可、多元参与等都是影响人才培养的重要因素，建立联盟组织可以加强各个主体之间的密切联系，只有各方机构都发挥作用，才能真正实现学徒制

与高等教育互通。

（2）开设新型学徒制课程。普通应用型本科根据专业开设相关的课程，学徒通过学习课程获得大学学分，作为他们获得学士学位或硕士学位的必要条件之一，课程设计可由企业雇主、大学和专业机构合作完成，同时设置对应的课程标准，以高要求培养高层次技能人才。

（3）制定统一的学徒制标准。将学徒需要学习的技能分成多个模块并设置多个等级，以学徒标准为标杆检验学习质量，并进行评估，判断学徒是否达到专业等级，这些标准由雇主、行业专家和职业教育专家一起制定。

实现学徒制与高等教育互通任重道远，但是，这是学徒制发展的必然要求，我国也需逐渐探索出一条互通路径以发挥学徒制的内在潜力。

三、设立专职管理组织，发挥社会资源培训功能

发展现代学徒制需各方力量通力合作，集各界力量实施多元举措，这需要借助政府的领导和推动作用，广泛汇集行业企业等社会资源，以学校为主要载体，助力现代学徒制发展。产业与教育两者属性不同，需要政府推动或提供法律保障来促进两者的协作，全力推动教育教学与学徒制发展互通互融。而行业是产业的载体，在学徒制发展中可以加强职业技能指导、评价和服务，同时为企业和政府搭建信息沟通平台并进行校企合作的组织协调，推行行业管理标准和规范制度，增强学徒制度的有效性。学校则通过招收更多的学生，拓展学科专业平台，构建以企业需求为导向的人才培养模式，企业则可以从学校获得源源不断的人才资源、科研平台等，企业也参与学校的学生培养，如技术指导、学科专业拓展等。资源汇集需要一个有力的保障组织，行业协会和专业委员会在建立行业规范的过程中发挥着不可替代的作用，全国各行业的专业协会委员会都应该致力于将自身在行业中的拥有的专业知识与技能应用到现代学徒制标准的制定中，做出重要的贡献。

2019年1月国务院发布的《国家职业教育改革实施方案》中提到，支持组建国家职业教育指导咨询委员会。既然有专门的职业教育指导咨询委员会，那么，也可以在职业教育指导咨询委员会制度下设立专门的现代学徒制指导咨询委员会，负责协调全国现代学徒制的相关事务，除了要完成提出政策研究建议、参与制定国家现代学徒制的法律法规等任务外，还需要协调好全国各地参与主体之间的关系，建立相对完善的现代学徒制制度体系等。国家现代学徒制指导咨询委员会应广泛汇集社会资源，制定出一套基于行业需求的学徒标准，如学习年限、理论课程与实践课程课时分配、基本规定等。

以国家现代学徒制指导咨询委员会为首，各地方也应建立起相应的地方现代学徒

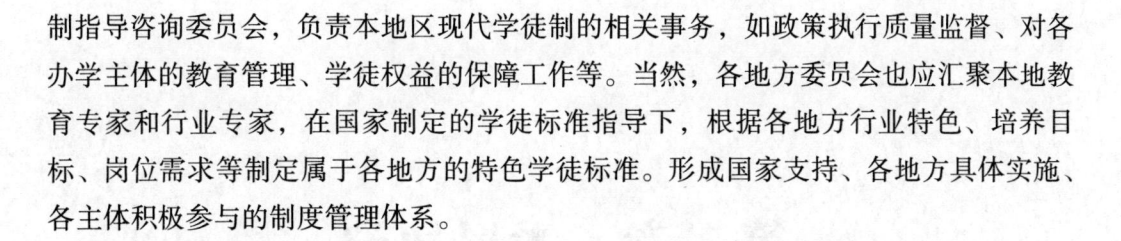

制指导咨询委员会，负责本地区现代学徒制的相关事务，如政策执行质量监督、对各办学主体的教育管理、学徒权益的保障工作等。当然，各地方委员会也应汇聚本地教育专家和行业专家，在国家制定的学徒标准指导下，根据各地方行业特色、培养目标、岗位需求等制定属于各地方的特色学徒标准。形成国家支持、各地方具体实施、各主体积极参与的制度管理体系。

四、加大现代学徒制财政资助力度，积极扩大学徒制试点规模

从欧美各国学徒制的经验可以看出，扩大现代学徒制的社会影响力，不仅需要通过财政政策保证资金，还需调动企业积极性，拓宽办学渠道。2015年8月，教育部办公厅公布了首批现代学徒制试点单位，165家单位成功入选。2017年8月，教育部办公厅又公布了第二批现代学徒制试点单位名单，共有203家单位入围。现代学徒制的运行系统十分复杂，涉及多个利益相关者，这就需要政府和社会资源的资金支持，充足的办学经费是开展学徒制度的基本保障。一直以来，我国在职业教育经费投入方面较薄弱，这在一定程度上限制了我国职业教育的发展。只有政府保障资金的支持，带动社会资源的资助，才能不断扩大职业教育办学主体，不断吸引企业雇主的积极参与，为我国现代学徒制的发展提供源源不断的动力。

拓宽办学经费渠道需建立多元化经费投入机制，学徒培训资金应来自企业赞助、各级政府各类型公共财政资助等多种途径。首先，协调资金来源，建立财政拨款机制和拨款监管机制，针对性地增加公共拨款数额，由省政府与市县政府按比例出资设立专项资金。其次，由行业设立学徒制基金，由行业企业与职业院校联合培养技能型人才，实现深度工学结合，对承担学徒项目的机构进行检查、评估，作为财政拨款的奖励依据。最后，对承担培训学徒任务的企业进行财税减免或财税抵扣，如工薪税抵（准许企业将雇员一部分工资成本予以税前抵扣）扣或利润税抵扣（准许企业收入税前抵扣）。对实训企业予以财政激励，使企业效益可持续，这是积极引导企业参与学徒制的有效手段。

现代学徒制已成为目前世界各国职业教育改革的重要标签。这种制度不停留于原来的人才培养模式，国外许多发达国家更将它视为建设学习型社会的重要武器。虽然我国现代学徒制还处于初级发展阶段，但是我们深信，在中央政府的高度重视下，在充分借鉴他国和地区经验的基础上，我们终会探索出一条符合国情的特色之路，积极加快国内学徒制发展。

第二章 悉尼协议

第一节 《悉尼协议》的具体要求和专业建设范式

一、《悉尼协议》

2014年发布的《国务院关于加快发展现代职业教育的决定》中指出,要"加强国际交流与合作,开发与国际先进标准对接的专业标准和课程体系""完善职业教育质量评价制度,注重发挥行业、用人单位作用,积极支持第三方机构开展评估"。这与国际工程教育认证所提倡的人才培养标准化、全球化的趋势十分契合。

西方国家在20世纪中期已经意识到地区实行实质等效的人才互认的重要性,到八九十年代已经形成了相对成熟的专业认证体系。到21世纪,根据工程职业能力的分类,工程专业教育认证体系被国际组织分为针对"专业工程师"的《华盛顿协议》、针对"工程技术专家"的《悉尼协议》和针对"工程技术员"的《都柏林协议》。其中,《悉尼协议》是针对接受三年制高等教育培养的工程技术教育的认证。虽然中国尚未加入该协议,但是全面加入国际工程教育认证体系,走向工程教育的国际化是未来发展的必然趋势。

《悉尼协议》是由西方多个发达国家的各类工程教育学会共同签署的国际工程教育资格互认协议,《悉尼协议》并不是标准,而是该协议成员国之间的学历认可约定,是为了达到人才培养的"实质等效",促进工程类人才的全球化流动的目的。《悉尼协议》提出了一个标准的范畴,各个成员国加入时需要提交自己的一套标准体系。

《悉尼协议》是针对高职层次的国际化的专业建设范式,与针对本科层次的《华盛顿协议》一样,都遵循"实质等效"的建设标准与"持续改进"建设理念,普林斯顿、麻省理工、剑桥、牛津等名校的知名专业都通过了后者的认证，其权威性和先进性不言而喻。

我国香港地区与台湾地区一直走在国际工程教育的前列，两个地区都已正式加入《华盛顿协议》与《悉尼协议》，两协议同属国际工程教育的认证体系范畴，为工程类专业的建设与发展提供了体系化、规范化的建设标准，并强调同一国际标准下人才培养的"实质等效"原则，以促进成员国之间的专业资格互认与国际工程人才流通。中国于2016年6月正式加入了本科层次的工程教育认证《华盛顿协议》，这是我国高等教育在国际上取得话语权的重要标志，也为国内工程人才的全球化流动打开了局面。

二、《悉尼协议》的具体要求

借鉴《悉尼协议》开展中国高等职业教育的专业建设，关键是参照它的认证标准，把标准的要求转变为行动。

《悉尼协议》专业建设的七要素：学生中心、培养目标、毕业要求、课程体系、师资队伍、持续改进、跟踪评价，如图2-1所示。

图2-1 《悉尼协议》专业建设的七要素

（一）学生中心

"以学生为中心"的教育变革，是一种教学范式的改变，必须全面、整体、协调推进。首先应转变教育观念，从以"教"为中心向以"学"为中心转变，围绕学生的培养确定教学目标、教学内容和教学方式方法。对教学的评价也应侧重于能反映学生学习状态、学习效果的指标，必须考虑到全体学生。

《悉尼协议》对学生进行了如下要求：

（1）专业应具有吸引优秀生源的制度和措施。

（2）具有完善的学生学习指导、职业规划、就业指导、心理辅导等方面的措施并能够很好地执行落实。

（3）专业必须对学生在整个学习过程中的表现进行跟踪与评估，以保证学生毕业时达到毕业要求，毕业后具有社会适应能力与就业竞争力，进而达到培养目标，并通过记录过程性评价的过程和效果，证明学生能力的水平。

（二）培养目标

《悉尼协议》对学生的培养目标进行了如下要求：

1. 培养目标适应社会需求

培养目标应该与实际职业相吻合，应该包含专业相关工作需要的能力以及核心知识。同时培养目标应适应社会经济发展需要。

2. 培养目标达成度的课程设计

培养目标应提供相应材料证明专业课程能够支撑教育目标的达成，包括毕业生在毕业一段时间后对核心课程的掌握程度；同时应论证课程目标中的能力知识是否为培养目标中职业所需的能力知识。

3. 培养目标达成度的评价及修订

须建立必要的制度定期评价培养目标的达成度，包括学生和社会对培养目标达成情况的反馈；定期对培养目标进行修订，评价与修订过程应该由学生、行业和企业专家参与；应对学生专业认同进行跟进评价。

（三）毕业要求

在高等职业工程教育专业毕业生的知识、能力和素养方面，《悉尼协议》有如下规定：

1. 知识要求

《悉尼协议》规定了毕业生应具备如下知识：第一，普遍性知识；第二，适用于本专业所属子学科的，用于支撑分析和建模的，以概念为基础的数学、数值分析、统计学及计算机与信息科学的通识内容；第三，本专业所属工程学科所需的系统化的、基于理论的工程基本原理；第四，能够为本专业所属子学科提供理论框架和知识体系的专门性工程知识；第五，能够为应用实践性技术的工程设计提供支撑的知识；第六，适用于本专业所属子学科的工程技术知识；第七，理解技术在社会中的作用，辨识应用工程技术中的显著性问题，如职业道德和对经济、社会、环境及可持续发展的影响；第八，所属学科技术性文献中的有关知识。

2. 能力要求

《悉尼协议》规定了毕业生应具有如下能力：第一，能够理解和运用知识；第二，对社会知识的理解和运用；第三，问题分析；第四，设计与开发解决方案；第五，评价；第六，社会保护；第七，法律法规；第八，职业道德；第九，工程管理；第十，沟通；第十一，终身学习；第十二，判断能力；第十三，决策能力。

3. 素质要求

《悉尼协议》规定了毕业生应具有如下素质：第一，工程知识；第二，问题分析；第三，解决方案的设计/开发；第四，研究；第五，现代工具的使用；第六，工程与社会；第七，环境与可持续发展；第八，职业规范；第九，个人与团队；第十，沟通；第十一，项目管理和财务管理；第十二，终身学习，如图2-2所示。

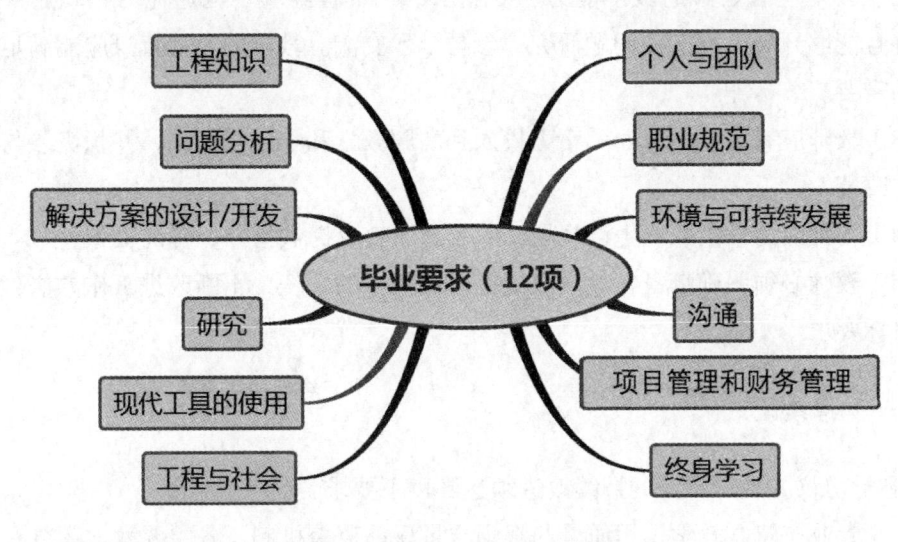

图 2-2 毕业要求的 12 个要素

（四）课程体系

《悉尼协议》规定课程体系需要达到以下要求：

（1）课程设置应能支持培养目标的达成，课程体系设计应有企业或行业专家参与。

（2）包含与本专业培养目标相适应的数学与自然科学类课程。

（3）包含符合本专业培养目标的工程基础类课程、专业基础类课程与专业类课程（至少占总学分的30%）。工程基础类课程和专业基础类课程应能体现数学和自然科学在本专业应有能力的培养，专业类课程应能体现系统设计和实现能力的培养。

（4）包含工程实践与毕业设计（至少占总学分的20%）。应设置完善的实践教学体系，与企业合作，开展实习、实训活动，培养学生的动手能力和创新能力。毕业设计选题要结合本专业的工程实际问题，培养学生的工程意识、协作精神以及综合应用所学知识解决实际问题的能力。对毕业设计（论文）的指导和考核应有企业与行业专家参与。

（5）包含人文社会科学类通识教育课程（至少占总学分的15%），使学生在从事工程设计时能够考虑经济、环境、法律、伦理等各种制约因素。

(五) 师资队伍

《悉尼协议》规定师资队伍需要达到以下要求：

(1) 教师数量能满足教学需要，结构合理，并有企业与行业专家作为兼职教师。

(2) 教师应有足够的教学能力、专业水平、工程经验、沟通能力、职业发展能力，并且能够开展工程实践问题研究，参与学术交流。教师的工程背景应能满足专业教学的需要。

(3) 教师应有足够的时间和精力投入到高职教学和学生指导中，并积极参与教学研究与改革。

(4) 教师应为学生职业生涯规划、职业从业教育提供指导、咨询服务。

(5) 教师必须明确自身在教学质量提升过程中的责任，不断改进工作方法，满足培养目标要求。

(六) 持续改进

《悉尼协议》规定专业的持续改进须达到以下要求：

(1) 专业应建立教学过程质量和教师质量反馈监控机制。各主要教学环节有明确的质量要求，通过课程教学和评价方法促进培养目标的达成；定期进行课程体系设置和教学质量的评价。

(2) 专业应建立毕业生跟踪反馈机制以及由高职教育系统以外的有关各方面参与的社会评价机制，对培养目标是否达成进行定期评价。

(3) 专业应能证明评价的结果被用于专业的持续改进工作中。

(七) 毕业生跟踪反馈及社会评价

毕业生跟踪反馈及社会评价可以为《悉尼协议》提供认证依据，具体如下：

(1) 毕业生跟踪反馈机制：专业应设置短期和中期毕业生跟踪反馈机制，了解毕业生进入社会后对在校培养质量的反馈。

(2) 社会需求反馈机制：专业应设置用人单位针对毕业生的反馈调查，对政府部门、社会对毕业生的反馈进行调查。

综合而言，《悉尼协议》不仅提出了认证的具体标准，还通过这些标准，指明了高校专业建设的方向。《悉尼协议》的基本指导思想是持续改进，建立国际认可的高等工程教育人才培养的基本底线，强调的是解决达到合格水平过程中存在的问题，而不是评先创优。高校专业建设须从系统工程的理念出发，从认证标准的7个方面中查找问题，制订有效的解决方案加以建设实施。

三、《悉尼协议》的专业建设范式

对中国高等职业教育而言，除了工程类专业之外，其他所有专业的建设也可以借鉴《悉尼协议》，将其思想方法提炼出来，形成一种专业建设的"范式"，如图2-3所示。

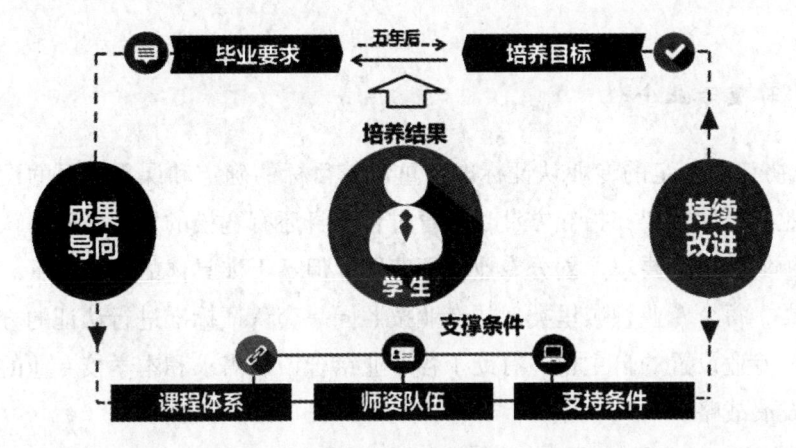

图2-3 《悉尼协议》专业建设的"范式"

归纳起来，《悉尼协议》所体现出来的专业建设范式包括以下几点：

（一）以学生为中心

"以学生为中心"的教育变革，是一种范式的改变，必须全面、整体、协调推进。首先应转变教育观念，从以"教"为中心向以"学"为中心转变，围绕学生的培养去设置教学目标、教学内容和教学方式方法。对教学的评价也应侧重选择能反映学生学习状态、学习效果的指标，必须考虑到全体学生。

（二）以结果为导向

"以结果为导向"的专业发展要求建立完善的评估系统，多维度可持续地对学生、专业、学校进行评估。多维度的评估可以保证评估结果的客观性、全面性和有效性，一方面对专业建设的现有成果进行检验，另一方面为未来改革指明方向。同时，可持续的进程式评估以及全程跟踪是专业能够持续不断发展与提高的重要保障。通过评估系统的建立，专业可检验教育目标与市场接轨的情况，也可考察专业的课程教学等是否能达到设定目标。

(三）倡导持续改进

以往教学所应用的是静态的、封闭的质量保证体系，而《悉尼协议》等工程专业教育认证体系则是在推进动态的、开放的、持续改进的质量保证体系。只有不断反馈和评价教育教学工作的效果，发现需要改进的教学环节并及时修正，才能从根本上保证培养质量的保持和提高。通过建立完善的持续改进体系，提出培养目标的质量要求，并稳定实施此体系，辅以有效的跟踪与反馈机制，才能真正推动专业建设的内涵式发展。

（四）尊重专业个性

《悉尼协议》制定的专业认证标准注重培养目标的确定和课程体系的设置，但这些只是专业实施的框架和指导方针，教育过程本身还有宽松的发展空间。认证标准参照大专业领域的教育要求，划分专业认证范围，但不干涉具体的专业设置。这种以专业领域分类，每个专业领域里类似的专业按照同一套认证标准进行认证的方法，充分尊重了高校专业设置的自主权，有助于各专业结合市场需求和本学校专业的条件，制定自己的发展战略。

《悉尼协议》的背景、认证标准的主要内容及其体现在专业建设中的范式，对中国的高等职业教育具有重要意义。高等职业教育如能按照国际范式，踏踏实实开展专业建设，稳步提高学生的培养质量，明确学校定位，照样可以有特色、有成绩、有前途。

第二节 《悉尼协议》专业建设范式实施流程

一、OBE 教育模式

OBE 教育模式规定，教育者必须对学生毕业时应达到的能力及其水平有清楚的构想，然后设计适宜的教育结构来保证学生达到这些预期目标。学生产出非教科书或教师经验作为驱动教育过程运作的动力，这显然同传统上内容驱动和重视投入的教育迷失形成了鲜明对比。从这个意义上说，OBE 教育模式可被认为是一种教育范式的革新。

在理念上，OBE 是一种"以学生为本"的教育哲学；在实践上，OBE 是一种聚焦于学生受教育后获得什么能力和能够做什么的培养模式；在方法上，OBE 要求一切教育活动、教育过程和课程设计都是围绕达到预期的学习成果（ILOs-Intended Learning Outcomes）来开展。OBE 强调了 5 个核心问题：

1. 我们想让学生取得的学习成果是什么（目标）；

2. 我们为什么要让学生取得这样的学习成果（需求）；
3. 我们如何有效地帮助学生取得这些学习成果（过程）；
4. 我们如何知道学生已经取得了这些学习成果（评价）；
5. 我们如何保障学生能够取得这些学习成果（改进）。

这里所说的成果是学生最终取得的学习结果，是学生通过某一阶段学习后所能达到的最大能力。

学校的一切教育活动皆应围绕预期的学生学习成果之达成而展开。对学生学习成果的明确预期不仅是教育教学活动的出发点，还是检验各项教育教学活动有效性的准绳。

二、OBE 成果导向教育人才培养方案设计流程

悉尼协议范式专业建设路径是按照"逆向"设计思路，设计专业人才培养方案修（制）订流程图；首先根据人才需求确定专业人才培养目标，根据培养目标，细化到毕业要求；其次按照毕业要求分解能力指标点，确定课程体系，再根据不同课程教学内容和知识、能力培养要求，确定课程教学方法；最后在有效保障的基础上，通过多元评价，评价人才培养效果的达成情况，在此基础上，形成教学反馈与改进措施。图2-4是成果导向教育人才培养方案设计流程。

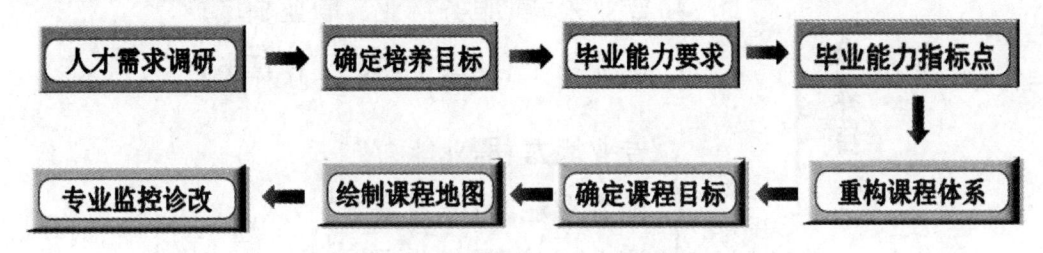

人才需求调研 → 确定培养目标 → 毕业能力要求 → 毕业能力指标点 → 重构课程体系 → 确定课程目标 → 绘制课程地图 → 专业监控诊改

图 2-4　成果导向教育人才培养方案设计流程

三、学生中心

工程教育认证贯彻"以人为本"的评价理念，所有7条标准聚焦于学生，把学生作为学校或专业的首要服务对象，在课程安排、资源配置、学生服务等诸多方面都有比较明确并具体的规定。用人单位和学生对学校或专业所提供服务的满意度是能否通过认证的重要指标。同时，认证指标体系明确要求把（全体）学生的学业成就作为认证的重要内容，而非部分"代表性成果"，并要求建立起一个有效的学生成就评估体系。以学生为中心并不是响应学生提出的个人需求或感情诉求，而是以学生的培养为中心，把"是否利于学生达成培养目标"作为师资队伍、课程体系、硬件设备等条件支撑度的评判原则。

四、培养目标

1. 人才培养目标的定义和要求

定义：培养目标是对该专业毕业生在毕业后 5 年左右能够达到的职业和专业成就的总体描述。

培养目标必须是公开的、符合学校定位的、适应社会经济发展需要的。

教书者需定期评价培养目标的合理性并根据评价结果对培养目标进行修订，评价与修订过程有行业或企业专家参与。

2. 培养目标的六要素

根据企业需求，明确培养目标。调查毕业生初次就业岗位、毕业后 3 到 5 年后迁移工作岗位和希望工作岗位以及企业人才需求，明确本专业主要工作岗位和次要工作岗位。根据《悉尼协议》的工程教育专业认证理念对于培养目标的定义，从人才类型（培养什么样的人）、专业领域（服务行业、职业领域）、职业特征（从事工作、工作任务）、专业能力（职业能力）、非专业能力（职业素养）、职业成就（职业发展）六个要素来进行描述，如图 2-5 所示。

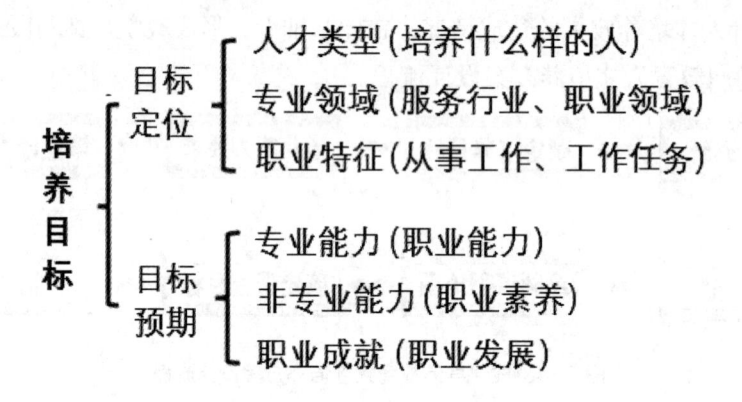

图 2-5　培养目标的六要素

六要素可按以下定义进行描述：

人才类型：×××类型的人才。

专业领域：在×××行业或领域。

职业特征：从事×××工作。

专业能力：具备、掌握×××、×××技能或知识。

非专业能力：具有、具备×××、×××素养或能力。

职业成就：（在未来的发展中）能够、成为、达到×××成就。

五、毕业要求

1.《悉尼协议》毕业要求

毕业要求（Graduate Requirements）是对学生毕业时应该掌握的知识和能力的具体描述，包括学生通过本专业学习所掌握的知识、技能和素养。

《悉尼协议》要求认证专业必须有明确、公开的毕业要求，毕业要求应能支撑培养目标的达成。专业应通过评价证明毕业要求的达成。专业制订的毕业要求应覆盖以下内容：工程知识、问题分析、设计/开发解决方案、研究、现代工具的应用、工程与社会、环境和可持续发展、职业道德、个人与团队、沟通、项目管理和财务管理、终身学习。该部分的重点在于专业是否通过有说服力的证明材料（成绩、课题、发展质量、自评、他评等）对各项毕业要求的达成情况进行有效举证。

《悉尼协议》文件也对毕业生提出了明确的毕业要求，见表2-1。

表2-1　《悉尼协议》毕业要求

序号	差异性特征	针对《悉尼协议》毕业生
1	工程知识	能够将数学、科学、工程基础知识以及某个特定专业的工程知识应用于解决广义工程问题中，包括流程、程序、系统或方法
2	问题分析	能够运用适用于所属学科或专业领域的分析工具，定义与分析广义的工程问题，并使用恰当的分析工具，以获得实质性结论
3	设计/开发解决方案	能够设计广义工程技术问题的解决方案，设计满足特定需求的系统、部件或过程，并能够适当考虑公共健康、安全、文化、社会以及环境等因素
4	研究	能够对广义问题展开研究；从规范准则、数据库及文献中检索并选择出相关数据，设计并进行实验，以得出有效的结论
5	现代工具的应用	能够针对广义工程活动选择和应用适当的技术、资源和现代工程及信息技术工具，包括对广义工程活动的预测和建模，并能够发现其局限性
6	工程与社会	能够理解专业工程实践和广义工程问题解决方案在社会、健康、安全、法律及文化等方面涉及的因素与应承担的责任
7	环境与可持续发展	能够在社会和环境大背景下，理解和评价解决广义工程问题的工程技术工作的可持续性和影响
8	职业道德	能够恪守伦理准则，理解和遵守工程实践中的职业道德、责任及规范，履行责任
9	个人与团队	能够在具有多样性的团队中作为个体、成员或负责人有效地发挥作用
10	沟通	能够就广义工程活动与同行以及社会公众进行有效沟通，包括理解和撰写报告，设计文档，做现场报告，理解或发出清晰的指令
11	项目管理和财务管理	能够认识和理解工程管理原理，并将其应用于工作中，即作为团队成员和领导者，能够在多学科交叉的环境下管理项目
12	终身学习	能够认识在专门技术领域进行自主学习和终身学习的必要性，并具备相应的能力

培养目标与毕业要求是有区别的，其主要区别见表2-2。

表2-2 毕业要求与培养目标区别

要点	培养目标	毕业要求
定义	学生在毕业一定年限的职业成就的宽泛表述	学生在毕业时的预期学习成果
时限	CEEAA：学生毕业5年左右； 美国、中国台湾：学生毕业3-5年左右	学生毕业时
具体程度	1. 较宽泛 2. 一般几句话	1. 较培养目标具体，但难以直接评量 2. 一般6至12项
外部需求作用	决定与评价培养目标环节主要由政府要求、行企要求、校友期望参与	主要由学校内部决定，并承担决定责任
测量的对象与类型	测量对象主要是校友，属于间接测量	测量对象为在校生，属于直接测量
资料搜集	根据学院专业发展、行业发展与教育法规的变革速度进行适当调整	每项核心能力资料应定期予以持续搜集，但无需每项成果都必须搜集

2. 毕业要求能力指标点

能力指标是毕业要求的二级指标，是对毕业要求的细化，是对整个专业培养学生能力（即学生学习成果）的梳理。拆解指标点的特点是易落实，可评价。

（1）易落实。合理分解指标点，可以更好地指导教师根据既定的毕业要求实施教学活动，便于落实到具体的教学环节。

（2）可评价。指标点可细化毕业要求的内涵，其达成需要教学活动（一般为课程）的支撑，可通过不同课程的学习成果和学生表现判断达成情况，便于评价。

根据培养目标确定毕业要求，分解毕业要求指标点，如表2-3所示。

表2-3 毕业要求及指标点

要点	培养目标	毕业要求	能力指标
定位	学生在毕业一定年限的职业	学生毕业时的预期学习成果	具体可评量的预期学习成果
时间段	学生毕业3至5年取得的成就	学生毕业时应具备的毕业要求	毕业时应展现的绩效标准
具体程度	1. 较宽泛 2. 一般6个元素	1. 较培养目标具体，但难以评量 2. 一般6至12项	1. 较毕业要求具体，可评量 2. 数量以毕业要求2至6倍为宜 3. 与毕业要求应有明确的关系
外部需求作用	决定与评价培养目标环节主要由政府要求、行企要求、校友期望参与	主要由学校内部决定，并承担决定责任	主要由学校内部决定，并承担决定责任
测量的对象与类型	测量对象主要是校友，属于间接测量	测量对象为在校生，属于直接测量	测量对象为在校生，采取多元化的直接评量方式
资料搜集	6年为一个周期，根据学院专业发展、行业发展与教育法规变革进行适当调整	3年为一个周期，每项毕业要求资料应定期予以持续搜集，但无需每项成果都必须搜集	应在学生学习期间内完成，所有能力指标资料均要随学生学习进程持续搜集

毕业要求能力指标点是毕业要求的二级指标，是对毕业要求的分解与细化，是毕业要求的具体表现形式，根据具体要求分解指标点，指导教师根据具体专业的毕业要求组织教学活动，便于落实到具体的教学环节，通过不同课程的学习成果和学生表现判断达成情况，便于评价。表2-4是某专业根据毕业要求和毕业要求具体描述分解出的毕业要求指标点。

表2-4 某专业根据毕业要求和毕业要求具体描述分解出的毕业要求指标点

序号	毕业要求	毕业要求具体表述	毕业要求指标点
1	工程知识	能够运用工程数学、计算机、英语、电气工程知识及人文社科知识，解决电气设备安装、调试、维护和维修技术专业领域的广义工程问题	1.1 具备一定的人文和社会科学知识推动跨专业学习能力 1.2 利用高等数学知识，能将其用于基本电路、自动控制系统分析与计算 1.3 掌握计算机基本原理及知识并解决简单电气自动化工程问题 1.4 掌握电工、电子技术、电机电器、机械基础等专业基础理论和知识，能将其用于自动化系统分析与设计 1.5 掌握工控机、PLC、变频器、组态软件、工业网络、运动控制等基础知识，能将其用于搭建电气控制系统基本框架
2	问题分析研究与设计开发解决方案	能够在电气工程专业领域，根据行业标准识别、分析、研究电气工程应用方面问题，运用电气工程专业知识和技术能力设计解决方案	2.1 能够在电气工程专业领域，根据电气设备操作过程、安装标准、维修手册、工艺标准等技术文件查找生产中电气设备故障及控制方面问题 2.2 根据生产工艺控制要求研究分析电气控制工程问题 2.3 能够针对自动化技术领域广义工程问题，参与设计满足需要的控制系统/解决方案，包括常用低压电器及电气控制系统 2.4 能够在参与设计电气控制系统/解决方案时，考虑到公共健康、安全、文化、社会及环境等因素 2.5 能够安装、编程、调试及优化各类电气控制系统
3	现代工具的使用	能够针对电气工程技术问题，应用通用软件、专业软件、网络资源、虚拟仿真软件和现代工程工具和信息技术工具，对电气工程技术方案进行分析，并进行电气设备和系统故障诊断与维护	3.1 能够针对自动化技术领域广义工程问题，选择和应用恰当的技术、资源、专业相关工具和信息技术工具，如常用电工工具、仪器仪表、各类绘图、编程和仿真软件等 3.2 能够应用电气制图软件、博途软件、组态软件、智能制造技术软件，用于电气自动化系统编程设计及搭建调试
4	工程与社会	爱国守法，具有人文社会科学素养和社会责任感，能够在电气工程施工与维护实践中遵守工程职业道德规范，理解工程实施对社会、健康、安全、法律的影响，履行相应的责任	4.1 具备健康的身体和良好的心理调适能力 4.2 具备良好的思想政治素质，能自觉践行社会主义核心价值观 4.3 了解必要的法律知识，在工程实践和社会活动中自觉恪守伦理准则，遵守职业道德与法律法规，具有公民意识和担当意识

（续　表）

序号	毕业要求	毕业要求具体表述	毕业要求指标点
5	环境与可持续发展	能够理解和评价电气工程领域工程技术问题工作对环境和社会可持续性发展影响，预防或减少因电气工程实施活动造成的环境破坏和社会负面影响	5.1 能够理解针对自动化领域广义工程问题的工程技术实践和解决方案可能涉及的社会、健康、安全、法律及文化等方面涉及的因素与应承担的责任 5.2 能够理解和评价工程技术实践对环境和社会可持续发展的影响 5.3 能够严格按照电气规章制度操作避免电气事故造成的火灾、触电事故
6	职业道德与规范	养成良好的职业道德、职业规范和人文素养，能够理解并遵守电气工程技术的规范，培养安全生产、操作规范、精益求精的工匠精神，具备"质量、责任、使命、安全"的职业意识	6.1 了解常用的职场礼仪规范并在工程实践或社会活动中予以遵守 6.2 具有敬业精神，能够理解和适应行业企业的企业文化，能保守商业秘密 6.3 养成电气自动化专业具有的特种低压设备操作安全规范
7	个人、团队与沟通能力	具有团队合作精神，能够在团队中胜任角色并充分发挥个人特长；具备良好的表达能力、一定的英语水平及国际视野，能够撰写电气工程领域的报告，能够针对电气工程技术问题与团队成员、行业、企业、国内外同行及社会公众进行有效沟通和交流	7.1 有敬业与团队合作精神和良好的职业道德，能吃苦耐劳，责任心强 7.2 有团队意识，能从事跨专业背景下团队的构成以及能担当不同角色成员的职责 7.3 要求工作认真，做事诚恳，有比较强的责任感及协调沟通能力
8	项目管理	能够认识和理解电气工程项目管理原理和要求，将其应用到电气工程实践中，并能够在多学科交叉环境下承担与电气工程相关的项目管理	8.1 理解并掌握基本的工程管理知识，包括企业生产现场管理、项目管理、市场营销等，能够在多学科交叉的环境下作为团队成员或领导者进行有效的项目管理 8.2 具备良好的表达能力，能够撰写电气工程领域的报告，能够针对电气工程技术问题与团队成员、行业、企业、国内外同行及社会进行有效沟通和交流
9	终身学习	具有良好的学习习惯和自主学习能力，能够紧跟电气自动化技术领域新技术发展潮流，通过继续教育和其他学习途径自我更新专业知识和提升能力，不断提升自主学习水平	9.1 在电气自动化领域工程实施中，能够基于项目进行交流，表达自己的观点 9.2 掌握自主学习和终身学习的方法，具有学习和掌握工业自动化领域新知识和新技能的能力 9.3 能够运用科学的学习方法，管理知识和处理信息，能对自身学习成效进行自我评价 9.4 具有一定的创新精神和创业能力（包括主动寻求机会、整合利用资源等）

六、课程体系

1. 根据毕业要求指标点确定课程体系

毕业要求指标点实际上代表了毕业生所应具有的知识和能力的结构，而这个能力结构的实现只能依托于课程体系，并在教学实施过程中实现，课程体系的构建要能有效支撑毕业生能力结构的形成。

2.根据课程培养目标梳理课程能力支撑点

课程目标是预期学生在某项学习活动后能做什么的表述，即学生在学完某门课程后知道什么或者能够做什么。

建立起"毕业能力－指标点要求－课程能力"支撑点关系，确定每门课程的培养目标时应注意涵盖专业的毕业要求，专业课程支撑所有指标点的训练和培养，表2-5是某课程的培养目标梳理的课程能力支撑表。课程目标占课程比重为课程负责人参照教学大纲中每项课程目标占用的授课学时和该课程目标的重要性等方面，确定每项课程目标占该课程的权重，最小单位为0.05，每一门合计为1；能力指标点支撑标准值即课程目标占比＊学分＊修读学生比例。

表2-5 《PLC应用技术》课程培养目标梳理的课程能力支撑表

课程名称	学时	学分	修读学生比例	课程目标	课程目标占课程比重	支撑的能力指标点
PLC应用技术	80	5	100%	1.能够用PLC编程软件进行梯形图、指令表的编辑、程序的读写、运行监视和调试工作。进一步使用编程指令编写完成电气自动化系统的典型工作任务程序	0.30	1.3
				2.熟悉PLC输入电路和输出电路结构，能设计PLC输入、输出端口与外围设备电路图，能够构建和安装简单的PLC控制系统	0.30	2.2
				3.掌握PLC控制系统故障分析和排除方法，提升PLC控制系统调试及维护基本能力	0.10	2.1
				5.学会计算机通信与工业网络知识，能够用"PLC+触摸屏（组态软件）+变频器（伺服控制器）"等构建一个PLC工业控制网络系统	0.10	1.5
				6.能够计算PLC及外围设备参数，选择型号	0.05	2.3
				7.能利用互联网和信息技术，查阅和收集PLC及相关产品资料，培养学生用PPT汇报工作任务方案的写作、表达能力	0.05	8.2
				8.在课程学习中树立起安全、质量、工程等职业意识，养成从事PLC控制系统设计、编程、安装与维修工作中的规范、安全与文明生产素养	0.10	4.3

下篇　实践篇

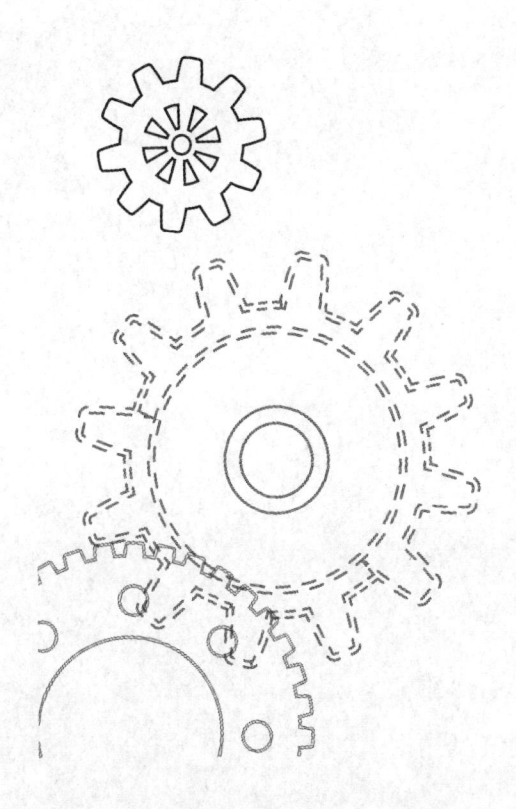

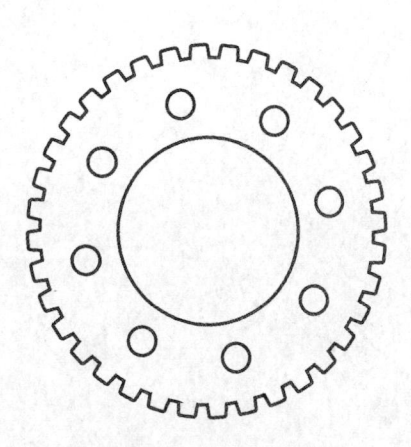

下篇 定知論

第三章 现代学徒班实践——以金光集团为例

第一节 金光集团APP（中国）"圆梦计划"

一、"圆梦计划"

为助力教育精准扶贫，帮贫困学生圆大学梦，培育企业急需的卓越人才，同时提供大学毕业后充分施展才能的平台，亚洲最大、世界排名前10的金光制浆造纸集团APP（中国）2018年3月在广西推出"圆梦计划"助学项目，该项目以"助学圆梦贫困学子，培养社会卓越人才"为宗旨，由金光制浆造纸集团APP（中国）、广西大学轻工与食品工程学院、广西工业职业技术学院三方共同成立"圆梦计划"金光自动化现代学徒班，实行招生招工一体，校企育人一体，双导师育人，由金光纸业集团和广西工业职业技术学院联合面试招收高考生，校企双主体育人，订制培养制浆造纸企业的高素质技术技能型人才，合作模式如图3-1所示。

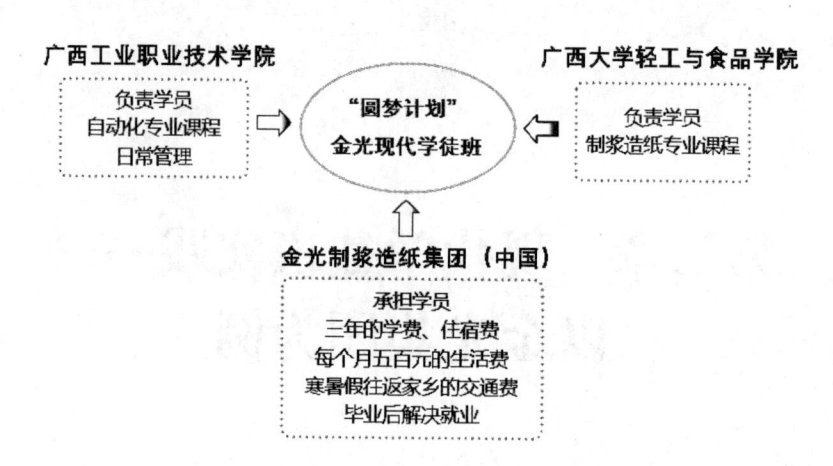

图 3-1 金光现代学徒制三方合作模式

金光集团APP（中国）为学生提供了优厚的学习、生活条件，学生在学校三年的学习费用（包括学费、住宿费、书费等）全部由公司承担，在校期间公司将为每一位学生提供500元/月的生活补贴，学生在企业认岗、识岗、跟岗、顶岗实习期间发放1 500元/月的生活补贴，在顶岗期间每月发放公司准员工岗位补贴（4 000～5 000元）；报销学生寒假和暑假往返家乡的交通费。学生毕业后，工资及相关福利待遇不低于金光集团APP（中国）项目区当地本科毕业生水准，学生毕业就业后公司为工作业绩优秀者提供继续在岗本科教育的机会。

为贯彻党的十九大和《国家职业教育改革实施方案》（简称"职教20条"）精神，深化产教融合、校企合作，进一步完善校企合作育人机制，创新技术技能人才培养模式，根据《国务院关于加快发展现代职业教育的决定》（国发〔2014〕19号）要求，各高校积极推进现代学徒制试点工作，广西工业职业技术学院是第二批国家现代学徒制试点单位，同时是广西区第一批现代学徒试点学校，其中电气自动化专业是广西区现代学徒试点专业之一。

为了更好地完成金光集团的"圆梦计划"，校企双方决定"圆梦计划"采用现代学徒制模式，实行校企双主体育人，招生与招工互通，上课与上岗融合，毕业与就业衔接；由金光纸业集团和广西工业职业技术学院联合面试招收高考生。校企双主体育人，学生入学后由广西工业职业技术学院综合管理，课程由广西工业职业技术学院和金光集团共同承担，金光集团APP（中国）与广西工业职业技术学院针对集团生产工作岗位需要共同办学，公共管理课程和专业基础课程由广西工业职业技术学院承担；专业课采取理论与生产实践相结合的培养模式，分段育人，学生在三年期间将定期到工厂进行认岗、识岗、跟岗、顶岗实践，由金光集团技术人员指导，学生在寒暑假期间将在工厂参与生产实践。

二、金光集团 APP（中国）简介

金光集团（英文名：Sinar Mas Group）由印尼知名华人黄奕聪先生于 1962 年创立，现有数百家法人公司，金光集团投资范围远及亚洲、北美、欧洲、澳洲等地，曾被世界著名财经杂志《福布斯》评为印尼第一大财团。

亚洲浆纸业有限公司（Asia Pulp & Paper Co., Ltd., 简称 APP），亚洲浆纸业有限公司于 1994 年 10 月在新加坡注册成立，主导金光集团的浆纸业。经过 20 多年的不懈努力，APP 现已发展成为世界纸业十强之一，总资产达 100 多亿美元，年生产及加工总产能约 1 000 万吨，拥有 100 多万公顷速生林。APP（中国）全称为金光纸业（中国）投资有限公司及其在中国大陆投资的公司。自 1992 年起，APP 以长江三角洲、珠江三角洲为投资重点，先后斥巨资建立了以金东、宁波中华、金华盛、金红叶、海南金海、广西金桂等为代表的、具有世界领先水平的大型浆纸业企业，以及大规模的现代化速生林区。

APP（中国）始终秉持可持续发展战略，以可持续造纸的"林浆纸一体化"理念，努力践行绿色循环。目前，APP（中国）旗下拥有林务事业部、纸浆事业部、工业用纸事业部、文化用纸事业部、生活用纸事业部等。

此外，APP（中国）及其母公司金光集团也正着手推动企业可持续发展的城市综合体及科技园项目，以实现资源多元化配置，本着"替代进口，服务中国"的宗旨，经过 20 多年的发展，APP 的优质纸品已遍布各中高档纸品领域，满足了人们对印刷、包装、办公、卫生等全方位生活需求。

APP（中国）的愿景是透过林、浆、纸一体化，打造世界最大、最强的绿色循环产业，肩负着"实践绿色循环，传承造纸文明，提升生活质量"的伟大使命，秉持着"客户至上，创业精神，结果导向，持续改进"的价值观以及"诚实正直，信守承诺"的道德准则，不断努力前行。截至 2017 年年底，APP（中国）拥有 30 多家全资和控股浆纸企业，以及 18 家林业公司，总资产约 1 582.19 亿元人民币，年加工生产能力约 1 100 万吨，2017 年在华销售额约 552.86 亿元人民币，拥有全职员工逾 3 万名。APP（中国）致力于从多方面大力发展，提升人们的生活质量。

同时，APP 始终不忘积极推动社会回馈计划，积极协助政府与社区的各类工作，在华的捐助累计超过 1.5 亿元人民币，2004 年中被《福布斯》杂志慈善榜评为外资集团第二名，2005 年被胡润百富中国慈善榜评为企业捐助第一名。

三、广西工业职业技术学院简介

广西工业职业技术学院于 2003 年 8 月由原广西南宁化工学校和广西轻工业学校

合并升格成立，是高职高专院校人才培养工作水平评估优秀学校、广西示范性高等职业院校重点培育单位、广西高水平高职学校和高水平专业建设计划立项单位。2013年10月，贵港职业学院并入。原广西轻工业学校始建于1956年，原广西南宁化工学校始建于1958年，原贵港职业学院的前身贵港市师范学校始建于1904年。学校现有全日制在校学生23 000多人，成人教育学生2 100多人。学校办学底蕴深厚，曾三度举办全日制本科教育（依次为1960年7月举办的广西化工学院，1978年3月举办的广西轻工业学院，1978年11月举办的广西石油化工学院），是广西办学历史悠久和目前办学规模最大的高等职业学校。

学校现有南宁市秀灵路37号、贵港市桂林路1118号、南宁市武鸣区城厢武缘大道87号三个校区，校园总占地面积约133公顷，固定资产总值4.8亿元，其中教学科研仪器设备总值1.7亿元。有40个校内实训基地和297个校外实训基地，其中中央财政支持的国家职业教育实训基地2个，石油和化工行业职业教育与培训全国示范性实训基地1个，自治区示范性高等职业教育实训基地6个，自治区特色专业及实训基地（千万元级）7个。

学校现有教职工800多人，其中专任教师700多人。专任教师中，教授职称43人，副教授及副高职称166人；具有博士、硕士学位218人；"双师型"素质教师占专业课教师的76.1%。全国行业性教学名师6人、省级教学名师2人，全国专业教学指导委员会副主任委员6人、委员23人。全国石油和化工行业优秀教学团队1个，省级优秀教学团队1个。

学校始终坚持"立足广西，服务工业"的办学定位，以高等职业教育为主，职工培训、继续教育为辅。设有11个二级学院和1个附属中等职业学校，开设石油化工、制糖食品、装备制造、电子信息、建筑工程、电力系统、经济与管理等专业类别的高职专业53个，重点服务广西工业和信息化建设，主体专业紧密对接广西传统优势产业、先进制造业和战略性新兴产业。有中央财政支持高等职业院校提升专业服务产业发展能力项目4个，中央财政职业教育"以奖代补"专项项目1个，国家级骨干专业6个，广西高等学校特色专业及课程一体化建设项目专业6个，广西高等学校特色专业3个，广西高等学校优质专业5个，自治区级精品课程6门，广西精品在线课程1门。

学校深入推进校企合作，产教融合成效显著，是广西首批"产教融合校企合作"试点高校。长期与123家广西区内外知名企业建立紧密型合作关系，先后牵头成立了广西最大行业性职业教育集团——广西工业职业教育集团和区域性职业教育集团——贵港职业教育集团，并担任集团理事会理事长单位。与中兴通讯股份有限公司等多家大型知名企业合作共建了具有混合所有制特征的二级学院4个、国家级应用技术协同创新中心 1 个、国家级生产性实训基地 1 个、虚拟仿真实训中心 1 个、技能大师工作室 9 个，同时被教育部确定为第二批现代学徒制改革试点单位及自治区首批现代学徒制试点单位、"1+X"证书制度试点校，自治区高等教育综合改革首批产教融合和校企合作试点高校。

学校加强国际交流与合作，不断扩大国际影响力。与美国半岛学院、英国格拉斯哥城市学院、埃塞俄比亚阿尔巴门齐大学、泰国滩亚布里皇家理工大学等国（境）外教育机构联合办学。特别是近两年来，重点围绕服务国家"一带一路"战略，充分发挥自身专业办学优势，紧跟跨国企业走出去，与埃塞俄比亚、泰国、印尼等国家的教育机构和企业共建"丝路国际糖业学院"等，为"一带一路"沿线国家培养和培训高素质技术技能人才。

学校加强社会服务能力建设，服务水平明显提升。学校成为中国糖业协会、中国化工教育协会、全国轻工业职业教育研究会、广西食品药品职业教育教学指导委员会、广西化学化工学会等多家协会的常务理事单位，设有中国化学工业特有工种职业技能鉴定培训基地、中国轻工业特有工种职业技能培训基地、中国糖业南宁培训中心等，具有 78 个职业工种的培训、鉴定资格。近年来，每年为社会开展职业技能培训与鉴定 10 000 多人次。

学校办学成效显著：获得第六届黄炎培职业教育优秀学校奖，是"全国职业院校教学管理 50 强"、广西职业院校诊改专委会主任委员及秘书长单位。学校牵头成立的广西工业职教集团荣获自治区首批示范性职教集团、全国第一批示范性职业教育集团（联盟）培育单位等荣誉。学校连续九年获得自治区工信委直属院校绩效考核"优秀单位"，连续十二年获得"广西高校毕业生就业创业工作突出单位"，连续七年获得"广西高校安全文明校园"，先后获得"中国企业教育培训机构百强""中国石油和化学工业院校文化建设先进单位""自治区文明单位"、"自治区和谐学校""自治区西部大开发突出贡献集体""广西高等学校教学改革与管理先进单位""南宁市花园式单位"，入围"自治区第二届文明校园"等荣誉称号。2018 年，学校首批通过自治区内部质量保证体系诊断与改进工作复核。2019 年，学校获自治区教学成果一、二等奖各 2 项，1 人获"全国优秀工作者"称号；2020 年，学校获物流职业教育教学成果奖一等奖 1 项，入选教育部思政司战"疫"示范微党课 1 个。

第二节　金光现代学徒班双主体育人机制建设

现代学徒制是通过学校、企业的深度合作，学院教师、企业师傅联合传授，对学生进行技能培养的现代人才培养模式。现代学徒制的特点是双元育人、双重身份、训教交互、工学交替、在岗成才，有利于促进行业、企业参与职业教育人才培养全过程，提高人才培养针对性和人才培养质量。现代学徒制是培养高素质技术技能型人才的有效手段和途径，它带有明显的"需求引导"特征，直接体现了企业对劳动用工的数量和素质要求。现代学徒制的核心是构建校企双主体协同育人机制，而落地双主体协同育人的关键是以协议为纽带，明确学生（学徒）既是学校学生，又是企业学徒的双重身份。

根据现代学徒制的人才培养需求特点，为确保人才培养质量，校企本着"人才共育，过程共管，成果共享，责任共担"的原则，以探索现代学徒制的运行机制为目标，建立并完善了全方位、多层次的双主体育人机制，全面推动现代学徒制试点工作顺利实施。广西工业职业技术学院与金光集团签订了《校企合作协议》《专业现代学徒制试点项目人才培养协议》，学院和公司联合成立了现代学徒制试点工作领导小组和工作组，制定了现代学徒制定期会商制度及《现代学徒制试点工作实施管理暂行办法》等。图3-2是金光学徒班的机构、协议、管理办法、方案、标准等机制。

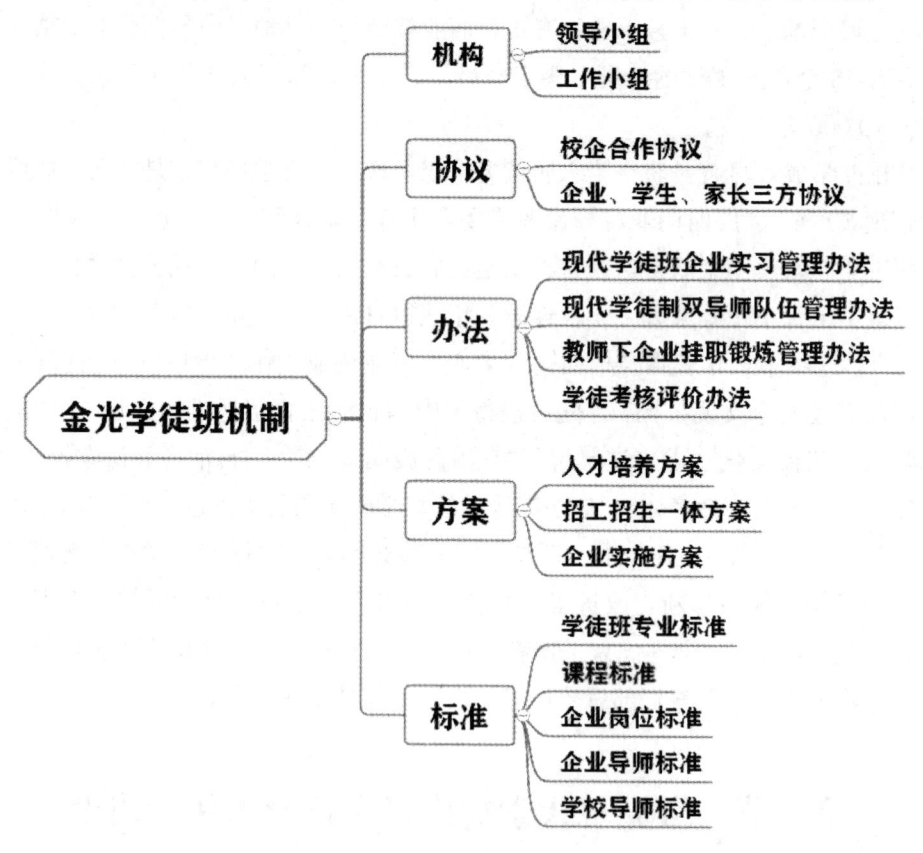

金光学徒班机制
- 机构
  - 领导小组
  - 工作小组
- 协议
  - 校企合作协议
  - 企业、学生、家长三方协议
- 办法
  - 现代学徒班企业实习管理办法
  - 现代学徒制双导师队伍管理办法
  - 教师下企业挂职锻炼管理办法
  - 学徒考核评价办法
- 方案
  - 人才培养方案
  - 招工招生一体方案
  - 企业实施方案
- 标准
  - 学徒班专业标准
  - 课程标准
  - 企业岗位标准
  - 企业导师标准
  - 学校导师标准

图3-2 金光现代学徒班机制

一、建立金光现代学徒班组织机构，为校企双元育人提供组织保障

为了更好地实施"圆梦计划"金光现代学徒班，校企双方协商成立了组织机构，具体内容如下。

1. 成立现代学徒制试点工作领导小组

校企共同组建"圆梦计划"现代学徒制试点工作领导小组，全面指导协调现代学徒制开展的各项工作，对试点工作进行统筹指导，定期会商，解决试点工作过程中的重大问题，统筹推进金光自动化专业现代学徒制试点工作。

组长：韩志刚（广西工业职业技术学院院长）；江俊德[金光纸业（中国）总部人力资源运营总经理]。

副组长：王娟（广西工业职业技术学院副院长）；苗文峰[金光纸业（中国）投资有限公司培训与发展总经理]。

成员：陶权（学院系主任），杨铨（学院系副主任），庞广富（学院专业负责人），谢彤（专业教师），王彩霞（班主任），周雪会（班主任）。龚昌芬（金桂浆纸业有限公司人力资源处长），杨雪飞（金桂浆纸业有限公司总经办对外关系室处长）。

领导小组职责：全面指导和推进现代学徒制的各项工作，校企双方领导全面指导协调"圆梦计划"现代学徒班开展的各项工作，定期会商和解决有关试点工作重大问题，统筹推进金光自动化专业现代学徒制试点工作。

2. 成立"圆梦计划"现代学徒制试点工作小组

组长：陶权（广西工业职业技术学院电子与电气工程系主任）

　　　苗文峰[金光纸业（中国）投资有限公司培训与发展总经理]

成员：杨铨（广西工业职业技术学院电子与电气工程系副主任）

　　　庞广富（广西工业职业技术学院电子与电气工程系团队负责人）

　　　谢彤（专业教师）

　　　王彩霞（班主任）

　　　周雪会（班主任）

　　　龚昌芬（广西金桂浆纸业有限公司人力资源处长）

　　　杨雪飞（广西金桂浆纸业有限公司总经办对外关系室处长）

工作小组：主要负责学徒班试点工作的研究、组织、实施、推广，制定各种制度、管理办法、各种标准等，负责校企联合招生（招工）方案，负责组织该专业人才培养方案的确定、专业课程的建设、教学方式的创新、学生学业的评价，组织制定并实施与现代学徒制配套的教学管理规章制度。

二、签订金光现代学徒班校企合作协议

广西工业职业技术学院与金光纸业（中国）投资有限公司在明确合作原则、合作内容、培养模式、教学组织、双方的责任和义务、组织保障等事宜基础上，就现代学徒制人才培养签订了《校企合作协议书》，明确学校与合作企业的责、权、利，为校企"双主体"现代学徒制育人提供了基本框架和指导性意见，也是为双方高质量、高效率地推进项目实施，为学生打造成长成才平台提供保障，签约仪式如图3-3和图3-4所示。

图3-3　校企领导签约　　　　图3-4　签约后双方人员合影

三、建立了校企协商共议的联席机制

为了保证校企合作的现代学徒班的有效开展，建立沟通与反馈机制，双方制定了校企联席会议制度，如图3-5所示。成立了学校工作小组和企业工作小组，学校工作小组由系主任、专业教师和班主任等组成，企业工作小组由培训与发展总经理、企业师傅和企业项目专员组成；每年召开6到8次联席会议。

（1）春季学期初。校企联席会主要讨论本学年的金光学徒班的工作计划，制订校企招工招生一体化方案，同时校企共同组成招生小组到乡镇中学进行招生宣传，组织报读金光学徒班的学生到广西金桂纸业公司实地参观了解企业概况，签订企业、学生、学生家长三方协议；校企讨论安排学生到金桂纸业企业进行认岗、跟岗、顶岗实践。

（2）春季学期中。开展学徒班学生、企业人员、学校教师三方座谈会，了解学生学习、生活情况，成立学习互助小组帮助学习成绩落后的学生，校企人员共同深入班级，同听一节课，到学生宿舍检查学生内务。

（3）春季学期末。校企联席会议讨论举办学生毕业典礼安排，同时校企与学生举行期末座谈会，了解学生本学期学习、生活工作情况，安排学生暑假期间到企业进行

认岗（识岗或跟岗）计划。

（4）秋季学期初。联席会主要讨论在新生入学期间补录学生方案和新生入学教育安排，制定新的金光学徒开学典礼流程，包括邀请地方政府人员、企业人员、学校参观人员、领导发言、学生发言、拜师仪式等。

（5）秋季学期中。联席会讨论每年在南宁青秀山举办的"文化引路，圆梦金光"拓展活动计划。

（6）秋季学期末。学校与集团公司领导到各个企业共同走访学生在企业顶岗实践情况。

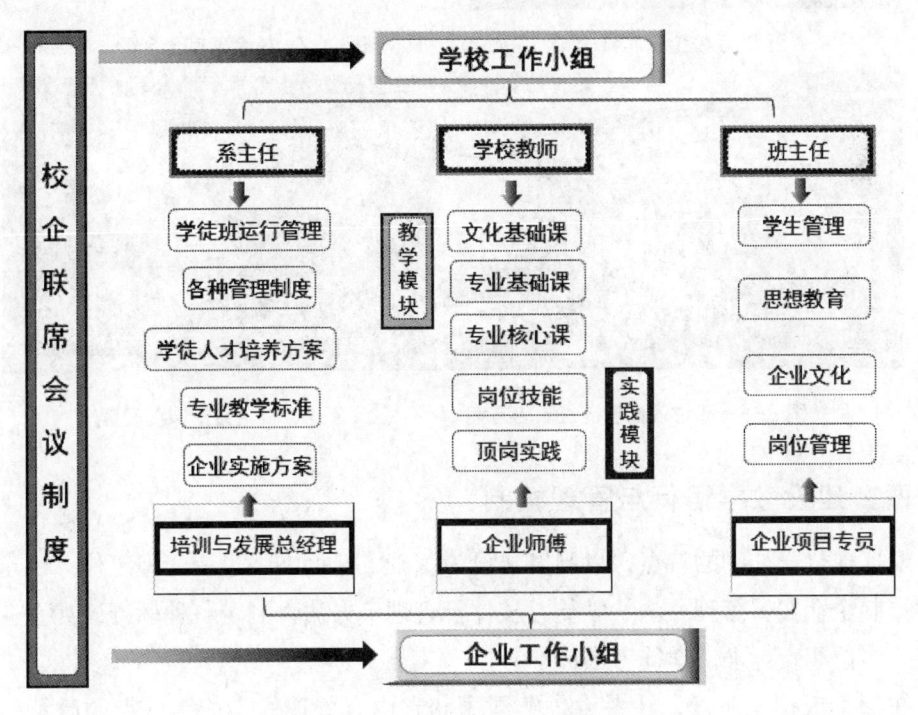

图 3-5　校企联席会议制度

通过这一系列的联席会议，形成了切实可行的校企协商共议的联席机制，形成了校企双元育人金光模式，真正实现了企业参与人才培养全过程。具体包括校企共同修订人才培养模式，构建课程体系，制订教学计划、教学大纲、实训环节，制定校企合作交流机制；校企共同指派教师和企业师傅参与相应的教学环节，形成校企合作互聘机制；校企共同制定考核标准，基本建立了学生（学徒）、师傅、企业、学校等的评价标准，制订了校企合作考核机制。

校企联席机制的相关内容，如图 3-6—图 3-9 所示。

图3-6 校企联席会议　　　　　图3-7 校企联席会合影

图3-8 研讨现代学徒班人培方案　　3-9 校企讨论课程设置

四、建设教学运行与管理机制

根据现代学徒制的特点，以制度建设为基础，全面加强过程管理工作。制定了现代学徒制企业实习管理办法、学徒考核评价管理等办法，制定各种标准，如企业教师标准、岗位职责标准、学徒考核标准等。

在招生或招工阶段，让考生了解国家和省内有关现代学徒制试点的政策、报考与录取的有关要求和标准，学习或工作的时间、生活条件，等等。在培养阶段，学徒在岗培养主要由企业管理，在校培养主要由学校管理。金桂纸业公司和合作院校广西工业职业技术学院是保障学生（学徒）权益的责任主体。企业制定专门的学徒管理办法，合理安排学徒岗位和工作任务，培养期间按照国家和广西壮族自治区有关规定，为学徒购买工伤保险和意外伤害保险等。在学徒岗位训练期间，按照劳动合同约定，由企业根据学徒的实际工作贡献支付不低于当地最低工资标准的基本工资。完善巡视和跟踪管理制度，分人分工段负责，定期或不定期开展管理考核工作。规范学生档案管理，加强劳动安全教育和监督检查，保证学徒制试点工作健康、安全和有序开展。

建立健全与现代学徒制相适应的各种规章条例，如招生招工、兼职教师聘用、实习教学、师徒结对、学分认定、弹性学制、技能评定等各种管理办法。创新考核评价与督查制度，建立多方参与的考核评价机制，建立定期检查、反馈等形式的教学质量监控机制。制定学徒管理办法，保障学徒权益，根据教学需要，科学安排学徒岗位、分配工作任务，保证学徒合理报酬。落实学徒的责任保险、工伤保险，确保人身安全。

五、成本分担机制

作为双主体的现代学徒制试点，双方只有进行合理的人才培养成本分担，才能够带动学生（学徒）的高质量培养，使校企双主体育人具有可持续性和可复制性。现代学徒制办学的特征是学校和企业双主体育人，校企联合招生，双导师授课，招生及招工，学生即学徒，毕业即就业。其办学成本较常规的学校办学相比，增加了企业导师授课期间的成本，具体包含师傅授课酬金、学习耗材、设备使用、学徒工资与保险等方面的成本。

根据成本分担理论，谁受益，谁承担；受益多，多承担；受益少，少承担。金光纸业（中国）投资有限公司作为现代学徒制人才培养模式的最大受益方，积极与学校联合探索人才培养成本分担机制，制定了《校企合作办学经费管理使用办法》，形成了企业与职业院校联合开展现代学徒制的长效机制。

根据校企合作办学经费管理使用办法及三方协议的规定，明确了以下内容：

（1）学生（学徒）在学校的三年学习费用（包括学费、住宿费、书费等）全部由金光纸业（中国）投资有限公司承担，每个月公司将为每一位学生提供500元的生活补贴。学生在企业认岗、跟岗、顶岗实习期间发放1 500元/月的生活补贴。报销学生寒假和暑假往返家乡的交通费。

（2）学生（学徒）毕业后，工资及相关福利待遇不低于金光集团APP（中国）项目区当地本科毕业生水准。学生毕业就业后，公司为工作业绩优秀者提供继续在岗本科教育的机会。

（3）广西工业职业技术学院：负责学生（学徒）的电气自动化专业的课程和日常管理，上课课酬和管理费用由学院承担。

广西大学轻工与食品学院：负责学生（学徒）的制浆造纸专业课程，上课课酬由学院承担。

（4）学校教师去企业挂职锻炼补贴、企业教师来学校授课餐补、教学资源建设、校内实训设备及耗材等费用由学校负责。

第三节　校企推进招工招生一体化

现代学徒制是将传统学徒制和现代职业教育相结合的新型教育制度，其核心体现为"双元育人"、学徒双重身份、工学交替、岗位成才。故招生与招工一体化是开展现代学徒制试点工作的基础，招生招工一体化有多种方式：先进入学校成为学生，后进入企业成为企业员工；先进入企业成为企业员工，后进入学校成为学生；招生招工同步进行，同时具备企业员工和学校学生身份。这三种模式的学徒都具有双重身份。金光电气自动化现代学徒班是采用招生招工同步进行的，在学生入学时即落实其企业学徒的身份，在整个学习过程中具有学校学生和企业学徒的双重身份。

学院和企业共同负责专业招生即招工，招工方式如图 3-10 和 3-11 所示；明确学校和企业在招生与招工工作中的主体责任。学校按照企业在未来的用人计划统一招生，招生时企业同步面试，合格者成为学徒；顶岗实习后经企业考核，合格者成为准员工，形成招生与招工一体化机制，此机制转换了企业的用人模式，减少了企业职业培训成本。

图 3-10　企业领导招工宣讲　　　　图 3-11　学校教师招生宣讲

一、校企共同制定和实施招工招生方案

为了推进"招生即招工，入校即入厂，校企联合培养"为特点的现代学徒制试点工作，深化产教融合，促进校企合作，推动职业教育内涵发展，提高职业教育人才培养质量和水平，广西工业职业技术学院根据《国务院关于加快发展现代职业教育的决定》（国发〔2014〕19 号）和《关于开展现代学徒制试点工作的通知》（教职成司函〔2015〕2 号）的文件精神，结合金光纸业投资有限公司"圆梦计划"对制浆制纸人才需求和选拔条件，校企双方共同制定了"圆梦计划"金光电气自动化现代学徒班招工招生一体化实施方案，包括指导思想、工作目标、校企人员安排、招工招生方式、工作进度安排、面试要求、选拔和录取办法等。由学校主要负责生源招聘工作，企业

进行协助。学校负责教学方面的宣传（包括专业优势、师资力量、办学条件、学籍管理等），企业负责企业方面的宣传（包括企业文化、企业发展史、学徒制企业推进介绍、岗位介绍、企业工作环境及福利条件）。

每年3月至6月的招生季，校企联合钦州市教育局组成政校企招工招生队伍，深入金光企业所在地区内的钦州市和区外的海南省、云南省各乡镇中学宣传金光"圆梦计划"扶贫助学项目，到广西各地农村中学进行广泛宣传（图3-12），同时对圆梦计划宣传效果进行跟踪，收集报名学生信息。2018年5月—6月，为了第一届学徒班顺利组班，金光集团（中国）培训与发展经理苗文峰亲自挂帅，在地方政府和教育局的协助下，带领企业人员与学校老师一起到钦州市三中、四中、灵山二中等10多个学校和贵港二校区中职部对"圆梦计划"项目进行校园招生宣传，校企双方共同参与招生与招工笔试、面试过程，确定录取对象，并确认学徒身份和学籍，形成了招生即招工的机制，完成了招收30名高职生组成金光自动化学徒班的任务。

图3-12 校企人员到广西各农村中学进行招工（生）宣传

每年的9月份新生入学阶段，校企人员继续在新生中宣传金光"圆梦计划"，企业面试通过后补充现代学徒班的名额。2018年招收金光电气自动化现代学徒班30人，2019年招收30人，2020年开始增加一个"工艺+机电"专业班，总共招收66人，2021年计划招生60人，每年都按计划完成招生招工计划。

二、签订金光现代学徒班三方协议

在学生开学报到的时候设置现代学徒制招生咨询台，企业人事主管和干事亲自到场，面向学生和家长解释招生（工）政策，带领学生和家长参观金桂浆纸业公司企业车间及学校教学场地。确定报读金光学徒班的学生签订《现代学徒制三方培训合同》，明确学员的企业员工和学校学生的双重身份，明确各方权益，学徒在岗培养的具体岗位、培训内容，企业如何支付培训费用以及双方的义务及责任，等等。

三、成立金光电气自动化现代学徒制班

为了加大宣传效应,同时让学生感受到加入金光现代学徒班的荣光,每年的金光学徒班都举行隆重的成立现代学徒班的开班典礼,在开班典礼上,会邀请金光纸业(中国)总部人力资源运营总经理、广西金桂浆纸业有限公司领导、钦州市地方政府领导、教育局领导、广西大学轻工与食品工程学院领导和广西工业职业技术学院领导等参加会议,图3-13是2018级开学典礼,图3-14是2019级开学典礼;开班会上学院领导给金桂浆纸业公司的师傅颁发指导教师证书,新生还按照传统拜师礼仪进行师徒结对,徒弟向企业师傅行拜师礼、敬拜师茶,师傅给徒弟带上徽章,师徒共同宣誓,携手共勉,完成了庄重的拜师仪式。广西电视台、农民日报广西记者站、广西日报、南国早报等多家媒体参与报道,扩大了"圆梦计划"金光电气自动化现代学徒班的社会影响力。

图3-13 2018级金光现代学徒班开班典礼

图3-14 2019级金光现代学徒班开班典礼

四、落实学徒津贴发放标准

在学校学习和企业工作期间，全部学徒实行"校企对接，工学交替"的培养模式，采取企业学徒岗位训练、企业课程和在校学习交替方式进行教学。落实学徒权益，金光纸业（中国）投资有限公司承担学生的学费 6 500 元/年，住宿费 1 000 元/年，书费约 500 元/年，在学校学习期间公司将为每一位学生提供 500 元/月的生活补贴，学生在企业认岗、跟岗、顶岗实习期间发放 1 500 元/月的生活补贴，给学徒购买工伤保险及社会保险，免费发放金桂浆纸业公司的夏装、冬装工作服各一套。此外，公司还承担学生寒假和暑假往返家乡的交通费。

第四节　成果导向的金光现代学徒班人才培养方案

一、当前高职专业人才培养方案中存在的问题

（一）"中国制造 2025"对职业教育人才培养提出新要求

2015 年以来，"中国制造 2025"全面推进实施制造强国战略。我国要实现由制造业大国向制造业强国的转变，实现智能制造、绿色制造、服务制造，离不开复合型职业教育人才的重要支撑和保障。2016 年《中共中央、国务院关于进一步加强人才工作的决定》指出，实现由制造大国向制造强国转变，实现全面建成小康社会的宏伟目标，离不开人才强国战略的支撑，尤其是高层次复合型人才的支撑。"中国制造2025"对技术技能人才提出新要求，随着我国制造业的转型升级，低端岗位简单的流水线操作技术工人将会慢慢消失，复合型的技术技能高端岗位将有很大的需求。

近年来，随着经济全球化的不断发展和"一带一路"等产业发展战略的提出，要求高职教育提高人才培养质量和人才的国际流动能力。《悉尼协议》是工程教育与工程师国际互认体系的重要组成部分，主要针对学制为 3—4 年的工程技术教育，与我国高职教育的人才培养规格相对匹配。高职教育在专业建设上对接国际标准，参与国际认证成为必然趋势。

职业教育是为制造业等实体经济培养输送技术技能人才的主渠道和主阵地，高职教育作为技能型人才培养的重要组成部分，要体现"一带一路"国家战略，可行的途径是通过国际专业论证。目前，已有的论证标准包括《华盛顿协议》《都柏林协议》和《悉尼协议》，这三个协议都吸收了成果导向的教育理论成果。无论哪一种认证都视学习产出成果为重要的质量准则。协议各成员国或地区大多采用成果导向的认证标

准,也就是将学生的表现作为教学成果的评价依据,并以促进专业持续改进作为认证的最终目标。在这三个协议中,《悉尼协议》针对三年制教育培养的"工程技术专家"认证,与我国高等职业教育最贴近。

(二) 当前高职专业人才培养方案中的诊断问题

近年来,我国高职教育规模不断扩大,但在质量上尚未充分满足社会对工程技术职业人才的需求,其中一个方面的原因之一是人才培养方案存在以下问题:

1. 培养目标的目标链缺乏逻辑关系

高职教育倡导"以生为本"的教育,在实践上聚焦学生受教育后获得什么样的能力和能够做什么,这就要求学生的技能与能力应可观察、可测量以及可应用。

专业培养目标是政府、学校、用人单位、社会期望的学生经培养取得成果的一般性描述,因此要将专业培养目标落实到培养实施的最小阵地——课堂,要使一般性的培养目标具体化,并逐层分解至课程目标,进而至课堂教学目标,只有这样才能通过一系列教学活动、教学过程、教学设计达成目标,才能使课堂的一切教学活动支撑专业培养目标的达成。

目前,我国职业教育对专业课程如何支撑教育目标的达成、能力知识是否为职业所需的研究相对偏弱。从目前各专业的培养目标、课程目标、课堂教学目标三者关系来看,其不足表现在以下方面:一是专业培养目标、课程目标、课堂教学目标三者自成一体,缺乏逻辑关系,导致课堂教学活动不能很好地聚焦设定的专业培养目标,学生在校学习的知识与毕业后岗位需求不吻合的问题较多;二是支撑目标实现的标准(或规格),即学生应掌握的知识、能力、素质的表述不具体,不能直接或间接地测评;三是教学策略仍停留在教师教了什么而不是学生学了什么的层面。

专业的培养目标、课程目标、课堂教学目标三者之间的逻辑关系如何形成一个有效衔接的体系,是院校在专业建设与课程建设工作中的重点与难点。

2. 毕业生知识能力素质表达不具体、不可测

知识、能力和素质指标不清晰,学生学习达成度无法有效检测。合理分解知识、能力和素质指标点,可以更好地指导教师根据既定的毕业要求实施教学活动,便于落实到具体的教学环节;指标点可细化毕业要求的内涵,其达成需要教学活动(一般为课程)的支撑,因此可通过不同课程的学习成果和学生表现判断达成情况,便于评价。

《悉尼协议》设想的毕业生具备8大方面的知识、13条能力和12个方面的素质要求,我国高等职业层次教育人才培养目标与之相比存在偏差,毕业生知识和能力与企业需求有差距。

3. 没有形成跟踪反馈机制和社会参与的评价机制

如何建立对毕业生短期、中期、长期的跟踪反馈机制是摆在我们高职院校面前的问题，而建立相关机制的院校在执行层面上尚处于不成熟、不规范阶段；政府部门、行业协会、用人单位针对毕业生的评价机制各司其职，不健全体系，就无法保证高水平专业建设水平及其人才培养的高质量发展。

近些年来，中国高等职业教育正在进行双高建设，而人才培养方案的制定、三教改革的推进、职业意识的传授、毕业生目标的达成等，更多的还是局限在国内同行借鉴、经验参考的层面上，如何借鉴《悉尼协议》专业建设理念，以学生为中心、以结果为导向、以持续改善培养质量理念的专业建设与诊改为抓手，走出一条具有中国特色的高职教育之路，是亟待解决的问题。

要改进上述不足，就需对各专业、各课程在编制标准的过程中进行指导，学校在制定专业教学标准与课程标准编制指导性文件中应架构建立三者间逻辑关系的框架结构，确保编制出的专业教学标准和课程标准成为实施人才培养的纲领性文件。

为此借鉴《悉尼协议》成果导向（OBE）的教育理念中目标分解细化，落实到课程的建构逻辑，以强调"学生学了什么"为宗旨，以标准表述具体，能直接或间接地测评为原则，明确专业培养目标、课程目标、课堂教学目标间的逻辑关系，使借助信息化技术采集的课堂教学过程数据有效地用于专业培养目标达成度的诊断，达到以学生发展为根本，以学习产出结果为导向，持续改善培养质量的目的。

二、《悉尼协议》专业建设范式下成果导向工程教育理念

（一）《悉尼协议》专业建设范式

《悉尼协议》（SA）是国际上对工程技术类三年制高等教育机构及其培养的工程技术员（Engineering Technologists）的资质互认协议，与我国高等职业教育有着较好的层次对应。

《悉尼协议》主要适用于国际上工程技术人员学历（一般为三年）的资格互认，就中国来说对应的是高职高专教育。高职高专教育占据了中国高等教育的半壁江山，如何能使高职培养出来的学生更加适应社会的实际需求，符合行业的发展趋势，以及在不远的将来走出国门，参与国际工程教育"实质等效"的相互认证，是每一所高职院校面对的挑战。

《悉尼协议》范式专业建设理念遵循"学生中心，成果导向，持续改进"的人才培养理念，注重人才培养的体系化构建和常态化监测，为高职教育的专业建设提供了很好的借鉴。高职院校要以学生为中心，确立服务成就学生的理念；不断推进改革，

重构专业人才培养方案；坚持成果导向，开展专业建设与课程改革；坚持持续改进，不断提升人才培养质量。

1. 以学生为中心

"以学生为中心"的教育变革，是一种范式的改变，必须全面、整体、协调推进。首先，应转变教育观念，从以"教"为中心，向以"学"为中心转变，围绕对学生的培养去设置教学目标、教学内容和教学的方式方法。其次，对教学的评价也应侧重能反映学生学习状态、学习效果的指标，必须考虑到全体学生。

2. 以结果为导向

"以结果为导向"的专业发展要求专业建立完善的评估系统，多维度可持续地对学生、专业、学校进行评估。多维度的评估可以保证评估结果的客观性、全面性和有效性，一方面对专业建设的现有成果进行检验，另一方面则为未来改革指明方向。同时，可持续的进程式评估以及全程跟踪是专业能够持续不断发展与提高的重要保证。通过评估系统的建立，可检验教育目标与市场接轨的情况，也可考察专业的课程教学等是否能达到设定目标。

3. 倡导持续改进

以往教学所重视的是静态的、封闭的质量保证体系，而《悉尼协议》等工程专业教育认证体系是在推进动态的、开放的、持续改进的质量保证体系。只有不断反馈和评价教育教学工作的效果，发现需要改进的教学环节并进行及时的修正，才能从根本上保证培养质量的保持和提高。通过建立完善的持续改进体系，体现培养目标的质量要求，并确实稳定实施此体系，辅以有效的跟踪与反馈机制来进行持续改进，才能真正推动专业建设的内涵式发展。

4. 尊重专业个性

《悉尼协议》制定的专业认证标准注重培养目标的确定和课程体系的设置，但这些只是专业实施的框架和指导方针，教育过程本身还有巨大的发展空间。认证标准参照大专业领域的思想，划分专业认证范围，但不干涉具体的专业设置。这种以专业领域分类，每个专业领域里类似的专业按照同一套认证标准进行认证的方法，充分尊重了高校专业设置的自主权，支持各专业办出自己的特色，有助于各专业结合市场需求和本学校专业的条件，制定自己的发展战略。

（二）成果导向工程教育理念

1. 成果导向教育的内涵

成果导向教育（outcome based education，简称 OBE）是一种以学生学习成果（Learning Outcome）为导向的先进教育理念，它以学生通过教育过程后所取得的学习

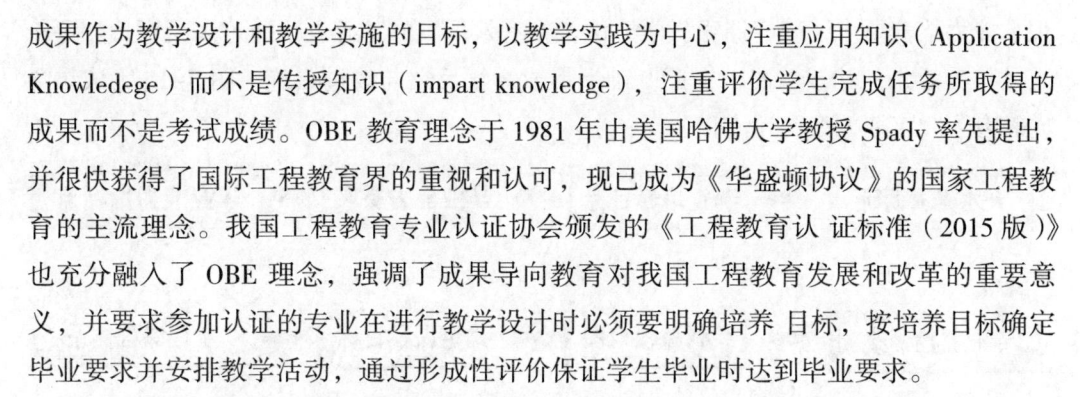

成果作为教学设计和教学实施的目标，以教学实践为中心，注重应用知识（Application Knowledege）而不是传授知识（impart knowledge），注重评价学生完成任务所取得的成果而不是考试成绩。OBE 教育理念于 1981 年由美国哈佛大学教授 Spady 率先提出，并很快获得了国际工程教育界的重视和认可，现已成为《华盛顿协议》的国家工程教育的主流理念。我国工程教育专业认证协会颁发的《工程教育认 证标准（2015 版）》也充分融入了 OBE 理念，强调了成果导向教育对我国工程教育发展和改革的重要意义，并要求参加认证的专业在进行教学设计时必须要明确培养 目标，按培养目标确定毕业要求并安排教学活动，通过形成性评价保证学生毕业时达到毕业要求。

2. 成果导向教育要求

OBE 要求明确定义"成果"的概念，即在成果导向教育完成后，学生应该取得什么样的学习成果，成果目标可由政府、企业、行业协会、学校共同制定。OBE 教育核心理念是以学生为中心，并通过教育使所有学生获得成功。在 OBE 教育实施 过程中，要界定学生毕业时应掌握的核心能力，制定相应的能力指标和各项指标权重，对应构建成果导向的课程体系，而每一门课程与专业核心能力培养目标相呼应。OBE 要求学习成果具有可测评性，即可量化评价教学效果是否达到预设的目标。

3. 成果导向教育特征

OBE 是一种开放性的教育理念，以学生毕业时达到的能力目标作为教育效果衡量标准，而没有限制教学实施过程。相关研究表明，OBE 主要具有以下特征：以学生获得具体的、可操作的、可量化的成果作为教学目标，包括能力目标、知识目标和素养目标；以学生能力培养为重点，关注学生能力提升的过程，以学生最终取得的成果为评价依据；在教学策略和教学方法上，强调分层教育和差异化教学，根据学生现有的学习基础、技能层次和学习兴趣，制定不同的课程学习项目，让学生参与学习，学生可以通过翻转课堂学习、行动学习、探究式学习等多种方法获得学习成果。

按照《悉尼协议》开展专业建设是高职院校提升质量的自我追求，但不应该简单按照《悉尼协议》图解我国高职教育的实践，要结合中国高职教育具体特色，立足中国高职教育的实际，借鉴中国高职教育改革近 20 年的经验和《悉尼协议》的教育智慧与理念，走出一条中国高职教育专业建设与认证标准、课程开发方法与经验发展路子，形成一个具有中国特色的高职发展模式。

三、成果导向教育人才培养方案设计流程

《悉尼协议》范式专业建设路径是按照"逆向"设计思路设计专业人才培养方案修（制）订流程图。首先，根据人才需求确定专业人才培养目标，根据培养目标，细化到毕业要求；其次，按照毕业要求，确定课程体系，再根据不同课程教学内容和知

识、能力培养要求，确定课程教学方法。在有效保障的基础上，通过多元评价，评价人才培养效果的达成情况，在此基础上形成教学反馈与改进措施。图 3-15 为成果导向教育人才培养方案设计流程。

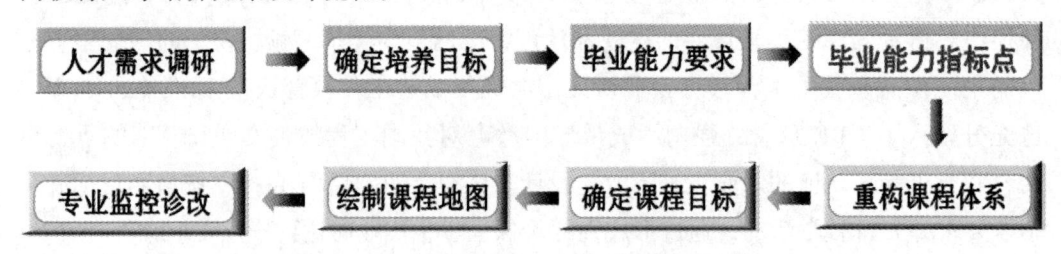

```
人才需求调研 → 确定培养目标 → 毕业能力要求 → 毕业能力指标点
                                                        ↓
专业监控诊改 ← 绘制课程地图 ← 确定课程目标 ← 重构课程体系
```

图 3-15　成果导向教育人才培养方案设计流程

（一）根据制浆造纸企业需求，确定培养目标

近 20 年来，我国造纸业发展迅猛，以金光纸业（中国）投资有限公司为代表的一大批大型造纸企业相继建成或正在建设，他们注重引进高新技术，普遍采用了国内外先进、成熟的制浆造纸技术及装备，淘汰了一大批落后工艺技术及设备，大大提高了造纸工业技术装备整体水平和自动化控制水平。在现代化的制浆造纸工厂，技术人员大多在控制室的计算机前监控和调整设定工艺参数，进行测试检查、提出系统改进的建议等，这要求他们具有专业的系统理论知识、信息技术基础知识和发现问题和解决问题的能力。随着国家造纸产业发展政策的深入实施，我国造纸行业的发展将步入一个新的阶段，产业的整合、企业规模的扩大、制浆造纸技术的发展和自动控制技术的应用以及行业标准的不断提升，需要一大批既具有制浆、造纸专业知识和一定的机械、自控、仪表、化学化工等多方面知识，又具有综合职业能力和全面素质基础的应用型、复合型人才。然而，我国造纸业当前急需的应用型、复合型人才严重短缺。究其原因是多方面的，但最主要的是高职院校制浆造纸专业人才培养方案的改革滞后于造纸产业的发展，懂工艺的对自动化不了解，懂自动化的对工艺知之甚少，导致培养的人才不能够很好地适应造纸企业对复合型人才的需求。

广西工业职业技术学院与金光纸业（中国）投资有限公司校企共同成立金光电气自动化现代学徒班专业建设指导委员会，双方召开了三次专业建设委员会会议，广泛听取了造纸企业技术专家、管理者的意见，在对制浆造纸企业岗位任职资格进行深入分析的基础上，认为对于金光纸业公司现阶段的制浆造纸工艺而言，其自动化技术已得到了较为广泛的推广和应用。其中，PLC 技术、DCS 技术是最关键也是比较常用的自动化技术之一，特别是"中国制造 2025"的实施、工厂数字化改造的不断深入推进，决定金光电气自动化现代学徒班采用"工艺 + 自动化"跨专业混合培养方式。

学徒班专业建设指导委员会遵循企业岗位人才需求规律，调研制浆造纸毕业生初次就业岗位、毕业后3～5年迁移工作岗位和期望工作岗位以及企业人才需求，确定本专业主要、次要工作岗位。依据工作岗位典型工作任务和产业发展趋势以及家庭和毕业生要求等，根据《悉尼协议》的工程教育专业认证理念对培养目标的定义，从人才类型、专业领域、职业特征、专业能力、非专业能力、职业成就六个角度进行描述，如图3-16所示。确定金光电气自动化现代学徒专业培养目标：培养具备良好的思想素质、人文社科素养、职业道德和创新创业意识的高素质技术技能型人才。学生通过学习掌握制浆造纸工艺和电子与电气方面的基本知识，理解掌握控制、传感、驱动等专业知识；具备制浆、造纸、纸制品加工及生产技能，具备制浆造纸电气设备安装、调试、维护及简单自动化系统开发等专业技能；获取相应的职业资格证书，同时具备支持终身可续发展的能力；能够在金光纸业公司旗下的企业从事制浆造纸生产一线操作、现场管理、产品检验、质量管理、机电设备改造维护与保养等工作；毕业三到五年后成为企业技术骨干或单位的管理人员，部分毕业生达到技师、助理工程师的专业水平。

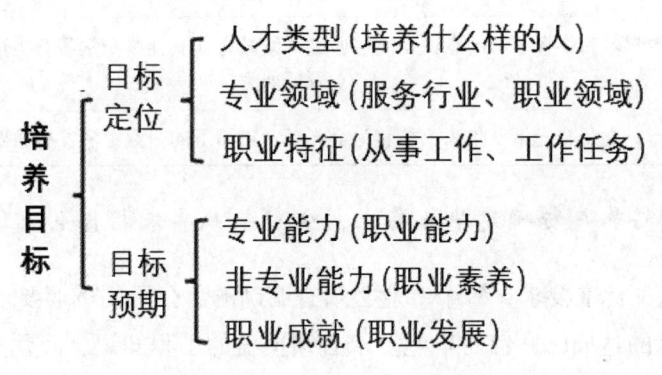

```
                       ┌ 人才类型（培养什么样的人）
              目标定位 ┤ 专业领域（服务行业、职业领域）
              │        └ 职业特征（从事工作、工作任务）
培养目标 ┤
              │        ┌ 专业能力（职业能力）
              目标预期 ┤ 非专业能力（职业素养）
                       └ 职业成就（职业发展）
```

图3-16 培养目标六大要素

专业具体目标细分为A、B、C、D、E、F六点，表3-1是金光电气自动化现代学徒班的具体目标。

表3-1 金光电气自动化现代学徒班培养目标的具体内容

序号	具体目标内容
A	具备制浆造纸企业电气安全知识，会电气识图与绘图，熟悉制浆造纸工艺知识，能完成电工电子电路安装与调试，具备制浆、造纸、纸制品加工及生产技能，熟悉掌握制浆造纸企业电气控制线路设计、安装与调试，电气控制系统故障分析与处理，能制定电气设备安装工艺，会进行电气设备技术文件编制，能设计与装调制浆造纸的 PLC 触摸屏及组态控制系统、变频与伺服电机驱动系统，能构建小型自动化系统集成和网络，会组态 DCS 系统，能够运用专业知识和工程原理，解决制浆造纸相关领域电气自动化工程的一般技术问题
B	具有较强的制浆造纸生产一线技术组织和管理能力，能成为制浆造纸领域业务骨干
C	能够在跨专业的团队中承担个体、团队成员以及负责人的角色，发挥有效的团队协作与沟通作用
D	具备人文社会科学素养、社会责任感，能够在制浆造纸工程实践中理解并遵守制浆造纸工程职业道德和规范，履行责任
E	具有自主学习和终身学习的意识，能够通过继续教育或其他终身学习获得适应社会的可持续发展能力
F	立足金光纸业集团，能够为金光纸业集团下的企业经济发展做出贡献

（二）根据培养目标确定毕业要求，分解毕业要求指标点

工程教育认证标准要求，每个专业必须有明确的、公开的毕业要求，毕业要求应能支撑培养目标的达成，并针对毕业要求必须覆盖的工程知识、问题分析、设计/开发解决方案、研究、使用现代工具等 12 项内容进行了详细解释。

毕业要求指标点是通过对毕业要求的分解与细化所获取的、衡量毕业生能力的指标，通过指标点的划分，使毕业要求变得可测。

毕业要求指标点是毕业要求的二级指标，是对毕业要求的分解与细化，是毕业要求的具体表现形式，合理分解指标点，可以更好地指导教师根据既定的毕业要求实施教学活动，便于落实到具体的教学环节中，通过不同课程的学习成果和学生表现判断达成情况，便于评价。

金光电气自动化现代学徒班毕业要求及指标点如表 3-2 所示。

表3-2 金光电气自动化现代学徒班毕业要求及指标点

序号	毕业要求	毕业要求具体表述	毕业要求指标点
1	工程知识	能够运用工程数学、计算机、英语、电气工程知识及人文社科知识，以解决电气设备安装、调试、维护和维修技术专业领域的广义工程问题	1.1 具备一定的人文和社会科学知识推动跨专业学习能力
			1.2 利用高等数学知识，能将其用于基本电路、简单自动控制系统分析与计算中
			1.3 掌握计算机基本原理及知识并能够解决简单的电气自动化工程问题
			1.4 掌握电工、电子技术、电机电气、机械基础等专业基础理论和知识，能将其用于自动化系统分析与设计中
			1.5 熟悉制浆造纸工艺知识，具备制浆、造纸、纸制品加工及生产技能
			1.6 掌握工控机、PLC、变频器、组态软件、工业网络、运动控制等基础知识，能将其用于搭建电气控制系统基本框架
2	问题分析研究与设计开发解决方案	能够在制浆造纸领域，根据行业标准识别分析研究电气工程应用方面的问题，运用电气工程专业知识和技术能力设计解决方案	2.1 能够在制浆造纸领域，根据电气、仪表设备操作规程、安装标准、维修手册、工艺标准等技术文件查找生产中电气设备故障及控制方面的问题
			2.2 根据制浆造纸生产工艺控制要求研究分析电气控制工程问题
			2.3 能够针对制浆造纸自动化技术领域广义工程问题，参与设计满足需要的控制系统/解决方案，包括常用低压电器及电气控制系统
			2.4 能够在参与设计制浆造纸电气控制系统/解决方案时，考虑到公共健康、安全、文化、社会及环境等因素
			2.5 能够掌握电气识图、安装、编程、调试及优化各类电气控制系统
3	现代工具的使用	能够针对制浆造纸电气工程技术问题，应用通用软件、专业软件、网络资源、虚拟仿真软件、现代工程工具和信息技术工具，对电气工程技术方案进行分析，并进行电气设备和系统故障诊断与维护，能理解其局限性	3.1 能够针对制浆造纸自动化技术领域广义工程问题，选择和应用恰当的技术、资源、专业相关工具和信息技术工具，如常用电工工具、仪器仪表、各类绘图、编程和仿真软件等
			3.2 能够将电气制图软件、博途软件、组态软件、智能制造技术软件用于电气自动化系统编程设计及搭建调试中
4	工程师与社会	爱国守法，具有人文社会科学素养和社会责任感，能够在电气工程施工与维护实践中遵守工程职业道德规范，理解制浆造纸工程实施对社会、健康、安全、法律的影响，履行相应的责任	4.1 具备健康的身体和良好的心理调适能力
			4.2 具备良好的思想政治素质，能自觉践行社会主义核心价值观
			4.3 了解必要的法律知识，在制浆造纸工程实践和社会活动中自觉恪守伦理准则，遵守职业道德与法律法规，具有公民意识和担当意识

续 表

序号	毕业要求	毕业要求具体表述	毕业要求指标点
5	环境与可持续发展	能够理解和评价针对制浆造纸电气工程领域工程技术问题工作对环境和社会可持续性发展的影响，预防或减少因电气工程实施活动造成的环境破坏和社会负面影响	5.1 能够理解针对制浆造纸自动化领域广义工程问题的工程技术实践和解决方案可能涉及的社会、健康、安全、法律及文化诸方面涉及的因素与应承担的责任 5.2 能够理解和评价工程技术实践对环境和社会可持续发展的影响 5.3 能够严格按照电气规章制度操作避免电气事故造成的火灾、触电事故
6	职业道德与规范	养成良好的职业道德、职业规范和人文素养，能够理解和遵守电气工程技术的规范，培养精益求精的工匠精神，具备"质量、责任、使命、安全"的职业意识	6.1 了解常用的职场礼仪规范并在工程实践或社会活动中予以遵循 6.2 具有敬业精神，能够理解和适应企业文化，能够保守商业秘密 6.3 遵守电气自动化专业具有的特种低压设备操作安全规范
7	个人、团队与沟通能力	具有团队合作精神，能够在团队中胜任个人角色并充分发挥个人特长；具备良好的表达能力、一定的英语水平及国际视野，能够撰写电气工程领域的报告，能够针对电气工程技术问题与团队成员、行业、企业、国内外同行及社会公众进行有效的沟通和交流	7.1 有敬业与团队合作精神，良好的职业道德，能吃苦耐劳，责任心强 7.2 有团队意识，能从事跨专业背景下团队的构成以及能担当不同角色成员的职责 7.3 要求工作认真，做事诚恳，有较强的责任感及协调沟通能力
8	项目管理	能够认识和理解电气工程项目管理原理和要求，将其应用到电气工程实践中，并能够在多学科交叉环境下承担与电气工程相关的项目管理	8.1 理解并掌握基本的工程管理知识，包括企业生产现场管理、项目管理、市场营销等，能够在多学科交叉的环境下作为团队成员或领导者进行有效的项目管理 8.2 具备良好的表达能力，能够撰写电气工程领域的报告，能够针对电气工程技术问题与团队成员、行业、企业、国内外同行及社会公众进行有效沟通和交流
9	终身学习	具有良好的学习习惯和自主学习能力，能够紧跟电气自动化技术领域新技术发展，通过继续教育和其他学习途径自我更新专业知识和提升能力，不断提升自主学习水平	9.1 在电气自动化领域工程实施中，能够基于项目进行交流表达自己观点 9.2 掌握自主学习和终身学习的方法，具有学习和掌握工业自动化领域新知识和新技能的能力 9.3 能够运用科学的学习方法，管理知识和处理信息，能对自身学习成效进行自我评价 9.4 具有一定的创新精神和创业能力（包括主动寻求机会、整合利用资源等能力）

（三）根据毕业要求指标点确定课程体系

毕业要求指标点实际上代表了毕业生所应具有的知识和能力的结构，而这个能力结构的实现只能依托课程体系，并在教学实施过程中实现。课程体系的构建要能有效支撑毕业生能力结构的达成。图3-17是金光电气自动化现代学徒班的人才培养方案的课程体系，构建了"工程项目引领，工作任务驱动，课程壁垒打通，能力分层递进"的架构。

把课程体系分成两个阶段。第一阶段主要是通过5门专业核心课程进行"工艺 + 自动化"专业基础及专项能力训练，第二阶段是利用10个造纸工程项目进行工程综合能力训练。图3-18为课程的纵向深入和横向整合。

课程纵向深化：建设5门优质核心课程。

课程横向整合：提炼10个企业工程项目。

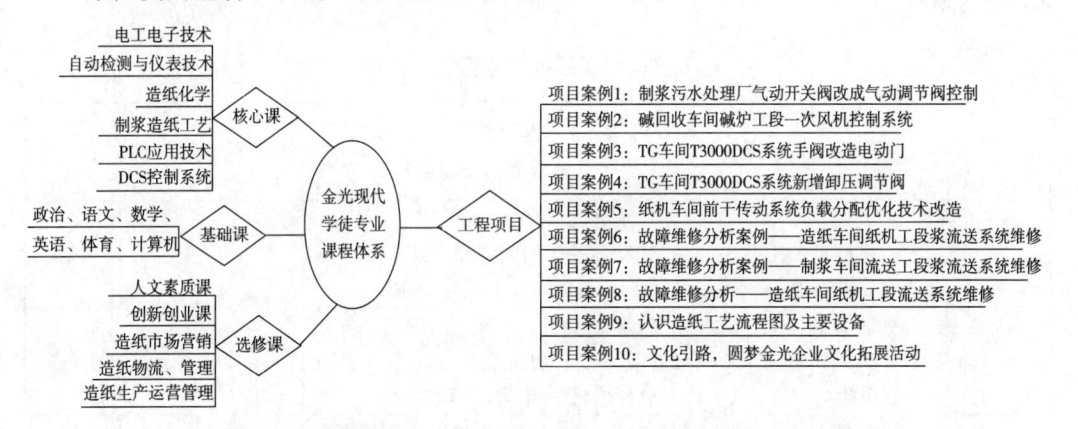

图 3-17　金光电气自动化现代学徒班的人才培养方案的课程体系

图 3-18　课程的纵向深入和横向整合

1. 课程纵向深入——以"工院云课堂"为平台，实施5门专业核心课程改革创新

将"成果导向，学生为中心"作为教育理念和教学设计理念，聚焦课堂教学主阵地，以"工院云课堂"平台为依托，将课堂教学管理与信息技术深度融合，对电工电子应用技术、传感检测与自动化仪表、PLC应用技术、DCS控制系统、制浆造纸工艺等专业核心课程开展线上线下混合教学改革，用信息技术提高课堂教学管理效率，以信息化为支撑创新课堂教学环境，促进信息技术与专业教学深度有效融合，实现无痕的监控、有痕的管理，推动教师教学形态与学生学习方式的深层次变革，形成和推广新型教学模式。

2.课程横向整合——以制浆造纸企业工程案例为载体，提炼10个工程教学项目

打破专业界限、课程壁垒，以制浆造纸企业真实的工程项目为载体和纽带，进行课程体系重构，树立大工程观，构建10个造纸企业工程项目案例课程体系，强调课程内容的综合性和职业性，将学生、教师和企业紧紧地融合在一起，创新产教深度融合的人才培养机制，形成一个可示范推广的电气自动化技术专业"工程项目引领，工作任务驱动，课程壁垒打通，能力分层递进"的课程教学模式。工程项目内容设计如3-3表所示。

表3-3 工程项目内容设计表

序号	工程项目	课时	呈现内容（知识点、技能点）	学期	学院	企业
1	制浆污水处理厂气动开关阀改成气动调节阀控制	8	1.污水处理厂SBR池工艺流程 2.气动开关阀的阀体和气缸 3.Metso阀门定位器工作原理	3	梁洪方	韦荣李
2	碱回收车间碱炉工段一次风机控制系统	8	1.施耐德ATV61变频接线图端子含义 2.工频/变频切换原理。 3.分析风机变频节能原理	4	陶权	王艳峰
3	TG车间T3000 DCS系统手阀改造电动门	40	1.T3000 DCS系统DI/DO通道设置的流程 2.系统设备组态	5	谢彤	欧芳芳
4	TG车间T3000 DCS系统新增卸压调节阀	40	1.T3000 DCS系统4线制AI卡件和4~20mA AO卡件通道设置的流程 2.T3000 DCS系统模拟量输入输出技巧	5	谢彤	欧芳芳
5	纸机车间前干传动系统负载分配优化技术改造	24	1.PID控制，传动速度，负载分配控制 2.ABB变频器ACS800应用	4	周雪会	谢文飞
6	造纸车间纸机工段浆流送系统维修	8	1.电动机的结构工作原理 2.故障分析 3.电动机转子拆装、下线、检测	3	庞广富	谢文飞
7	制浆车间流送工段浆流送系统维修	8	1.泵的拆解维护知识 2.泵的拆解维护工艺流程	2	李可成	卢修龙

续表

序号	工程项目	课时	呈现内容（知识点、技能点）	学期	学院	企业
8	造纸车间纸机工段浆流送系统维修	8	1. 压力筛结构及原理 2. 轴承装配规范 3. 主轴上车床校正 4. 装配位置磨损检查密封漏水	3	杨铨	吕林辉
9	认识造纸工艺流程图	16	1. 制浆方法，造纸方法 2. 制浆造纸工艺流程图	1	谢彤	王艳峰
10	文化引路，圆梦金光企业文化拓展活动	16	1. 金光集团企业文化 2. 五个拓展活动	1	王彩霞	李华青

下面是以教学案例《风机变频技术改造》为例，说明教学案例的详解和实施。

表3-4 《风机变频技术改造》教学案例

案例编号	JG-02	教学案例名称	风机变频技术改造
对接岗位	电气技术员/工程师	企业案例来源	金桂碱回收车间碱炉工段一次风机控制系统
适用课程	变频与伺服驱动技术	计划学时	8学时	实施地点	金桂碱回收车间
对接标准	课程标准	编写人员	企业—朱博峰 学校—陶权
学情分析	学生学习了变频与伺服驱动技术课程，对变频器的原理和应用有了一定的理论知识和变频器操作技能，对恒压供水的原理也有一定的了解，但缺乏工程实践经验，课堂上主要学习西门子G120变频器，对施耐德ATV61变频比较陌生		
教学目标	知识目标 1. 理解施耐德ATV61变频接线图端子含义 2. 掌握工频/变频切换原理 3. 会分析风机变频节能原理	能力目标 1. 会分析风机变频改造电路 2. 能设置风机变频器参数	素质思政目标 1. 树立安全意识、工程意识等职业素养 2. 通过变频器节能应用，体会环保节能的重要性。金山银山不如绿水青山
知识点	1. 施耐德ATV61变频使用 2. 工频/变频切换	技能点	1.ATV61变频器应用 2. ATV61变频器参数设置
思政案例	变频节能环保	思政目标	树立环保节能意识
企业案例背景介绍	金桂碱回收车间碱炉工段碱炉在运行中一次风机不需要满载运行，只能调整挡板来控制风量，致使电机大马拉小车，同时风门挡板阻力加大，风门调节造成风量的大小与电机实际输出功率不匹配，传动效率较低。故用变频器ATV61改造风机系统，挡板全开，通过变频器调速改变风机风量，既能达到自动控制的目的又节能		
案例解决问题	通过工频改变频来提高电机的传动效率，节约能源。解决电机"大马拉小车"现象。改造前工频电流有时超过111 A，有电机发热现象，改造后频率运行在35～45 Hz之间，节电率依据负荷的不同基本维持在20%～30%。节能明显		

续 表

案例教学框图	（流程图：案例解读 → 观看相关图片与视频 → 提出案例问题 / 案例问题分析讨论 → 案例知识点讲解 → 学生讨论改革前后 → 教师点评 → 学生提出解决方法 → 总结、评价 → 撰写案例分析报告）
案例总结	项目改造完成后，从实际运行数据来看，一次风机变频运行节电量与理论计算数据基本一致，电机一般运行于 35～45Hz 之间，节电率依据负荷的不同基本维持在 20%～30%，可按投资分析考虑成本回收年限 通过企业生产实际案例积累经验，为今后的工作奠定坚实基础。同时，使学生树立起节能环保的意识，达到学有所成，学以致用的目标

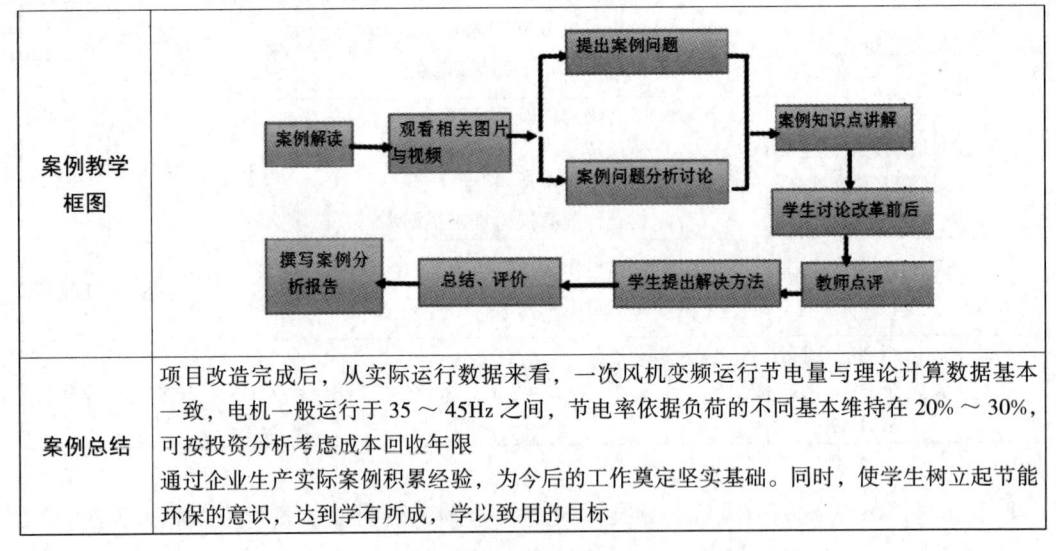

《风机变频技术改造》案例详解

一、控制要求

（1）通过改变电机频率能连续平滑的调整一次风机电机达到所需风量的输出功率；变频驱动可以提高电机功率因素。

（2）风门挡板全开减少阻力，提高传动效率。

（3）设置变频器 ATV61 参数。

（4）画出实现变频与工频自动切换原理图。

二、控制原理图

（1）主电路图，如图 3-19 所示。

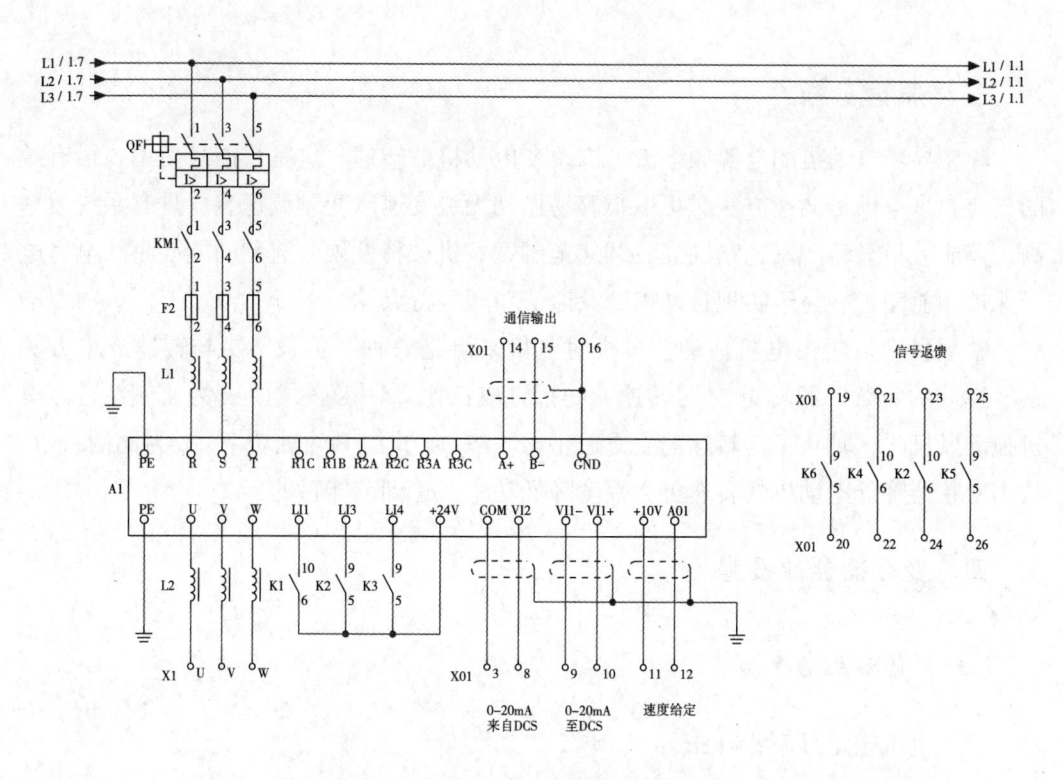

图 3-19　主电路

（2）控制电路，如图 3-20 所示。

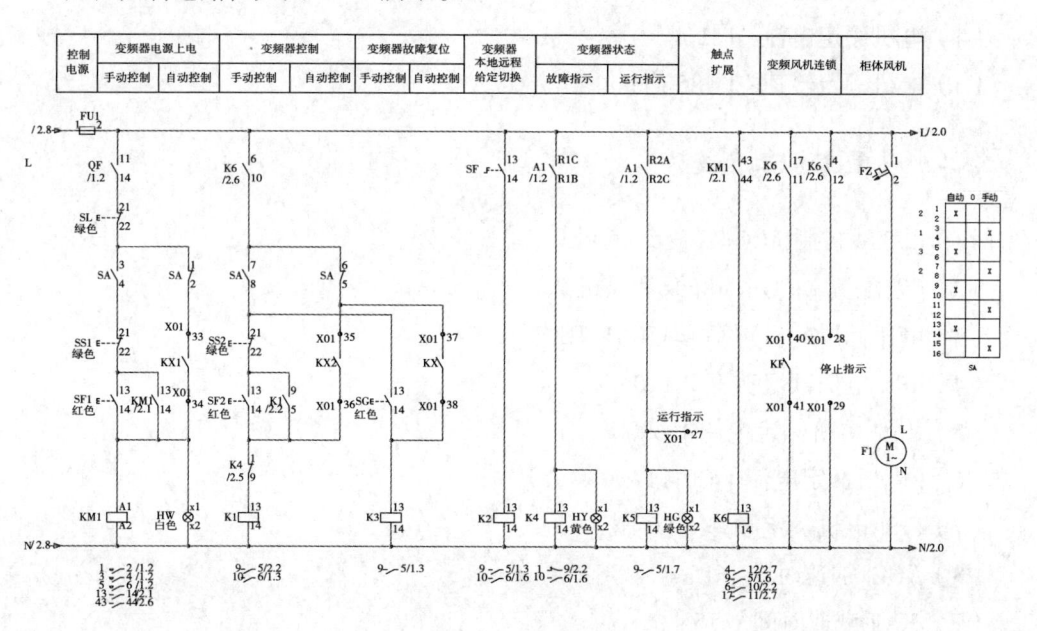

图 3-20　控制电路

三、原理分析

改变异步电动机的电源频率就可以改变电动机的转速，这是目前最简单、最有效的交流异步电动机调速方法，可以很容易做到无级变速。变频调速装置具有系统效率高、节能效果显著、调速精度高、调速范围宽、机械特性硬、起制动能耗小、电力电子保护功能完善、易于实现自动控制及通信功能等特点。

本项目中风机由电机拖动，风机对电机来讲是一种"负载转矩与转速成平方关系"性质的负载，即转矩 M 与转速 n 的平方成正比。$M=Kn^2$ 式中 K 为比例系数。电机拖动风机时，轴功率与转速的立方成正比。$P=Cn^3$ 式中 P 为轴功率，C 为比例系数。故用变频器降低电动机的转速可大幅度降低功率，达到节能目的。

四、变频器参数设置

（一）电动机的参数：

（1）电机额定频率：50 Hz。

（2）电机额定功率：110 kW。

（3）电机额定电压：690 V。

（4）电机额定电流：111 A。

（5）电机额定转速：1 485 r/min。

（二）设置变频器参数

（1）[2/3 线控制]tCC=2C[2 线控制]。

（2）[宏配置]CFG=PnF[泵和风机]。

（3）bFr[标准电机频率]= [50 Hz IEC]。

（4）nPr[电机额定功率]=110 kW。

（5）UnS[电机额定电压]=690 V。

（6）[电机额定电流]nCr=111 A。

（7）FrS[电机额定频率]=50 Hz。

（8）ACC[加速时间]=15 s。

（9）dEC[减速时间]=15 s。

（10）[AI1 给定]（AI1）：模拟输入

五、设备清单

风机变频技术改造所用的设备有变频器、电缆、电机,如图3-21所示。

图3-21 变频器、风机等设备

六、案例总结

项目改造完成后,从实际运行数据来看,一次风机变频运行节电量与理论计算数据基本一致,电机一般运行于35~45 Hz之间,节电率依据负荷的不同基本维持在20%~30%,可按投资分析考虑成本回收年限。

《风机变频技术改造》教学案例实施

教学项目实施流程图，如图 3-22 所示。

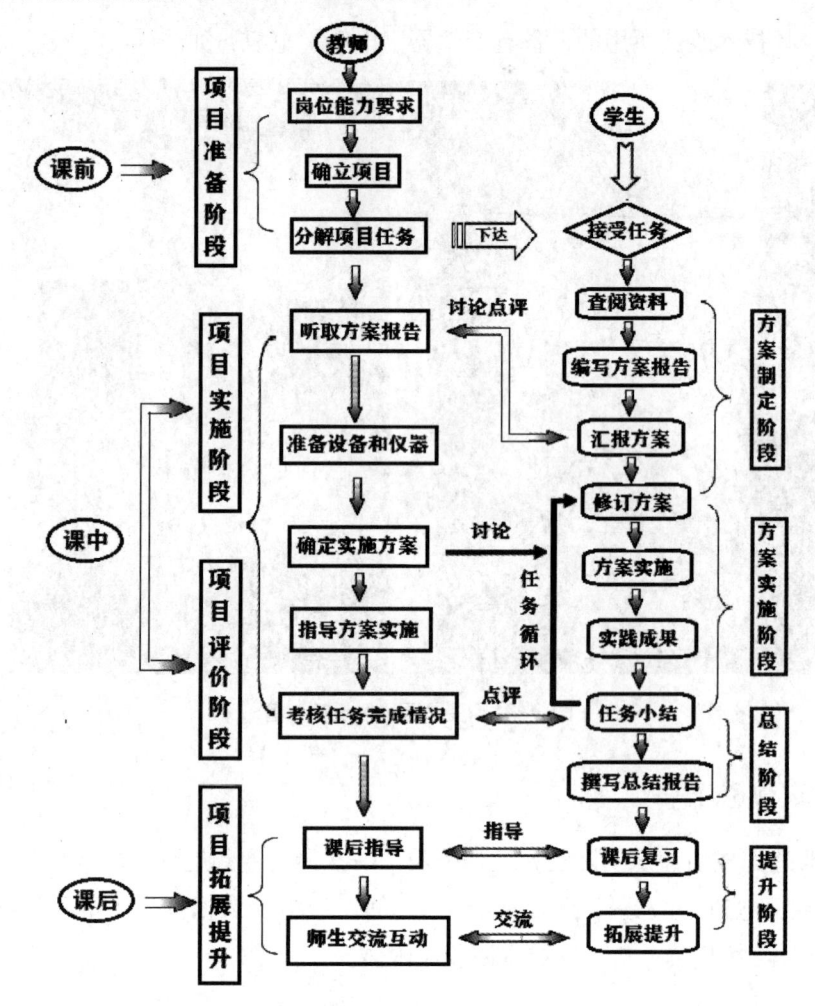

图 3-22　教学项目实施流程图

一、案例准备阶段（课前计划）

（1）学生分组，指定组长。

（2）与现场联系，进行现场教学准备，包括安全教育、劳保用品、行走路线、企业教师、现场教室等。

（3）安全教育，教师带领学生到现场调研，对碱回收车间碱炉工段一次风机控制系统进行了解。

（4）接受任务，查阅资料，撰写方案报告。

二、案例实施阶段（课中实施）

（1）学生按小组就座学习。

（2）技术人员介绍碱回收车间碱炉工段一次风机控制系统的工艺流程和改造控制要求。

（3）提出问题：

①分别写出变频器控制风机手动时和自动时的动作原理。

②写出变频器控制风机发生故障时的动作原理。

③列出变频器设置参数。

（4）学生根据技术人员陈述内容，分小组讨论方案。

（5）每小组选出代表汇报方案，技术人员对方案进行评价，提出优点和不足。

（6）技术人员进行案例小结。

三、案例总结提升阶段（课后提升）

（1）如要风机在工频与变频之间进行自动切换，请按小组画出风机工频与变频自动切换电路图。

（2）从风机转距特性和流量特性分析采用变频调速后的节能原理。

四、根据课程培养目标梳理课程能力支撑点

建立起毕业能力—指标点要求—课程能力支撑点关系，确定每门课程的培养目标时应注意涵盖专业的毕业要求，专业课程应支撑所有指标点的训练和培养，表3-5是以"PLC应用技术"为例的课程培养目标梳理课程能力支撑表。其中，课程目标占课程比重如下：课程负责人参照教学大纲中每项课程目标占用的授课学时和该课程目标的重要性等方面，确定每项课程目标占该课程的权重；最小单位为0.05，每一门合计为1；能力指标点支撑标准值我课程目标占比 × 学分 × 修读学生比例。

表3-5 "PLC应用技术"课程培养目标梳理的课程能力支撑表

课程名称	学时	学分	修读学生比例	课程目标	课程目标占课程比重	支撑的能力指标点
PLC应用技术	80	5	100%	能够用PLC编程软件进行梯形图、指令表的编辑、程序的读写、运行监视和调试工作。进一步使用编程指令编写完成电气自动化系统的典型工作任务程序	0.30	1.3
				熟悉PLC输入电路和输出电路结构,能设计PLC输入、输出端口与外围设备电路图,能够构建和安装简单的PLC控制系统	0.30	2.2
				掌握PLC控制系统故障分析和排除方法,提升PLC控制系统调试及维护基本能力	0.10	2.1
				学会计算机通信与工业网络知识,能够用"PLC+触摸屏(组态软件)+变频器(伺服控制器)"等构建一个PLC工业控制网络系统	0.10	1.5
				能够计算PLC及外围设备参数,选择型号	0.05	2.3
				能利用互联网和信息技术,查阅和收集PLC及相关产品资料,培养学生用PPT汇报工作及任务方案的写作、表达能力	0.05	8.2
				在课程学习中树立起安全、质量、工程等职业意识,自觉养成从事PLC控制系统设计、编程、安装与维修工作中的规范、安全与文明生产素养	0.10	4.3

五、初步建立毕业生质量跟踪评估持续改进体系

把教学诊改试点与引进麦可思第三方机构结合起来,开展评估,建设专业质量管理机制、教学过程质量监督机制、在校生成长评价机制、毕业生中长期跟踪反馈机制、用人单位需求与学生评价等人才培养质量评价机制及教师质量反馈监控机制。明确各主要教学环节的质量要求。

在课程层面,通过课程教学评价、督导评价、同行评价等形成理论课程达成度、实验实习达成度、综合素质达成度等各类毕业要求达成度评价项目,保证每个具体教学环节能够实现相应的毕业要求;在教学计划层面,通过毕业生调查、导师反馈、辅导员反馈等促进教学计划,实现专业培养目标;在专业层面,通过用人单位调研、校友追踪访问、第三方调查等评估专业培养目标和毕业要求的达成度,并根据反馈意见持续改进相应的教学环节。

高职院校诊断与改进工作的核心是完善内部质量保证体系建设,促进专业建设;《悉尼协议》则是为专业建设提供了建设范式,两者相互依赖、相互补充。无论是取

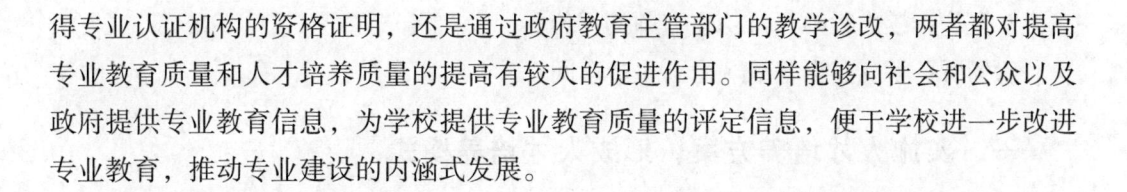

得专业认证机构的资格证明，还是通过政府教育主管部门的教学诊改，两者都对提高专业教育质量和人才培养质量的提高有较大的促进作用。同样能够向社会和公众以及政府提供专业教育信息，为学校提供专业教育质量的评定信息，便于学校进一步改进专业教育，推动专业建设的内涵式发展。

六、基于制浆造纸行业企业标准，制定专业教学标准及质量监控标准

广西工业职业技术学院公司与金光纸业（中国）投资有限公司建立了以企业和行业专家与专业带头人组成的专业指导委员会，下辖校企合作教学模块开发小组、教材开发小组、教学实施小组、考核评价小组等，在招生招工对象及条件、培养目标与规格、就业方向、职业岗位能力分析、课程体系、教学团队、教学设施等方面多次协商达成共识，并制定了"金光电气自动化现代学徒制专业教学标准、课程标准"。在分析现代学徒制班级学生企业实际岗位需求情况和电气自动化专业学生必须具备的岗位能力要求基础上制定了"学徒岗位标准、企业导师标准、学徒考核评价标准、教学质量监控标准"等。

第五节 金光现代学徒班"双元育人、校企交替、四岗递进、生徒转换"人才培养模式实践

现代学徒制是以企业用人需求与岗位资格标准为服务目标，以校企合作为基础，以学生（学徒）的培养为核心，以课程为纽带，以学校育人+企业育人为形式，以学校、行业、企业的深度参与和教师和师傅的深入指导为支撑的人才培养模式。强调的是做中学、学中做的教学模式。广西工业职业技术学院电气自动化专业与金光纸业集团金桂纸业公司现代学徒制实施的主要途径是金桂企业通过电气自动化专业共同招生，录用的学生被企业称为"学徒生"。用大约二分之一的时间让他们学习必要的文化和专业理论知识，并用剩下的约二分之一时间在实际生产服务的一线岗位上通过师傅带徒弟的方式接受训练和开展工作。学生（学徒）须在规定年限内掌握一定的技术技能并学完相应课程，同时取得职业资格证书和职业教育学历证书方可出师成为一定等级的技术工人，双方通过"五个双"按"学生—学徒—准员工—员工"人才培养思路培养学生。

"五个双"的具体内容如下。

双主体：学校育人+企业育人。

双身份：学校学生+企业员工。

双内核：课程标准+企业标准，技术+教学内容。

双评价：校内教师评价＋企业师傅评价。

双场所：学院实训基地＋企业生产车间。

一、实施人才培养方案，形成人才培养模式

校企共同成立专业建设指导委员会，在对制浆造纸企业岗位任职资格进行深入分析的基础上，遵循企业岗位人才需求规律，确定专业人才培养目标。依据人才培养目标，校企双方共同制定人才培养方案，确定"双元育人，校企交替，四岗递进，生徒转换"（0.5+0.5+1.0+1.0）的现代学徒制人才培养模式，如图3-23所示。即采取"校企一体，教师师傅一体，学生学徒一体，教室岗位一体"的育人模式，通过双方双向深层嵌入互动、互聘、互用等途径，双主体共育"现代学徒"、双导师传承"工匠精神"，让学生在"学习、实训、实习"过程中，实现"认岗、跟岗、融岗、顶岗"的价值提升和"学生、学徒、准员工、员工"的身份转变，实现学校学习与企业工作的有效对接，从而快速成长成才。

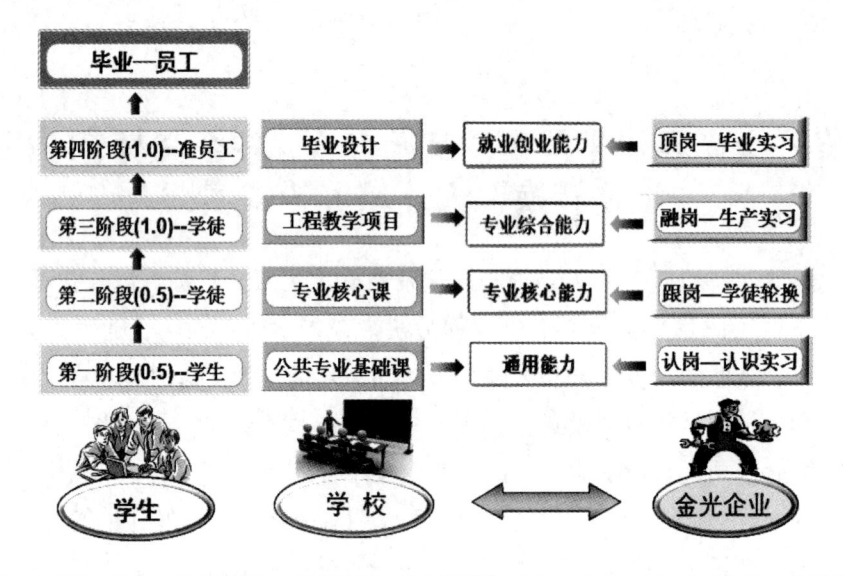

图3-23 "双元育人、校企交替、四岗递进、生徒转换"（0.5+0.5+1.0+1.0）的人才培养模式

二、对接不同岗位需求，合理安排教学环节

在现代学徒制试点过程中，学校和企业不仅要注重知识传授和岗位技能的培养，还要将职业素质的培养贯穿整个培养过程中，注重发展学生的个人价值取向。金光电气自动化现代学徒班以成果目标为驱动，以工作任务为载体，体现了"以学生为本"的人才培养观。在教学组织安排环节，对接制浆造纸各个岗位需求，紧紧围绕专业人才培养目标，将学生职业能力的形成过程与金光纸业自动化生产工作过程有机结

合，通过校企合作的组织模式，实施"双元育人、校企交替、四岗递进、生徒转换"（0.5+0.5+1.0+1.0）的现代学徒制人才培养模式。该模式下，人才培养过程划分为四个教学阶段，即以适应金光纸业集团企业的职业岗位需求为导向，着力促进知识传授与生产实践的紧密衔接，改革教学组织方式，在学校和企业穿插进行，把理论学习与岗位实践有机融合起来，实现人才需求培养的无缝对接，促进知识学习、技能实训、工作实践的融合，推动教、学、做的统一。

金光电气自动化现代学徒班的教学组织实施分为四个阶段：

（一）第一阶段：第一学期（0.5）（通识学习+企业认岗）

第一学期为基础知识学习，在学校以学习文化基础课、专业基础知识课和基本技能操作为主，除素质教育和部分职业基础课程外，还应到金光纸业以企业生产体验为主，组织学生参观企业，时间大概为两周。在两周中由企业师傅和学校教师共同带领学生到各生产车间、部门参观，了解企业文化，熟悉企业环境、各工作岗位的任务与职责，认识生产流程，使学生（学徒）对企业有系统的感性认识，感受企业的文化内涵，促进学生与学徒双重身份的融合；请企业的专家到校宣讲企业文化、员工职业素养、岗位工作标准，为学生提前感受企业的相关内容。

本学期为专业知识学习，主要集中进行电工技术应用与电子技术应用课程的教学，以云课堂平台为载体设计教学内容，即将电工实训技能以及电工安全等技能穿插在理论课时的教学过程中，不再对理论课时与实践课时进行严格的界定，根据知识的难易程度和学生的掌握情况，灵活安排课时分配。老师在做中教，学生在做中学，实现"工学结合"，以提高学生动手操作能力。这种方式使理论教学与实践教学紧密联系，相互呼应，使在校期间训练的每个知识点连成了线，学生也能够轻而易举地将每条线连贯成知识体系，真正做到了理论学习与实践训练的相得益彰。

（二）第二阶段：第二学期（0.5）（基本技能+企业跟岗）

第二阶段的学习学校项目学习和跟岗实训形式进行，采取四个月在学校、一个月在企业的轮换模式。在学校期间进行理实一体化教学，强化学生专业理论知识和技能操作，在企业期间进行企业课程学习实践，以强化技能训练的同时融入企业标准、规范、职业素养。

在专业基础课程及企业专业基础课程学习上，重点培养学生的专业核心能力和创新能力，主要课程为PLC应用技术、造纸化学、电机与电气控制技术、自动检测与仪表技术，学期末利用暑期一个月时间到企业学习。企业学习的内容为制浆造纸工艺认知、制浆造纸机械与设备、制浆造纸设备与安装、造纸水处理工程分析、制浆造纸检测与分析等。

校企组建课程开发小组，共同确定学校技能课程和企业岗位课程同步推进，建立起了"课程模块化，内容项目化，项目岗位化"的课程体系架构模型，将所学专业课程分解成若干个模块，再将每个课程模块分解成若干个岗位，每个岗位分解成若干个技能项目，开发学徒制实训项目。

（三）第三阶段：第三、四学期（1.0）（专业技能＋企业融岗）（贴岗真实体验）

单项能力培养。重点培养学生的专业核心能力和创新能力。将传统的电气自动化专业第三、第四学期所授课的知识进行改革，第一至第四学期的内容，进行工程项目应用技能训练和单项技能训练。每个单项训练均以实际工程为依托，通过变换不同工程使学生接触到不同形式的分部工程，有利于提高学生的综合素质，且任务简短明确，易于训练。通过以上各单项训练，可大大提高学生的综合能力和顶岗能力，为下一阶段的综合训练奠定了坚实的基础。

第三阶段的学习以工程项目和轮岗实训形式进行，采取一个月在学校、一个月在企业的轮换模式。在校期间进行工程项目教学，强化学生专业技能和应用知识解决问题的能力，在企业期间进行师带徒模式的现场培养，企业工程项目课程学习，提高学生的综合能力和职业能力。

（四）第四阶段：第五、六学期（1.0）（企业顶岗＋就业创业）

第五、六学期着重培养学生的综合职业能力主要在校内进行综合应用能力实训及职业拓展能力的培养和实训。在企业中通过企业师傅小班教学，学习纸和纸板的结构与性能、植物资源化学、纸加工原理与工程、纸张印刷适性等工程项目。通过组织学生参与企业生产和企业设备维护的实习工作，按照职业岗位任职要求，结合实际工程项目，以典型企业设备维护工作任务为载体模拟仿真岗位工作环境，亲自参与纸业特有的生产工程全过程生产维护业务，从而提升综合职业能力和加强职业素质培养。在企业进行顶岗实习，使学生通过一年的企业课程学习，真正接触到企业的先进设备，领悟企业文化，形成质量意识、产量意识、团队合作精神等，实现毕业设计和顶岗实习的有机结合，由企业制定相应的考核内容和考核标准，企业师傅全程指导实习，对学徒进行综合考核，学生考核通过后，即成为企业正式员工。

第六节 校企混编的"双导师"教学团队建设

高职教育现代学徒制"双导师制"是校内指导教师与企业指导教师联合培养学生的育人模式,"双导师制"的核心本质是学生同时从学校、企业得到理论与实践两方面的指导,校企合作培养具有较高综合素质和较强职业操作能力,能吃苦、会操作、留得住、可发展的技术技能人才。这一过程中,校企导师各取所长,在育人各环节发挥不同职能。其中,校内导师着力于专业课程教学、校内实训教学、职业发展探索等方面,企业导师则侧重于学生的岗位能力训练、职业素养提升与职业生涯规划等方面。

基于现代学徒制的校企混编"双导师"团队育人模式,以培养适合企业需求的合格员工为最终目标,以提升双导师团队整体质量为导向,探索"学校教师深入企业,企业师傅深入课堂"的建设路径,旨在强化学校教师的职业意识、提升职业技能、积累职业经验,帮助企业师傅学习教育理念、提高教学技能、丰富教学经验。通过现代学徒制育人的全过程、全方位考核评价,形成校企双导师队伍的循环、创新成长,具体过程如图3-24所示。

校企双导师团队建设路径图

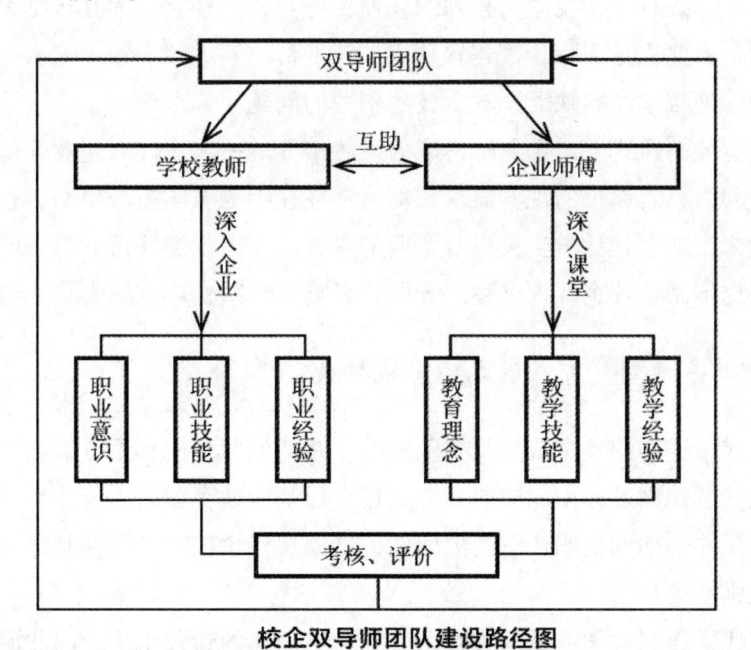

图3-24 校企双导师建设路径

一、制度建设

影响现代学徒制教学质量的关键因素是教学团队的建设水平,因此专兼结合的

"双导师"教学团队建设是推行现代学徒制的首要任务,学校建立健全双方教师的选拔、培养、考核、激励制度,完善"双带头人""双导师""双向挂职"等双元育人制度,按照《广西工业职业技术学院双师型教师认定办法》选拔电气自动化专业技能高的双师型教师作为现代学徒制班任课教师,由专业教师担任校方班主任。校企共同制定了《指导教师选拔标准及工作职责》《带教师傅选拔标准及工作职责》等文件。

二、团队建设

(一)现代学徒制双导师教学团队建设存在的问题

1. 学校教师职业技能不强、实践经验不足的问题

职业学校的学生以面向就业为目标,所学职业技能、职业经验大多来自学校教师,但职校教师的来源以学院、高校毕业为主。在现代学徒制育人中,"学院派"教师的职业技能不强,岗位实战经验不足,在一定程度上限制了常规的技能教学,培养的人才也无法满足企业的用工需求。鉴于此,如何在现代学徒制实施过程中,与企业岗位紧密结合,提升"学院派"教师的职业技能与职业经验,使其转型为名副其实的学徒制导师,需要立足实际,搭建教师成长新平台。

2. 企业师傅教学经验缺乏、教学技巧单一的问题

在现代学徒制模式下,企业师傅成为人才培养的一大主体。企业师傅具有丰富的岗位实践经验,了解岗位的现实需求,但是其往往因为教学技巧单一、教学经验不足影响教学效果,甚至是让学生失去对企业的兴趣、对岗位的期待。单一的育人手段在一定程度上也限制了校企育人进程的开展,影响工学结合环节的实效。

(二)"双导师制"育人模式的实践探索

基于现代学徒制的校企双导师团队建设,坚持问题导向,重点解决学校导师、企业导师在现代学徒制过程中的缺陷,突破校企导师沟通不紧密、人才培养不适用、评价考核不客观等长期困扰职业学校的问题,借助现代学徒制平台,制定新标准,形成新机制,探索新策略。

影响现代学徒制教学质量的关键因素是教学团队的建设水平,因此混编的专兼结合"双导师"教学团队建设是推行现代学徒制的首要任务。

1. 组建校企互聘共用的教学团队,双导师育人

为了顺利实施"圆梦计划",使校企参与职业教育人才培养全过程,共同招生招工,共同制定人才培养方案,共同承担现代学徒制的教学任务、教学管理、教学评价

等，提高人才培养质量，特建立一支专兼结合的校企混合师资队伍。师资队伍建设按照"企业实践+教学实践+专业建设实践+社会服务"的教师培养模式培养。与金光纸业深度合作，提升专业带头人和骨干教师的社会服务能力，提高青年教师的实践教学能力；通过进行职业教育教学培训，提高与职业有关的专业教学水平，以及课程开发与设计、教学方法运用和教学组织实施的能力。聘请行业企业专家、金光纸业资深工程师兼职任教，打造一支校企互通、素质优良、专兼结合的"双导师"结构院级优秀教学团队。

（1）校内导师。电子与电气工程系的自动化专业教学团队是一支业务熟练、教学经验丰富、结构基本合理的师资队伍，其中教授2人，副教授7名，讲师3名，工程师3名，硕士4名。该教学团队教师在负责本专业学生的教学工作任务的同时，为企业进行技术培训服务，具体负责课程如表3-6所示。

表3-6 校内导师及负责课程一览表

序号	姓名	职称	专业	负责课程
1	陶权	教授	工业电气自动化	PLC控制的造纸机工程
2	杨铨	教授	电气技术	纸浆浓度测量与控制工程
3	黎洪坤	副教授	仪表自动化	1.DCS制浆造纸碱回收控制工程 2.自动化工程项目管理
4	莫文火	高级工程师	发配电	室内照明与配电线路安装工程
5	梁洪方	副教授	轻工自动化	1.电气控制线路安调 2.室内照明与配电线路安装工程
6	谢彤	高级实验师	仪表自动化	1.传感检测与自动化仪表 2.DCS配浆自动控制工程
7	庞广富	高级讲师	电气技术	制浆造纸废水处理控制工程
8	梁倍源	讲师	电气技术	PLC应用技术
9	李可成	讲师	电气技术	纸张质量指标在线监控工程
10	崔岳峰	讲师	工业电气自动化	变频与伺服技术应用
12	李叶伟	工程师	工业电气自动化	变频器控制的造纸机同步工程
13	余鹏	讲师	电子信息	电工电子技术
14	李曜	讲师	造纸	造纸企业市场销售
15	雷艳萍	讲师	造纸	造纸企业物流、库存管理
16	刘新亮	讲师	造纸	制浆造纸工艺工程

（2）企业导师（师傅）。从金光纸业集团的广西金桂浆纸业有限公司中选拔一批技术过硬、业务熟练、现场经验丰富的工程技术人员和管理人员作为企业师傅，企业导师及负责课程如表3-7所示，企业导师聘书如图3-25所示。

表3-7 企业导师及负责课程一览表

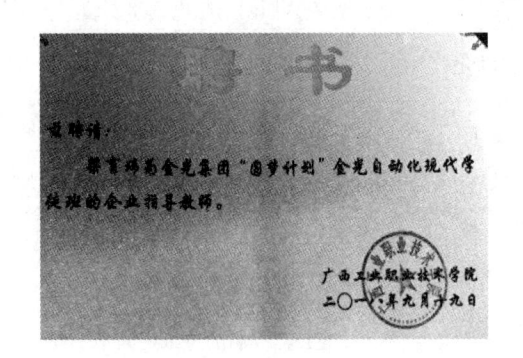

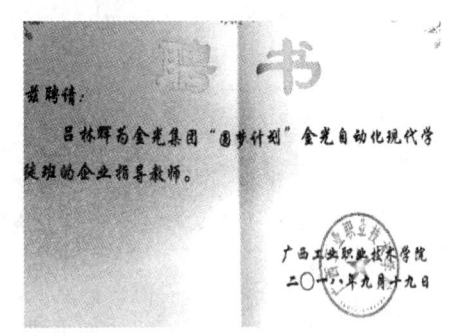

序号	姓名	职称	专业	负责课程
1	吕林辉	工程师	机电一体化	PLC控制的造纸机工程
2	谢文飞	值班主管	自动化	纸浆浓度测量与控制工程
3	梁育玮	副课长级专员	电子工程	DCS制浆造纸碱回收控制工程
4	梁洪启	副课长级专员	机械应用工程	制浆水处理控制线路设计、安装
5	竺伟	课长级专员	电气工程	制浆造纸废水处理控制工程
6	秦志文	值班主管	电子信息工程	DCS配浆自动控制工程
7	朱博锋	值班主管	机电工程	自动化工程项目管理
8	王艳锋	课长级专员	机电一体化	纸张质量指标在线监控工程
9	罗小明	工程师	机械电子	制浆造纸工艺工程
10	陆迅	值班主管	自动化	变频器控制的造纸机同步工程

图3-25 企业导师聘书

（3）双师指导。学生入学后，每三名学生指定一名学院教师、一名企业师傅进行双师指导，对每位学生三年的学习、生活、个人成长等情况实施跟踪指导，2018级金光自动化现代学徒班学生双导师指导名单如表3-8所示。

表3-8 2018级金光自动化现代学徒班学生双导师指导

学生（学徒）	学院导师	企业导师
曾祥彦	黎洪坤	吕林辉
谢咏燊	黎洪坤	吕林辉
马福利	黎洪坤	吕林辉
陈建民	莫文火	谢文飞
黄立鑫	莫文火	谢文飞
李晓玲	莫文火	谢文飞
文云辉	梁洪方	梁育玮
蔡海光	梁洪方	梁育玮
黄承潇	梁洪方	梁育玮
梁日猛	余鹏	竺伟
覃远强	余鹏	竺伟
利德斌	余鹏	竺伟
黄文杰	庞广富	梁洪启
张冠海	庞广富	梁洪启
柯军南	庞广富	梁洪启
梁日霞	李可成	秦志文
陈基灿	李可成	秦志文
梁昌宇	李可成	秦志文
陈永霜	崔岳峰	朱博锋
黄小桉	崔岳峰	朱博锋
邱静丽	崔岳峰	朱博锋
陈志龙	梁倍源	王艳锋
万飞龙	梁倍源	王艳锋
蒋明	梁倍源	王艳锋
潘劲涛	李叶伟	梁育玮
李华晏	李叶伟	梁育玮
黄扬智	李叶伟	梁育玮
黎展兵	谢彤	秦志文
韦修格	谢彤	秦志文
刘智豪	谢彤	秦志文

2."双导师制"育人模式的实践探索

（1）拜师仪式。为了弘扬现代学徒制理念及传统拜师文化，宣传尊师重教的理念及意义，更好地对学生进行培养并增强学生的企业归属感，在每年的开学典礼上都会举行拜师仪式，师徒结对，徒弟向自己的师傅鞠躬、奉茶，师傅给自己的徒弟带上徽章，师徒共同宣誓，携手共勉。

（2）双站融合开展校企互聘。学校在企业设立专业"教师工作站"，选派优秀专业教师作导师，下实习企业指导学生理论学习，同时自身挂职锻炼，提高专业教师的实践能力和教学水平，推动专业教师深入理解专业岗位需求，及时完善和更新相关理论知识。我校长期规划教师队伍培养目标，不仅要培养一批具有双师能力的教学能手、技术骨干，更要推动教师向企业服务型、行业专家型方向发展。

企业在学院设立"大师工作站"，专家在学校"大师工作室"指导专业建设、实践基地建设、企业员工培训、共同申报项目、教学研究、学术讲座等活动。金光纸业选派技术人员做师傅，负责实习生岗位技能传授。企业建立带班师傅绩效考核制度，将学徒业绩与师傅工资奖金捆绑在一起。同时，学校鼓励企业选派有实践经验的行业、企业专家，高技能人才和能工巧匠等担任学校的兼职教师。

（3）课堂教学。校内导师承担着大量专业主干课的授课任务，通过课堂理论教学与实践教学的良性互动，辅以职业证书考试指导课程，逐步提升学生的专业认可度与就业竞争力。借助周期性的谈心工作、各级各类专业技能竞赛及院系丰富多彩的社团活动与社会实践，校内导师进一步提升对学生的熟悉度和引导力。通过两学年的师生互动，使校内导师顺利实现"熟知每位学生秉性与职业愿望"的前期目标，奠定科学指导学生定职定岗的扎实基础。

同时，经校企深度合作，电气自动化技术专业逐步完成了多门课程的双师教学团队建设。理论教学环节由校内专职教学团队完成，实践教学环节则由金桂浆纸业公司的一线技术能手完成，使企业导师有更多机会走进校园，进入课堂。而在学生实习阶段，企业导师更是通过实践教学的现场课堂，借助企业真实运营环境，定期推进技能辅导、职业规划等面对面交流沟通工作。

（4）信息交流。在学生成长的不同阶段，校企导师运用有效的通信手段，如班级QQ群、微信群等，关注学生身心状态，坚持网络答疑与在线指导，关心其成长，以"90后"学生喜闻乐见的沟通方式大幅度提升了学生对老师的信任指数及专业认知，成功确立良性师生关系，构建信息传递与疑难反馈的畅通渠道。

（5）单位走访。校内导师坚持教学管理的学生路线，在学生离校进入跟岗、顶岗实习单位期间，执行"全程，全员，全面""按时，及时，随时""通信通，信息通，感情通"的"全时通"实习管理工作机制。通过参加企业人力资源部信息联络会、召开实习生座谈会、参与企业员工培训及开展岗位考察等方式，努力实践跟进式教育理念。

（6）毕业实践。作为一种有组织、有准备、有计划、有鉴定的正规化论文审查形式，毕业设计是学校育人进程中的重要环节。论文指导中，要加大"双导师"指导力度，校企导师引导学生以企业现场实践为选题，将毕业设计与实习经历紧密结合，利用企业的经营设施与实习条件完成设计。这是"双导师制"育人模式的进一步深化，也是为企业服务的高效实践，更是提高学生就业质量的有效途径。同时，该专业使毕业论文答辩会走进企业，校企导师共同为实习学生的毕业成果把关。

（7）导师互通。校企导师定期沟通，全程参与，跟踪学生成长全程，依据教学计划与管理规定等开展个性化指导。遇有突发状况，校企导师通过沟通与协调，统一问题认识，明确指导方向，共同强化学生专业知识、实践技能、职业理念、工作纪律、劳动安全、自救自护与心理健康等方面的教育，提高其社会生存能力与职业综合素养。在保证学生不断进步的同时，校企导师应给予学生更多的工作指导、生活关心与心理关怀，为学生群体成长与个性发展保驾护航

第七节 金光企业文化引路，构建金光现代学徒班专业文化

2014年6月，教育部印发的《现代职业教育体系建设规划（2014—2020年）》明确提出了"推进产业文化进教育、企业文化进校园、职业文化进课堂"。高职院校专业文化建设既是专业建设的重要组成部分，也是校园文化建设的组成部分，专业文化建设在职业教育界得到了广泛重视，文化育人对全面提高人才培养质量有着重要的作用。

一、专业文化内涵

（一）专业文化

专业文化指的是高职院校专业设置本身所具有的基本价值观念、能力体系、知识体系，以及全体教职员工和学生所特有的思想认识、精神风貌、行为规范和意识觉悟的总和。

1. 专业文化是校园文化的基础

专业文化作为高职院校校园文化的内核，具有强大的导向作用，能够形成强大的向心力，能整合认知，为师生提供行为的参照系，长久而深刻地影响着师生的思想品德、行为规范和生活方式。专业是高职院校最小的完整育人单元，高职教育就是通过

各个具体的专业来实现人才培养的,专业被视为学校的"细胞",因而专业文化是学校文化的有机单元,是文化育人的基本途径。

2. 专业文化是专业建设的灵魂

专业文化对社会行业文化既有吸收,又有引领作用。一个成熟的专业,除了应有合理的人才培养方案和课程设置、优秀的师资、一流的实训条件外,还必须有成熟的专业文化,优秀的专业文化是专业成熟的标志,高职院校开展"文化育人",主要实施途径是以"专业文化"育人。"文化育人"是在专业教育之外,通过精神文化、行为文化、制度文化、物质文化,培养全面发展的人才,专业文化是全面提高人才培养质量的抓手。

二、企业文化内涵

(一)企业文化

企业文化是企业在长期的生产经营和管理实践活动中被企业成员普遍认可和自觉遵循的企业精神、团队意识、价值观念、经营战略、文化氛围、职业道德及其他精神和物质文明建设的总和。其是企业精神的深化和丰富,是一种经营哲学和经营理念的延伸,是推动企业发展不可或缺的精神力量和道德规范。优秀的企业文化能够营造良好的企业环境,提高员工的文化素养和道德水准,对内形成强大的凝聚力、向心力和约束力,对企业发展产生了积极的作用,使企业资源得到合理的配置,从而提高企业的竞争力。

(二)企业文化意义

1. 企业文化能激发员工的使命感

不管是什么企业都有它的责任和使命,企业使命感是全体员工工作的目标和方向,是企业不断发展或前进的动力之源。

2. 企业文化能凝聚员工的归属感

企业文化的作用就是通过企业价值观的提炼和传播,让一群来自不同地方的人追求同一个梦想。

3. 企业文化能加强员工的责任感

企业要通过大量的资料和文件宣传员工责任感的重要性,管理人员要给全体员工灌输责任意识、危机意识和团队意识,要让大家清楚地认识企业是全体员工共同的企业。

4. 企业文化能赋予员工的荣誉感

每个人都要在自己的工作岗位和工作领域，多做贡献，多出成绩，多追求荣誉感。

5. 企业文化能实现员工的成就感

一个企业的繁荣昌盛关系到每一个公司员工的生存，企业繁荣了，员工们就会引以为豪，会更积极努力，荣耀越高，成就感越大，越明显。

三、金光企业文化

金光企业由亚洲知名华人企业家黄奕聪先生所创立。其业务主要集中于浆纸业、农业及食品业、金融业、房地产业等支柱产业。其中，亚洲浆纸业有限公司（简称APP）于1992年进入中国。经过近30年的不懈努力，金光APP现已发展成为世界上产能规模最大的造纸强企。

金光集团APP（中国），有着自己独到的企业文化：客户至上，创业精神，结果导向，持续改进。

在金光APP企业文化体系下，公司希望每位员工秉承"诚实正直，信守承诺"的道德准则，在"客户至上，创业精神，结果导向，持续改进"的行为指引下，通过APP独创的奥林匹克管理体系肩负起"实践绿色循环，传承造纸文明，提升生活质量"的使命，从而实现"透过林、浆、纸一体化，打造世界最大、最强的绿色循环产业"的愿景。

四、专业文化与企业文化对接意义

（一）实现学生零距离就业

职业教育就是就业教育，高职院校培养的是一线的技术技能人才，要求毕业和就业的无缝接轨。但是在现实中，很多学生进入企业工作岗位之后，不适应企业管理环境或者被企业淘汰，并不一定没有胜任职业岗位的知识和能力，而是由于缺乏适应企业管理和人际关系的能力素质，无法在企业的环境里找准自己的位置，很好地发挥自己的专业技能，会表现出一种明显的不适应，在短时间内难以达到企业的要求。将专业文化和企业文化有机结合起来就成为一种必然要求。使学生逐步了解、习惯和自觉执行相关职业的素质要求，缩短校园与企业的距离，实现从"校园人"向"企业人"的角色转变，实现学生综合素质的全面提升。

产教融合、校企结合已经成为高职院校的发展共识，但是在这种结合发展中，部分学校所利用的都是学校和企业中物质层面的资源，重在对学生专业知识和技能的培养。而实际上，学校的专业设置和管理方法跟企业的管理有着很大的差别，没有融入企业的竞争、快速、高效、绩效考核等元素和氛围；仅具备专业知识和技能还是远远不够的，作为一个职业人来说，其职业情怀、工匠精神、与人沟通、合作精神、创新意识等才是最重要的，而这方面素养的提升，需要专业文化和企业文化的共同培养。所以，从这个角度而言，企业文化和专业文化的融通，既是校企合作、产学研之路的必然要求，也是提升学生就业能力的重要基础。

对于职业学校的学生来说，如果没有形成企业式的专业文化教育，就很难适应企业严格的管理制度文化。这样势必导致了毕业生不能顺利地从学生角色转变为企业员工的角色，从而达不到企业对人才需求的标准。这就要求学校在专业文化建设中吸收企业文化的成分，从先进企业的文化理念中吸取有价值的元素，使之成为新的专业文化的重要构成部分。逐渐缩小专业文化与企业文化之间的距离，使职业学校的学生从入学起就在一定程度上了解、熟悉并认同企业文化。

（二）专业特色建设的需要，提升学院核心竞争力

从国家教育部门的诊改工作来看，专业文化是评价一所学校的重要标准，有一种说法：合格院校看硬件设施，良好院校看学校制度，优秀院校看专业文化。由此可见文化的重要地位。而作为中职院校来说，其专业文化发展的关键就在于其内涵和特色的发展，将企业文化和专业文化建设相结合，这正是这种特色发展的具体表现，而学校的核心竞争力也因此获得了本质的提升。

如何做到"出口畅，进口旺"，除了学校要苦练内功，提高办学质量，很重要的一点就是要树立学校的外部形象。通过引入企业文化，树立良好形象，有助于家长对学校产生信赖感，也有助于企业对学校的认同，有利于学生顺利就业，又如同无声的广告，对招生产生积极的影响，产生联动效应，有利于提高学校的知名度、美誉度，创造良好的外部发展环境，促进招生、就业工作。

（三）助推企业文化发展

将专业文化和企业文化相结合，受益的不仅是学生和学校，还有企业本身。当毕业生来到企业之后，势必会带来一些全新的理念，在为企业增添活力的同时，也对企业文化产生了积极影响。一方面，学生要不断适应这个新的文化环境，接受企业文化的熏陶；另一方面主动将企业文化和专业文化相融合，并对企业文化进行修正和完善。不仅是学生自身，他们的一言一行，还会给很多老员工以影响和启示，通过新老员工在精神和行为上的凝聚，将会大大提升他们的积极性和主动性，从而创造出更好

的经济效益，从根本上推动企业的发展。

四、金光企业文化与特色专业文化对接举措

金光集团企业文化：客户至上、创业精神、结果导向、持续改进。

客户至上：以客户为中心的理念，可以凝聚企业每个员工的不懈激情与智慧，不断通过优质创新产品、系统性解决方案及良好服务来为客户创造价值与增值，让企业在与客户的共同成长中实现可持续发展。

创业精神：激情、积极性、适应性、领导力、雄心壮志。

结果导向：经营管理和日常工作中表现出来的能力、态度均要符合结果的要求。

持续改进：确定改进目标、寻找可能的解决方法、测定实施结果、正式采用。

高职教育是以就业为导向的就业预备教育，培养出来的学生能迅速适应企业的生产管理环境，是用人单位的普遍要求。金光现代学徒班的目的就是为金光集团培养急需人才。专业培养目标决定着专业文化必须与企业文化对接与融合，在专业文化建设过程中必须渗透与主动导入金光集团的企业文化理念，培养学生适应社会、企业的能力，逐渐缩小专业文化与企业文化的距离，使职业学校的学生从入学起就在一定程度上了解、熟悉并认同金光企业文化，实现迅速从学生角色向企业员工角色的转变，达到零距离就业需求。

金光现代学徒班专业文化必需与企业文化是对接和融合，根据金光企业文化理念，提炼出金光现代学徒班专业文化：学生为本、团结拼搏、成长成才、匠心匠人，图3-26是金光企业文化与专业文化对接图。

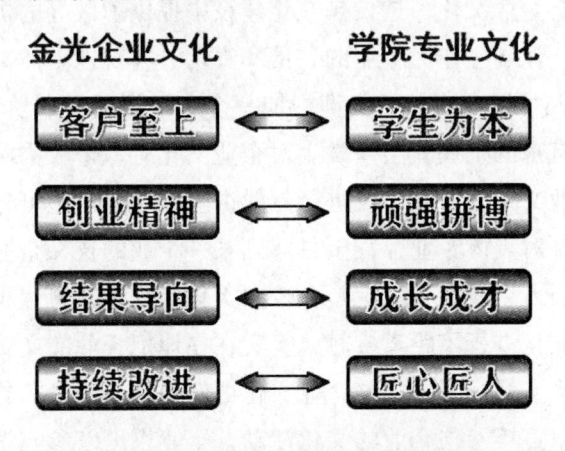

金光企业文化	学院专业文化
客户至上 ⇔	学生为本
创业精神 ⇔	顽强拼搏
结果导向 ⇔	成长成才
持续改进 ⇔	匠心匠人

图3-26 企业文化与专业文化对接图

学生为本：专业文化体现服务文化，即以服务价值观为核心，以服务对象需求为导向，以服务对象满意为目标，追求优质服务，以形成全员共同的价值认识和行为规范为内容的文化。

团结拼博：体现合作文化，个人与个人、群体与群体之间为达到共同目的，彼此相互配合的一种联合行动。

成长成才：企业生产经营目的是保证产品质量。同理，学生在校期间要不仅注意职业能力的培养，更重要的是以立德树人为根本，将社会主义核心价值观和现代企业文化理念融入人才培养全过程，在职业活动中强化职业精神培养，助力学生成长成才。

匠心匠人：追求卓越，对匠心、精品的坚持和追求，专业、专注、一丝不苟且孜孜不倦。要有敬业、精益求精、专注、创新等工匠精神，最终成为一位出色的匠人。

（一）在人才培养的全过程融入金光企业文化

学院聘请金光集团公司企业培训总监苗文峰经理和金光集团公司旗下一线专家技术能手作为学院的兼职教师，参与金光现代学徒班的专业设置、招工与招生、人才培养方案的制定、双导师队伍建设、课程建设与教材开发、实习实训基地建设、教学管理、学生就业等工作。在课堂教学、实践教学和课外活动等方面，全面融入金光集团企业文化内容。学院把造纸企业经营管理、造纸概论列入学生的必修课程，在第二课堂中开展"文化引路，圆梦金光"拓展团建活动，同时开展了丰富多彩的感恩教育文化系列活动，将造纸文化融入人才培养全过程。

（二）把金光企业文化渗透到学生日常学习和生活中

一是引导学生利用实习、实训的机会把握和理解企业文化。教学活动中的实习、实训活动为有效地将企业文化引进校园文化建设中提供了极好的机遇，在学生到企业实习、实训过程中，让学生作为企业的一员，真切、客观地去体会企业文化的具体内容。除此之外，学校可以在实习、实训中加一个专门的项目来学习和把握企业文化，这样切身的感受和有意的把握就会使学生对企业文化有一个较为深刻、具体的体会和理解。二是邀请企业文化专员到学校进行专业讲座。这种讲座可分为对全体学生的广义企业文化讲座和针对具体专业，甚至具体到某一企业的狭义企业文化讲座，在校园文化建设中全方位引入企业文化。三是在校园文化活动中开展优秀企业文化内容的展示，使学生与企业文化进行零距离接触，实实在在地把企业的文化引入校园。四是加强校企的全方位合作，使校园文化与企业文化更好地相通相融。这就要求两种文化形式要相互渗透，学生直接参与企业的文化活动，企业也可以参与学校的文化活动，在相互参与中彼此借鉴，共同发展成为一个相互包容的整体。

在每个学生宿舍中张贴与金光集团有关的宣传标语、图片等，营造企业文化环境。

（三）工学一体，让学生在"四岗"实践过程中体验企业文化内涵

传统的教学模式中校内学习和企业实习的时间分段是很明确的，学生先进行几年的理论学习，最后一年再到企业顶岗实习。学生踏上工作岗位后，有些是无法满足一些技术岗位在工作经验、技能方面的需求，有些是短期内无法达到岗位所需要的吃苦耐劳和爱岗敬业，继而就出现很多学生上岗没有多久就被辞退或被边缘化，甚至不能适应企业岗位被学校"召回"的现象。金光现代学徒班教学组织形式是工学交替过程，通过认岗、识岗、跟岗、顶岗的"四岗"实践教学活动，学生带着问题和任务去企业，金光集团下的企业给了学生工作、生活等多方面仿真或全真的职业环境，创造了一个浓郁、完全的职场氛围。通过在这种模式下的锻炼，学生返校后有意识地将校企文化环境进行对比总结，把他感知并吸收了的企业文化进一步进行自我教育、自我修正。

（四）开展文化引路拓展活动，提升学徒对金光集团的认同感和忠诚度

为了使金光现代学徒班同学了解金光集团、熟悉企业文化、增强团队凝聚力，提升学徒对金光集团的认同感和忠诚度，为集团输送一支具有奋斗者和工匠精神的队伍，更好地培养现代学徒制人才，彰显校企合作共同育人特色；由金光集团企业发展部主办，于2019年和2020年分别在南宁市青秀山拓展训练基地举行了一场"文化引路，圆梦金光"拓展团建活动，广西工业职业技术学院2018级、2019级两个金光自动化现代学徒制班级60名学员和2020级66名学生参加了拓展活动。金光集团企业培训总监苗文峰经理和学院电子与电气工程系主任陶权教授、班主任谢彤老师全程参与了本次活动，图3-27是2019年南宁青山拓展活动，图3-28是2020年南宁青山拓展活动。

图 3-27　2019 年南宁青山拓展活动

图 3-28　2020 年南宁青山拓展活动

　　本次活动为期两天，由金光集团讲师进行金光企业文化宣讲，详细生动地诠释了金光集团"客户至上，创业精神，结果导向，持续改进"的企业文化精神，引领学员践行"实践绿色环保，传承造纸文明，提升生活质量"的企业责任。

　　企业文化宣讲后开展了"文化引路——破冰正能量"的团队活动，4 个金光班的全体学员，在专业团队拓展教练的指引下，开展了针对铸就团队为主题的一系列团建活动，包括穿越电网、团队卓越、团队神笔、翻天覆地、团队极速、团队解码等若干个项目。所有的项目均在专业教练的引领下开展，极大地锻炼了同学们的团队合作、克服困难和解决问题的能力。各项活动按计划完成后，进行了"圆梦金光——七彩人生"的主题分享，参加训练的同学们纷纷发言，体现出同学们积极向上的精神风貌。

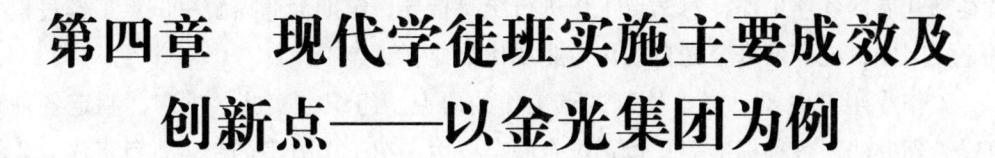

第四章　现代学徒班实施主要成效及创新点——以金光集团为例

第一节　构建了企业参与人才培养全过程机制

企业参与金光现代学徒班人才培养全过程，包括从学生入口到员工出口的所有人才培养环节，具体包括专业设置（工艺+自动化、工艺+机电）、人才培养方案制定、招工招生方案制定、招工招生宣传活动、在企业的实践教学安排、教学组织、教材选用和编写、双导师团队队伍建设、课程改革、企业岗位实践培养、顶岗实践学生安排、就业企业安排、学生思想动态等，图4-1是金光学徒班机制建设图。

```
                    ┌ 机构 ─┬ 领导小组
                    │       └ 工作小组
                    │
                    ├ 协议 ─┬ 校企合作协议
                    │       └ 企业、学生、家长三方协议
                    │
                    │       ┌ 现代学徒班企业实习管理办法
                    ├ 办法 ─┼ 现代学徒制双导师队伍管理办法
金光学徒班机制 ─────┤       ├ 教师下企业挂职锻炼管理办法
                    │       └ 学徒考核评价办法
                    │
                    │       ┌ 人才培养方案
                    ├ 方案 ─┼ 招工招生一体方案
                    │       └ 企业实施方案
                    │
                    │       ┌ 学徒班专业标准
                    │       ├ 课程标准
                    └ 标准 ─┼ 企业岗位标准
                            ├ 企业导师标准
                            └ 学校导师标准
```

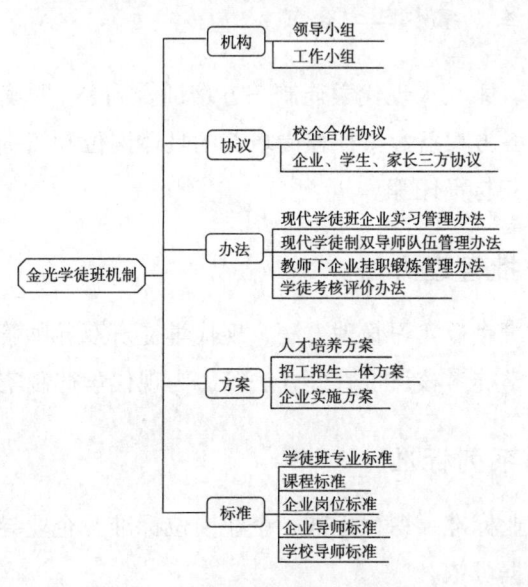

图4-1　金光学徒班机制建设图

一、机制建设，提供保障

成立了金光现代学徒制领导小组和工作小组，保证了现代学徒制组织机构。

领导小组：校企共同组建"现代学徒制试点工作领导小组，全面指导、协调现代学徒制开展的各项工作，对试点工作进行统筹指导，定期会商，解决试点工作过程中的重大问题，统筹推进金光自动化专业现代学徒制试点工作。

工作小组：主要负责学徒班试点工作的研究、组织、实施、推广，制定各种制度、管理办法、各种标准等，负责校企联合招生（招工）方案的制定，负责该专业的人才培养方案的确定、专业课程的建设、教学方式的创新、学生学业的评价，制定并实施与现代学徒制配套的教学管理规章制度。

二、签订了两份合同，明确各方职责

（一）校企合作合同

广西工业职业技术学院与金光纸业（中国）投资有限公司在明确合作原则、合作内容、培养模式、教学组织、双方的责任和义务、组织保障等事宜基础上，就现代学徒制人才培养签订了《校企合作协议书》，明确学校与合作企业的责、权、利，为校企"双主体"现代学徒制育人提供了基本框架和指导性意见，也为保证双方高质量、高效率推进项目实施，为学生打造成长成才平台提供了保障。

（二）企业、学生、家长三方合同

签订企业、学生、家长《现代学徒制三方培训合同》，明确学员的企业员工和学校学生的双重身份、各方权益、学徒在岗培养的具体岗位和培训内容、企业如何支付培训费用以及双方义务与责任等。

三、出台了一批管理办法

出台了现代学徒班企业实习管理方法、现代学徒班双导师管理方法、教师下企业顶岗实践管理办法、学徒考核评价管理办法等，为现代学徒制实施提供了保障。

四、制定了一系列标准

制订了学徒班专业标准、课程标准、企业岗位标准、企业导师标准、学校导师标准等，使人才培养有据可依。

五、制定并实施了一系列方案

以企业用人需求与岗位资格标准为服务目标，以校企合作为基础，以学生（学徒）的技能培养为核心，以专业设置和课程改革为纽带，按照"企业用人需求与岗位资格标准"设置课程，以工学结合为形式，以学校、企业的深度参与和教师、师傅的深入指导为支撑，为经济社会发展培养所需的技术技能型人才制定并实施了招工招生一体化宣传方案、金光学徒班人才培养方案、金光学徒班企业实施方案等。

六、形成了校企双元育人、参与人才培养全过程局面

（一）校企共商专业设置

广西工业职业技术学院与金光纸业（中国）投资有限公司共同成立了金光自动化现代学徒班专业建设指导委员会，召开了三次专业建设委员会会议，探讨当前产业发展状况和产业结构调整情况，广泛听取造纸企业技术专家、管理者的意见，在对制浆造纸企业岗位任职资格进行深入分析的基础上，认为对金光纸业公司现阶段的制浆造纸工艺而言，其自动化技术已得到较为广泛的推广和应用。其中，PLC技术、DCS技术是关键也是比较常用的自动化技术之一，特别是中国制造2025的实施，工厂数字化改造不断深入推进，2018年和2019年金光电气自动化现代学徒班采用"工艺＋自动化"跨专业混合培养。随着企业新设备的引进，机电设备维护需要大量人才，2020年和2021年的专业设置中在原来"工艺＋自动化"基础上增加了"工艺＋机电"班。

（二）校企共同招生招工

校企联合招工招生方案，先由金光集团的企业人员主要负责到各县市高中和职业学校进行"圆梦计划"项目校园宣传，收集有意向报名的学生信息后，企业联合学校对符合条件的报名学生进行笔试和面试，成绩合格的学生与企业签订自愿协议书，并在填报高考志愿时填报广西工业职业技术学院电气自动化技术专业。

金光集团到各县市高中和职业学校进行"圆梦计划"项目校园宣传。

（1）学校联合合作企业，依据校企双方实际情况与需求，制定校企联合招工招生方案。

（2）做好招工招生宣传相关工作，学校主要负责生源招聘工作，企业进行协助。学校负责教学方面的宣传（包含专业优势、师资力量、办学条件、学籍管理等），企业负责企业方面的宣传（包含企业文化、企业发展史、学徒制企业推进介绍、岗位介

绍、企业工作环境及福利条件）。

（3）校企双方重点深入企业所在地高中学校进行"圆梦计划"项目校园宣传，同时对圆梦计划宣传效果进行跟踪，收集报名学生信息。

（4）企业联合学校对符合条件的报名学生进行面试筛选。现代学徒制班级组建人数为30人，录取分面试和笔试，笔试按照入学成绩，面试按照百分制进行，面试和笔试合格后学生到企业参观，双方签约圆梦计划项目协议书，学校指导学生填报志愿。

（5）录取后的学生单独组成"金光自动化现代学徒制"班级，并且由学校、企业、学生及学生家长（监护人）签订三方协议书。

（6）"现代学徒制"班级学生拥有双身份，既是学校的在籍学生，又是企业的准员工，由学校和企业共同进行管理和培养，享受企业准员工待遇。

（三）校企共议人才培养方案

校企共同成立专业建设指导委员会，依据人才培养目标共同制定现代学徒制为试点的人才培养方案，并分解为学校专业教学标准和企业实施方案。

按照"企业用人需求与岗位资格标准"设置课程，建成"公共课程＋核心课程＋教学项目"为主要特征的适合学徒制的专业课程体系。其中，核心课程可以根据企业需求适当增减，教学项目要完全按照企业需求，在课程专家、企业技术骨干和学校专业教师的共同努力下开发适合企业的项目课程，并由企业专家和专业教师共同承担教学任务，尤其是专业实训环节。

（四）校企共创工学一体

人才培养模式必须是工学一体的。工学一体是指学生的学习课程以学习任务为载体，学生的学习过程与工作过程实现统一，即体现在工作中学习，在学习中工作的特征。

学徒的学习是企业实训和课堂学习的有机结合，一般采取校企合作、工学结合的形式，以实现工作过程和学习过程的一体化、教与学的一体化、能力的一体化、学习场所的一体化和学校与企业的一体化。在这个过程中，学生扮演着多元的角色，学习的过程和从业的过程合二为一。其中，教师的工作过程和学生的学习过程都在一个具体的情境中呈现出来，教师和学生是互动且互助的。学生通过工学一体的教学过程，最终得到综合职业能力的成长，这不仅指某些具体的知识点和技能点的积累，还指技能和知识的综合应用，以及在应用过程中将经验的积累转化为工作的策略，包括显性

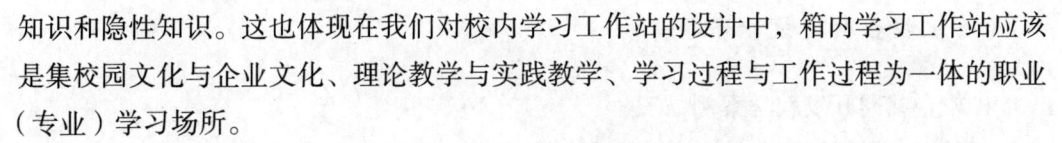

知识和隐性知识。这也体现在我们对校内学习工作站的设计中，箱内学习工作站应该是集校园文化与企业文化、理论教学与实践教学、学习过程与工作过程为一体的职业（专业）学习场所。

校企共同成立专业建设指导委员会，在对制浆造纸企业岗位任职资格进行深入分析的基础上，遵循企业岗位人才需求规律，确定专业人才培养目标，依据人才培养目标，共同制定现代学徒制为试点的校企一体化人才培养方案。该方案可以分解为学校专业人才培养方案和企业实施方案。

（五）校企共组双导师队伍

校企双方共同成立了由学校专业教师、企业高工和企业岗位工艺主管组成的校企联合教师（师傅）团队，对教学工作和企业岗位工作进行过程管理与质量监督。

（1）双师指导学生全面发展。学生入学后，每三名学生指定一名学院教师、一名企业师傅进行双师指导，对每位学生三年在学校和企业期间的学习、生活、个人成长等情况实施跟踪指导。

（2）学校教师主要承担理论和专业课程的教学任务，并带领学生在校内对每个实训项目进行教、学、做一体化练习，企业师傅则承担学徒在企业的岗位实训教学任务，并定期到校给学生讲解行业前沿技术和典型案例。

（3）学校在企业设立专业教师流动工作站，选派优秀专业教师作导师，下实习企业指导学生理论学习，同时挂职锻炼，从而提高专业教师的实践能力和教学水平。

（4）构建由"实习指导教师—企业师傅"组成的双导师评价体系，以检验、评价学生的综合素养和职业核心技能。

（六）校企共搭管理平台

"现代学徒制"班级学生由学校和企业共同进行管理和培养，在学院以学校管理为主，在企业以企业管理为主，并指派能工巧匠担任学生的师傅。

由校企双方共同制定工学一体的人才培养方案。金光自动化现代学徒班的教学组织实施分为四个阶段：

第一阶段：第一学期（0.5）（通识学习+企业认岗）。

第二阶段：第二学期（0.5）（基本技能+企业跟岗）。

第三阶段：第三、四学期（1.0）（专业技能+企业融岗）。

第四阶段：第五、六学期（1.0）（毕业设计+企业顶岗）。

（七）校企共建教学资源

1. 校企共同开发教学案例

打破专业界限、课程壁垒，将课程横向整合，以制浆造纸企业真实的工程项目为载体和纽带，按照"企业用人需求与岗位资格标准"设置课程，建成"公共课程+核心课程+教学案例"为主要特征的适合金光现代学徒班的"工程项目引领、工作任务驱动、课程壁垒打通、能力分层递进"专业课程体系。

根据金桂浆纸业有限公司生产岗位真实工程项目，提炼出10个教学案例。

教学案例1：金桂制浆污水处理厂气动开关阀改成气动调节阀控制。

教学案例2：金桂碱回收车间碱炉工段一次风机工频改变频技术改造。

教学案例3：金桂TG车间汽机轴封工段T3000系统手阀改造电动门。

教学案例4：金桂TG车间公用蒸汽工段T3000系统新增卸压调节阀。

教学案例5：金桂纸机车间前干燥工段ABB传动前干控制优化。

教学案例6：金桂造纸车间纸机工段浆流送（系统）控制。

教学案例7：故障维修分析案例——金桂制浆车间流送工段浆流送（系统）控制。

教学案例8：故障维修分析——造纸车间纸机工段浆流送（系统）。

教学案例9：认识造纸工艺流程图及主要设备。

教学案例10："文化引路，圆梦金光"拓展活动。

2. 校企共同建设核心课程，编写活页式教材

《PLC应用技术》课程是金光自动化现代学徒班的专业核心课，课程目标是培养学生编写PLC程序、解决实际制浆造纸生产过程中自动控制要求的能力，更好地对接产业发展趋势和技术技能人才的需求。近年来，校企共同建设《PLC应用技术》课程，把制浆造纸生产过程中的新技术、新知识、新规范等引入该课程中，开发《PLC应用技术》课程立体资源，并利用智慧树云平台实施线上线下、课内课外混合教学，通过课程思政优化了课程建设，打造了课程思政网络阵地。

结合课程教学改革成果，校企《PLC控制系统设计、安装与调试》活页式教材，在内容选取上，对接专业标准、课程标准和国家职业技能标准《维修电工》，紧扣制浆造纸职业岗位需求，精准反映产业升级对自动化技术的新要求，根据"项目为载体、任务驱动、工作导向"的思路，把PLC应用技术的基本知识及PLC控制系统设计、安装与调试的基本技能项目化和任务化，将知识点和技能点分解到7个项目的17个工作任务中，将学生的职业素质和职业道德培养落实在每个教学环节中，以PLC的技术应用为核心，使学生在做中学、在学中做，从而达到学习目标。

（八）校企共评学生能力

围绕企业用人标准，针对不同类型的课程由校企双方共同制定评价标准，共同实施评价。自我评价、学生评价、企业评价和教师评价相结合，建立以能力为核心，学校和企业共同参与的学生评价模式，引导学生全面发展。"共评学生能力"是指对学生的综合职业能力的评价。

第二节　企业、学生、专业、学校多方受益

金光集团全面实施"智力扶贫、技术扶贫"的圆梦计划，助力脱贫攻坚，携手回馈社会。金光集团始终秉持"助力扶贫、感恩、担当、共赢"的中国文化，在寻求发展的同时不忘初心使命，积极回馈社会；以"源于社会、回馈社会"为宗旨，积极响应党中央、国务院、自治区关于稳岗就业及精准扶贫的号召，以捐资助学、就业帮扶为抓手，充分利用优质资源，与广西工业职业技术学院深度合作，共建"金光"试点班，每年拿出近80万元人民币支助30名贫困学子，并为学子提供实习、就业岗位，切实做到了培养一个学生、致富一个家庭。

在实施现代学徒制校企合作过程中，实现了"企业、学生、专业、学校"多方共赢。

一、企业受益

金光现代学徒班满足了金光集团的人才需求，为企业乃至行业转型升级提供了人才支撑。

校企合作符合企业对各类人才的内在需求，有利于企业实施人才战略，获得利益和实惠，提高企业参与教育培养人才的积极性。主要体现在以下几方面：学校让合作企业在招工招生中优先挑选、录用表现出色的学生，使企业降低了招工用人方面的成本和风险；企业将人才培养工作委托学校进行，使企业人力资源开发和学校教学环节紧密结合，降低了企业的人力资源开发成本。同时，通过校企合作，将企业文化与观念传递给教师和学生，扩大了企业品牌及其他无形资产的影响，造就了企业的潜在合作伙伴和客户群。

二、学生受益

现代学徒班的校企合作打通了人才培养和就业的"最后一公里"，学生毕业后即可被安排到企业就业，学生满意，家长放心。

现代学徒班校企合作符合学生职业生涯发展需要。首先，可以使学生获得实际的

工作体验，帮助他们顺利就业。其次，能够有效提高学生的职业能力。在顶岗实习期间，学生参与工作实践，有利于培养爱岗敬业、吃苦耐劳的精神，增强对岗位、职业的感情，较早接受企业文化的熏陶，同时把理论知识和技能融为一体，很好地培养和锻炼了学生的动手能力、综合分析能力、独立完成工作的能力和应变能力等。最后，能及时帮助学生掌握就业信息，实现学生就业与企业用工的顺利对接，使学生在实际生产和服务过程中熟悉企业对人才素质的要求，直接或间接获得有用的就业信息。

三、专业受益

现代学徒班的成立进一步提高了专业人才培养质量，解决了高职教育专业发展中产教融合、校企合作的瓶颈问题。以金光自动化现代学徒班为案例申报的电气自动化技术专业被认定为国家骨干专业，而且电气自动化技术专业是广西高水平建设专业。

四、学校受益

金光现代学徒班校企合作符合职业教育发展的内在规律，学校能更好地了解社会对人才的需求情况，加强专业教学的适应性，从而不断改进教学，使教学与社会实践贴近，使培养的人才适应社会需求。市场对人才的需求是专业教学改革和建设的依据。学校必须不断了解市场对各职业在素质、能力等方面的要求，并以此为基础进行有针对性的专业配套设置与课程、教材的调整，建立以职业能力为中心的教学体系，而校企合作为这些提供了良好的机会。企业对职业需求是最了解的，学校只有与企业结合，才能真正了解社会对人才的需求，从而确定教学改革的内容和重点。学校在校企合作中应以市场需求为导向，按企业生产的自身规律来研究学校的专业设置和教学模块，使教学与实践更贴近。同时，校企合作有利于解决学校实习实训场所不足的难题，提高整体办学实力。

通过校企合作，学校能更好地把握行业发展趋势，掌握企业用人需求，实现校企合作新型人才培养模式，大大改善毕业生的就业状况。金光现代学徒班的成功开展为高等职业院校和中等职业学校全面推广现代学徒制人才培养模式提供了良好的范本。

总之，金光现代学徒班的实施解决了贫困学生就业问题，为企业用工提供了坚强的后盾，扩大了学校和专业影响力，实现了企业、学生、专业、学校多方共赢。

第三节　形成了"双元四岗八共"人才培养金光模式

经过4年的实践，创新了一个具有少数民族地区扶贫特色的"双元四岗八共"人才培养金光模式，即以广西工业职业技术学院和金光纸业（中国）投资有限公司作为双元主体，学生三年培养过程针对企业岗位开展认岗、跟岗、融岗、顶岗四个学徒阶段，校企深度合作体现在共商设置专业、共同招工招生、共议人培方案、共创工学一体、共组师资队伍、共搭管理平台、共建教学平台、共评学生能力八个方面，形成了一批具有金光纸业特色的现代学徒制的标准和管理制度。

金光现代学徒制合作项目开展四年来，"金光圆梦计划"已经取得显著的成效，招生范围包括广西、云南、海南三个省份，专业从开始的电气自动化一个专业发展到电气自动化技术和机电一体化技术两个，培养规模从每年一个班发展到两个班，而且对每一届学生金光集团和学校都非常重视，每一届学生入学都开展隆重的入学拜师仪式，每次均邀请多家省级以上的媒体前来报道，已经逐步形成了一定的品牌效应。2018级现代学徒制学生已经分配到金光集团旗下五家大型浆纸企业顶岗实习，企业对学生评价很高。"圆梦计划"以贫困学子读书之梦为初衷、校企深度合作育现代学徒人才为使命，形成了金光特色的"双元、四岗、八共"现代学徒制人才培养模式，学校也以金光学徒班作为典型案例上报教育部，竞争国家现代学徒制典型案例，在全国范围内开启了学徒制人才培养和扶贫结合之先例，具有深远的推广价值和意义。

第四节　创新亮点

一、金光圆梦计划，助力脱贫攻坚

中国特色学徒制需要扎根中国大地，探索形成中国特色学徒制是中国特色社会主义伟大事业的重要组成部分，是立足中国大地办教育、走出一条符合中国国情与社情的职业教育新道路的基本要求。广西工业职业技术学院地处西部欠发达地区，生源主要来自农村，职业教育相对发达地区滞后，存在优质企业少、技术工艺创新缓慢、专业与产业发展不匹配、校企合作融入度不够等突出问题，为助力教育精准扶贫，助学贫困学生圆大学梦，培育企业急需的卓越人才，同时为学生提供大学毕业后充分施展才能的平台，金光集团APP（中国）2018年3月在广西推出"圆梦计划"助学项目，该项目以"助学圆梦贫困学子，培养社会卓越人才"为宗旨，由金光集团APP（中国）、广西大学轻工与食品工程学院、广西工业职业技术学院三方共同成立"圆梦计划"金光自动化现代学徒班。企业深度参与培养，校企双方携手努力，以招收贫困学生为主，解决贫困学生读书、就业问题，很好以助力脱贫攻坚，服务社会。2018年和2019年招收一个班，由于校企双方合作良好，2020年和2021年已经扩大学徒制班的招生规模，达每届80人。

圆梦计划——现代学徒"金光模式"的成功实施把慈善与教育、扶贫与教育、产业与教育、就业与教育有机结合起来，并追求实现"一人成才，全家脱贫"根治贫困的目标，是我国实施扶贫战略中一种标本兼治的、有效的贫困治理模式。

职业教育一头连着产业，一头连着教育，在教育扶贫里是最直接的、成效最明显的扶贫方式。扶贫重在扶智，职业教育以就业为导向，更成为脱贫的重要途径。

二、企业真正参与金光现代学徒班人才培养全过程

（一）校企合力，全方位育人

现代学徒制的基础是"招生即招工、入校即入厂、校企联合培养"。企业投资3万元/生，学生零学费入学，这样，该批学生就是企业将来的员工，企业会把学生按员工对待。这批学生的质量直接影响到企业将来的生产质量，故企业在招工招生、人才培养方案制定、教学管理、企业文化宣传、就业等方面会全程参与，重视学生（学徒）的成才成长情况，关注学生（学徒）的学习、生活、纪律、思想动态表现。

"圆梦计划"金光自动化现代学徒制班在教学组织上建立了校企联席会议制度，成立了学校工作小组和企业工作小组，学校工作小组由系主任、专业教师和班主任等组成，企业工作小组由培训与发展总经理、企业师傅和企业项目专员组成，形成了切实可行的校企双方共同运行机制，企业真正参与了金光现代学徒班人才培养全过程。具体包括以下几方面：

（1）校企共同修订人才培养模式，构建课程体系，制订教学计划、教学大纲、实训环节，制定校企合作交流机制。

（2）校企共同指派教师和企业师傅参与相应教学环节，形成校企合作互聘机制。

（3）校企共同制定考核标准，基本建立了学生（学徒）、师傅、企业、学校等的评价标准，制定了校企合作考核机制。

（二）教育引导，全过程关爱

"看到课堂上金光班孩子求知若渴的眼神，自己又增添了额外的动力，一定要尽我所能倾囊相授，帮助贫困地区的孩子掌握知识、改变命运、造福家庭。"金光学徒班的班主任王彩霞透露了自己的心声。

校企认真贯彻"以学生（学徒）为中心"育人理念，校企主要领导以身作则，广大党员、教师主动挑担子，围绕"指导工作、服务金光班、促进育人、成长成才"开展学生班级联系工作。通过每学期初的一次见面会、期中的一次主题班会、一次专题讲座会、一次学徒谈心谈话、一次跟班听课，期末的一次学生学习思想总结会"六个

一"活动主动贴近学生、关心学生和服务学生，及时了解、掌握学生学习、生活和思想动态，引导学生成长成才，形成校企齐抓共管、协同育人的现代学徒制长效机制。

三、现代学徒班专业文化对接和融合金光企业文化

以职业素养养成为主线，以工匠精神为核心，以技能训练为载体，对接和融合现代工业企业优秀文化，不断提高学生对金光企业文化的认同感，凝练广西工业职业技术学院的文化精髓，提升现代学徒班专业文化水平，彰显"金光人"工匠特色，形成"学生为本、团结拼搏、成长成才、匠心匠人"品质专业。

要将金光企业文化植入校园、纳入课程、融入管理、载入活动，学校可通过"四引入、三阶段、四环节"把职业体验贯穿于人才培养的全过程。

（一）"四引入"

1. 引企业专家进学校

学校管理要冲破工作关系的壁垒，引进企业专家，制订适合企业需求的人才培养计划，搞活各种教育教学资源；学校要聘请企业能工巧匠或优秀毕业生对学生进行择业、创业教育，深入解读工匠精神、劳模精神、企业文化、企业精神和管理理念，给学校带来一线的理念，使教学教研与企业实际零对接，真正实现企业和学校是一家。

2. 引企业文化入课堂

构建职业文化育人主渠道，用职业理念育人。把职业道德、职业责任、职业规范和劳动态度教育渗透到专业课程教学中，将日常学习生活行为与职业习惯养成教育相结合，建立能体现专业培养目标要求的学生职业行为考评机制，促进学生素质的养成。

3. 引企业文化入教室

营造浓郁的职业氛围，用职业氛围育人。充分利用理实一体化教室的时空资源，按照金光企业工艺和生产流程要求布置实训设备设施，并将企业理念、价值观、岗位工作流程、操作规程制成图板上墙，陈列展示企业真实产品、学生优秀实习作品，营造浓郁的职业氛围。

4. 引企业文化入活动

举办"文化引领，圆梦金光"拓展团建活动，让同学了解金光集团，熟悉企业文化，增强团队凝聚力，提升学徒对金光集团的认同感和忠诚度；举行感恩教育实践活动，学会"感恩"，用语言表达感恩，用行动表达感恩，让学生懂得感谢学院培育，毕业后服务和回报金光集团。

（二）"三个阶段"

"三个阶段"具体分为大一、大二和大三年级。

（三）"四环节"

"四环节"就是把职业体验分为"认岗——认识实习""跟岗——生产实习""融岗——毕业实习"和"顶岗——毕业实践"四个环节。组织大学一年级学生到企业参观，观看制浆造纸生产工艺流程，增强学生对企业文化和企业管理的初步认知能力；组织二年级学生到企业开展专业实习和社会实践，让学生进一步了解专业，了解社会；组织三年级学生开展顶岗实习，学习工程技术员的优秀品质和敬业精神，培养学生的专业素质。

第五章 现代学徒班系列管理制度和标准——以金光集团为例

第一节 协议书

2018年校企合作协议书：

校企合作协议书

甲方：金光纸业（中国）投资有限公司
乙方：广西工业职业技术学院

中国 南宁 2018年4月8日

金光纸业（中国）投资有限公司—广西工业职业技术学院"圆梦计划"现代学徒制卓越人才联合培养协议

甲方：金光纸业（中国）投资有限公司（以下简称"甲方"）
乙方：广西工业职业技术学院（以下简称"乙方"）

为更好地服务地方制浆造纸业的发展，为制浆造纸行业培养技能人才，甲乙双方本着优势互补的原则，通过校企"现代学徒制班"模式培养满足企业需要的卓越人才。

为切实做好"现代学徒制"卓越人才校企联合培养工作，甲乙双方达成如下协议：

一、办学时间

2018年9月1日至2021年8月31日。

二、办学地点

广西工业职业技术学院。

三、办学模式

甲乙双方以"现代学徒制班"的模式实施校企联合培养。

四、培养对象

经甲方面试选拔的广西工业职业技术学院2018级统招理科全日制学生。

五、开设专业及人数

1. 开设专业

电气自动化专业（制浆造纸工程方向）。

2. 专业招生人数

2018级总人数暂定为30人，1个班级。

六、学制及证书

1. 学制

3年。

2. 证书

经考核合格的学生颁发广西工业职业技术学院全日制专科毕业证书。

七、师资配备

（1）基础课程和电气自动化课程由甲方审核并确认的乙方教师承担。

（2）制浆造纸专业课程由乙方审核经甲方选聘的教师承担。

（3）实习实训课程由甲乙双方共同承担。在企业学习期间，甲方指派有管理经验的人员担任指导教师（师傅）。

八、课程设置

甲乙双方根据人才培养目标共同制定课程体系。

九、费用与支付

1. 费用额度

甲方为学生向乙方提供学费和住宿费每人每年 7 300 元。培养学生总数暂定为 30 人，3 年总费用暂定为 657 000 元。按照实际招收人数乘以对应的学费和住宿费做实际费用支付。

2. 费用支付

学费和住宿费按年支付，每年由甲方在开学后一个月内一次性支付给乙方。以上费用支付的同时，乙方需提供相关专用收据。

十、双方责任

1. 甲方责任

（1）甲方负责该项目学生的招生、宣传工作。

（2）甲方向乙方支付学生的学费和住宿费用。

（3）甲方与乙方共同承担学生管理技能提升训练。

（4）学生到校后，甲方须派企业辅导员与乙方联系，共同与乙方进行学生管理。

（5）甲方应选聘制浆造纸工程专业教学能力强、责任心强的教师授课，教师因故需要调整教学安排，必须提前两天通知乙方，并配合乙方做好教学文件的存档工作。

（6）甲乙双方共同安排学生参观或学习实践等校外活动，学生在甲方企业参观或学习实践期间的安全问题由甲方负责。

（7）"现代学徒制"卓越人才培养方案由甲乙双方共同制定。

2. 乙方责任

（1）乙方应按照甲方提供的课程标准，选派教学能力强、责任心强的专业教师授课。

（2）乙方应完全按照全日制在校大学生标准，全面负责学生在校期间的日常管理及安全，并选派优秀辅导员对学生进行学习生活指导，保障学生的合法权益。

（3）乙方应负责提供学生上课、学习及住宿场所，定期安排学生进行技能提升训练。

（4）乙方应完全参照全日制在校大学生教学标准授课，负责教学质量和学生学习成绩管理，实习实训由甲乙双方人员共同承担。

（5）乙方负责理论课程课堂学生管理，若有学生旷课、不认真听讲等违纪现象，按广西工业职业技术学院和金光纸业（中国）投资有限公司相关制度处理。

（6）学生的考核与奖惩由甲方和乙方共同完成。

十一、附则

本协议一式两份，双方各执一份，未尽事宜由双方协商解决。因本协议履行而发生的争议应当提交上海仲裁委员会仲裁。

甲方：金光纸业（中国）投资有限公司　　　乙方：广西工业职业技术学院
负责人（签字）：　　　　　　　　　　　　负责人（签字）：
日期：　　　　　　　　　　　　　　　　　日期：

2019 年校企合作协议书：

校企合作协议书

甲方：金光纸业（中国）投资有限公司
乙方：广西工业职业技术学院

中国 南宁 2019 年 3 月 1 日

金光纸业（中国）投资有限公司—广西工业职业技术学院
"圆梦计划"现代学徒制卓越人才联合培养协议

甲方：金光纸业（中国）投资有限公司（以下简称"甲方"）
乙方：广西工业职业技术学院（以下简称"乙方"）

为更好地服务地方制浆造纸业的发展，为制浆造纸行业培养技能人才，甲乙双方本着优势互补的原则，通过校企"现代学徒制班"模式培养满足企业需要的卓越人才。

为切实做好"现代学徒制"卓越人才校企联合培养工作，甲乙双方达成如下协议：

一、办学时间

2019年9月1日至2022年8月31日。

二、办学地点

广西工业职业技术学院。

三、办学模式

甲乙双方以"现代学徒制班"的模式实施校企联合培养。

四、培养对象

经甲方面试选拔的广西工业职业技术学院2019级统招理科全日制学生。

五、开设专业及人数

1. 开设专业

电气自动化专业（制浆造纸工程方向）。

2. 专业招生人数

2019级总人数暂定为30人，1个班级。

六、学制及证书

1. 学制

3年。

2. 证书

经考核合格的学生颁发广西工业职业技术学院全日制专科毕业证书。

七、师资配备

（1）基础课程和电气自动化课程由甲方审核并确认的乙方教师承担。

（2）制浆造纸专业课程由乙方审核经甲方选聘的教师承担。

（3）实习实训课程由甲乙双方共同承担。在企业学习期间，甲方指派有管理经验的人员担任指导教师（师傅）。

八、课程设置

甲乙双方根据人才培养目标共同制定课程体系。

九、费用与支付

1. 费用额度

甲方为学生向乙方提供学费和住宿费每人每年7 300元。培养学生总数暂定为30人，3年总费用暂定为657 000元。按照实际招收人数乘以对应的学费和住宿费做实际费用支付。

2. 费用支付

学费和住宿费按年支付，每年由甲方在开学后一个月内一次性支付给乙方。以上费用支付的同时，乙方需提供相关专用收据。

十、双方责任

1. 甲方责任

（1）甲方负责该项目学生的招生、宣传工作。

（2）甲方向乙方支付学生的学费和住宿费用。

（3）甲方与乙方共同承担学生管理技能提升训练。

（4）学生到校后，甲方须派企业辅导员与乙方联系，共同与乙方进行学生管理。

（5）甲方应选聘制浆造纸工程专业教学能力强、责任心强的教师授课，教师因故需要调整教学安排，必须提前两天通知乙方，并配合乙方做好教学文件的存档工作。

（6）甲乙双方共同安排学生参观或学习实践等校外活动，学生在甲方企业参观或学习实践期间的安全问题由甲方负责。

（7）"现代学徒制"卓越人才培养方案由甲乙双方共同制定。

2.乙方责任

（1）乙方应按照甲方提供的课程标准，选派教学能力强、责任心强的专业教师授课。

（2）乙方应完全按照全日制在校大学生标准，全面负责学生在校期间的日常管理及安全，并选派优秀辅导员对学生进行学习、生活指导，保障学生的合法权益。

（3）乙方应负责提供学生上课、学习及住宿场所，定期安排学生进行技能提升训练。

（4）乙方应完全参照全日制在校大学生教学标准授课，负责教学质量和学生学习成绩管理，实习实训由甲乙双方人员共同承担。

（5）乙方负责理论课程课堂学生管理，若有学生旷课、不认真听讲等违纪现象，按广西工业职业技术学院和金光纸业（中国）投资有限公司相关制度处理。

（6）学生的考核与奖惩由甲方和乙方共同完成。

（7）鉴于对"圆梦计划"现代学徒制卓越人才联合培养的学生，甲方要求其毕业后在甲方集团履行五年的服务期限，所以就学生的录取、学习期间的退出机制、学习期满毕业的就业方向等方面，乙方应给予甲方相应的最大的支持和帮助。

（8）甲方要求"圆梦计划"现代学徒制班录取的学生必须是经过甲方集团面试而且已经与甲方集团签署《培训合同》的广西工业职业技术学院2019级全日制学生。

（9）学生在学习期间违反法律、学校的规章制度（造成开除的）、甲方与学生签署的《培训合同》中相关责任的，应退出"圆梦计划"现代学徒制班并向甲方赔偿退出前甲方集团为其支付的相应费用。第一年退出的学生可以通过乙方的同意由有意愿的学生进行补位，第二年退出的学生不进行补位。

（10）学生学习期满毕业时应按约定至甲方集团工作。

十一、附则

本协议一式两份，双方各执一份，未尽事宜由双方协商解决。因本协议履行而发生的争议应当提交上海仲裁委员会仲裁。

甲方：金光纸业（中国）投资有限公司　　　乙方：广西工业职业技术学院

负责人（签字）：　　　　　　　　　　　　负责人（签字）：

日期：　　　　　　　　　　　　　　　　　日期：

2020年校企合作协议书：

校企合作协议书

甲方：金光纸业（中国）投资有限公司
乙方：广西工业职业技术学院

中国 南宁 2020年11月27日

金光纸业（中国）投资有限公司—广西工业职业技术学院"圆梦计划"现代学徒制卓越人才联合培养协议

甲方：金光纸业（中国）投资有限公司（以下简称"甲方"）

乙方：广西工业职业技术学院（以下简称"乙方"）

为更好地服务地方制浆造纸业的发展，为制浆造纸行业培养技能人才，甲乙双方本着优势互补的原则，通过校企"现代学徒制班"模式培养满足企业需要的卓越人才。

为切实做好"现代学徒制"卓越人才校企联合培养工作，甲乙双方达成如下协议：

一、办学时间

2020 年 9 月 1 日至 2023 年 8 月 31 日。

二、办学地点

广西工业职业技术学院。

三、办学模式

甲乙双方以"现代学徒制班"的模式实施校企联合培养。

四、培养对象

经甲方面试选拔的广西工业职业技术学院 2020 级统招理科全日制学生。

五、开设专业及人数

1. 开设专业

电气自动化专业、机电一体化专业（制浆造纸工程方向）。

2. 专业招生人数

2020 级总人数为 66 人，2 个班级

六、学制及证书

1. 学制

3 年。

2. 证书

经考核合格的学生颁发广西工业职业技术学院全日制专科毕业证书。

七、师资配备

（1）基础课程和电气自动化课程由甲方审核并确认的乙方教师承担。

（2）制浆造纸专业课程由乙方审核经甲方选聘的教师承担。

（3）实习实训课程由甲乙双方共同承担。在企业学习期间，甲方指派有管理经验的人员担任指导教师（师傅）。

八、课程设置

甲乙双方根据人才培养目标共同制定课程体系。

九、费用与支付

1. 费用额度

甲方为学生向乙方提供学费和住宿费每人每年 7 300 元（柒仟叁佰元整）。培养学生总数暂定为 66 人，3 年总费用暂定为 1 445 400 元。按照实际招收人数乘以对应的学费和住宿费做实际费用支付。

2. 费用支付

学费和住宿费按年支付，每年由甲方在开学后一个月内一次性支付给乙方，以上费用支付的同时，乙方需提供相关专用收据。

十、双方责任

1. 甲方责任

（1）甲方负责该项目学生的招生、宣传工作。

（2）甲方向乙方支付学生的学费和住宿费用。

（3）甲方与乙方共同承担学生管理技能提升训练。

（4）学生到校后，甲方须派企业辅导员与乙方联系，共同与乙方进行学生管理。

（5）甲方应选聘制浆造纸工程专业教学能力强、责任心强的教师授课，教师因故需要调整教学安排，必须提前两天通知乙方，并配合乙方做好教学文件的存档工作。

（6）甲乙双方共同安排学生参观或学习实践等校外活动，学生在甲方企业参观或学习实践期间的安全问题由甲方负责。

（7）"现代学徒制"卓越人才培养方案由甲乙双方共同制定。

2. 乙方责任

（1）乙方应按照甲方提供的课程标准，选派教学能力强、责任心强的专业教师授课。

（2）乙方应完全按照全日制在校大学生标准，全面负责学生在校期间的日常管理及安全，并选派优秀辅导员对学生进行学习生活指导，保障学生的合法权益。

（3）乙方应负责提供学生上课、学习及住宿场所，定期安排学生技能提升训练。

（4）乙方应完全参照全日制在校大学生教学标准授课，负责教学质量和学生学习成绩管理，实习实训由甲乙双方人员共同承担。

（5）乙方负责理论课程课堂学生管理，若有学生旷课、不认真听讲等违纪现象，按广西工业职业技术学院和金光纸业（中国）投资有限公司相关制度处理。

（6）学生的考核与奖惩由甲方和乙方共同完成。

十一、附则

本协议一式两份，双方各执一份，未尽事宜由双方协商解决。因本协议履行而发生的争议应当提交上海仲裁委员会仲裁。

甲方：金光纸业（中国）投资有限公司　　乙方：广西工业职业技术学院

负责人（签字）：　　　　　　　　　　　负责人（签字）：

日期：　　　　　　　　　　　　　　　　日期：

企业、学生、家长三方协议书：

金光纸业（中国）投资有限公司

培训合同

甲方：金光纸业（中国）投资有限公司

地址：上海市长宁区娄山关路533号金虹桥国际中心

法定代表人：黄志源

乙方：先生/女士

身份证号码：□□□□□□□□□□□□□□□□□□

身份证地址：

家庭住址：

担保方：

身份证号码：□□□□□□□□□□□□□□□□□□

身份证地址：

家庭住址：

鉴于：

1. 金光纸业（中国）投资有限公司（以下简称"甲方"）是一家台港澳法人独资企业，营业执照号码为00000002201601180097。

2. 先生／女士（以下简称"乙方"）是依据中华人民共和国法律具有完全民事行为能力的自然人。

3. 甲方因企业发展需要和计划，决定挑选优秀应届高中毕业生进行电气自动化和制浆造纸专业培训，并选定乙方作为培训人员之一。

4. 乙方认同甲方的培训目标，并愿意参加该项培训。

5. 如乙方违反本合同，导致甲方的计划无法实现，势必造成甲方一定的损失。

甲、乙双方经友好协商，现就专业培训等有关事宜，根据《中华人民共和国合同法》及相关法律法规的规定，达成如下条款，以资共同遵守履行。

第一条　培训内容及要求

1. 甲方委托专业机构广西工业职业技术学院和广西大学轻工与食品工程学院对乙方进行专业培训，培训课程为基础课程、管理类课程、电气自动化课程等。

2. 培训期间，日常教学管理将完全按照全日制在校大学生的管理模式进行。

3. 乙方应尽职尽责完成上述专业培训，达到专业知识培训要求并取得广西工业职业技术学院毕业证（以下简称"合格证书"）。

第二条　培训期限

本合同培训期自2018年9月1日至2021年7月1日止，学制3年，其中包括2年的理论知识培训和一年的在岗操作技能训练。

第三条　培训费用及支付

1. 甲方为乙方支付培训费用62 433元（陆万贰仟肆佰叁拾叁圆），该笔款项包括乙方在培训期间的有关学费、书本费、住宿费、部分生活费、交通费及公司因此项目发生的其他费用（如宣传费、差旅费、招待费等）。该费用将根据实际情况分期支付给培训机构及乙方。

具体费用明细如下：

（1）广西工业职业技术学院费用。

学费：19 500元。

（2）广西大学轻工与食品工程学院费用。

课程劳务费：18 333 元。

（3）学员费用。

①住宿费：2 400 元。

②课本费：1 000 元。

③生活费：17 000 元。

④交通费：2 400 元。

（4）项目推进发生的其他费用（包括宣传费、差旅费、招待费等）：1 800 元

费用总计：62 433 元（大写：人民币陆万贰仟肆佰叁拾叁圆整）。

2.乙方实际花费的生活费超过甲方按照本合同应支付生活费用部分由乙方自行承担。

第四条　甲方的义务及责任

1.甲方应按照本合同约定按时支付培训费用，保障乙方按时完成培训课程。

2.甲方违反本条约定单方解除本合同导致乙方不能完成培训的，甲方不得要求乙方承担不能完成培训课程的责任。

3.甲方承诺乙方学历教育，学员考试合格后，颁发广西工业职业技术学院全日制专科毕业证书。此学历证书国家承认并且网上可以查询。

第五条　乙方的义务及责任

1.乙方签署本合同后应当本着诚实信用的原则，尽自己全力按照本合同的约定完成有关培训，在培训期间，除严格遵守全日制在校大学生的管理制度外，还要遵守以下制度：

（1）严格遵守培训规章制度。

（2）应当达到甲方对其的培训要求。

（3）不得无故中止或终止培训。

（4）不得从事其他与培训无关的活动。

（5）在专业培训期间安排的放假期间（主要指暑假、寒假），乙方应按甲方指定的地点进行实习并达到甲方在岗技能实践培训要求。

（6）因乙方违反培训期间管理规定或培训成绩不合格的，甲方有权解除本合同，并且乙方应返还甲方已为其支付的培训费用。

（7）除不可抗力及本合同约定的特定事由以外，乙方不能完成培训课程的须返还给甲方为其支付的培训费用，即62 433元（陆万贰仟肆佰叁拾叁圆）。

2.培训期满后。

（1）乙方因自身过错不能取得相应合格证书或不能符合甲方工作要求的：

①如果甲方不予录用，乙方应返还给甲方为其支付的培训费用：62 433 元（陆万贰仟肆佰叁拾叁圆）。

②如甲方自行决定放低条件录用，则乙方需听从甲方的工作安排。

（2）乙方圆满完成培训并取得合格证书的，应立即与甲方签订劳动合同，该合同期限不得少于 5 年（采用 3+2 模式，即 3 年固定期限，2 年机动期限，视学员的绩效和岗位胜任情况而定），否则乙方应返还给甲方为其支付的培训费用：62 433 元（陆万贰仟肆佰叁拾叁圆）。

（3）乙方依据本合同与甲方签订劳动合同后，在合同有效期内不得为除甲方所属企业以外的其他工厂、企业、公司从事与甲方业务相关的工作，否则乙方应返还给甲方为其支付的培训费用：62 433 元（陆万贰仟肆佰叁拾叁圆）。

（4）乙方依据本合同与甲方签订劳动合同后，在合同有效期内因乙方有不遵守制度、工作态度不端正或犯有重大过错等违反甲方管理规定的情况致甲方解除乙方的劳动合同的，乙方应返还给甲方为其支付的培训费用：62 433 元（陆万贰仟肆佰叁拾叁圆）。

（5）在甲乙双方首次签订的劳动合同有效期届满前，乙方因自身原因离职的，应返还给甲方为其支付的培训费用：62 433 元（陆万贰仟肆佰叁拾叁圆）。

3. 无论在培训期内还是培训结束后。

（1）乙方因特殊原因不能履行本合同的，甲方有权视具体情况进行处理。

（2）乙方应由所在村庄村委或有经济补偿能力的机构或个人作为担保群体或担保人，以保障甲方的各项培训费用和人员保留，如发生人员流失，甲方的有关损失由担保群体或担保人承担，担保期限由培训期开始共计 8 年。

第六条　担保

乙方应提供其有经济收入的直系亲属或所在村庄村委作为担保人或担保群体，为其履行本合同义务作担保，甲方、乙方及担保方就本合同的担保达成如下协定：

1. 先生 / 女士承诺为乙方在本合同中约定的义务及责任承担担保责任。

2. 若乙方违反本合同约定，甲方有权要求担保人或担保群体对乙方应承担的赔偿责任承担连带保证责任。

3. 上述保证担保的保证期间自年月日起至年月日。

第七条　双方的声明保证和承诺

1. 甲方就其履行本合同声明如下。

（1）甲方具有充分的权利和授权签署本合同，并有能力履行本合同项下的义务。

（2）甲方将本着诚实、信用的原则为乙方支付培训费用，并尽自己责任履行本合同中的其他义务。

（3）自本合同生效日开始，上述各项声明、保证和承诺继续有效。

2.乙方就其履行本合同声明如下。

（1）乙方具有完全民事行为能力，有充分的权利签署本合同并履行本合同项下的义务。如果因乙方违法乱纪违反本合同的约定，致使本合同不能履行或合同目的不能实现，那么乙方要承担因此产生的违约责任并赔偿甲方的有关经济损失。

（2）乙方作为完全民事行为能力人，知悉并清楚日常生活学习中存在的各种风险，并将十分谨慎予以注意和防范。

（3）乙方将本着诚实信用的原则，尽自己全力按照本合同约定完成有关培训，并承诺履行本合同中的其他义务。

（4）本合同自生效日开始，上述各项声明保证和承诺继续有效。

第八条　违约责任

本条约定与本合同其他条款中关于违约责任的约定合同构成本合同的违约条款：

1.除本合同另有约定的情况以外，双方的以下行为亦视为违约，违约方应承担违约责任。

（1）拒绝、迟延、拖延或未能履行本合同中约定的其他义务。

（2）因故意或过失致使本合同目的不能实现。

（3）其他违反本合同约定的行为。

2.违约方应赔偿守约方受到的损失。

3.本条约定不因本合同的无效中止、终止或因其他原因不能履行而丧失法律效力。

第九条　争议及解决

1.任何关于本合同的理解效力、履行及纠纷处理均适用中华人民共和国法律。

2.本合同在履行过程中若发生争议，双方可通过协商解决，协商不成的由甲方所在地法院管辖。

第十条　合同的效力及其他

1.本合同自各方签订之日起生效。

2.双方对本合同任何条款发生争议均应本着善意及合理的原则，依据本合同签订的目的和基础进行理解。

3.本合同中手写字体与列印字体均具同等法律效力。

4.本合同正本一式三份，甲方、乙方及担保方各持一份，均具同等法律效力。

甲方：　　　　　　　　乙方：　　　　　　　　　担保方：

盖章　　　　　　　　　签字及盖章　　　　　　　签字及盖章

合同签订日期：

合同签订地点：上海市娄山关路 533 号。

第二节　金光现代学徒班各种方案

金光现代学徒班招工招生一体化方案：

广西工业职业技术学院和金光纸业（中国）投资有限公司
2018年金光现代学徒班校企联合招生招工一体化实施方案

招生与招工一体化是开展现代学徒制试点工作的基础，为了推进"招生即招工、入校即入厂、校企联合培养"特点的现代学徒制试点工作，深化产教融合，促进校企合作，推动职业教育内涵发展，提高职业教育人才培养质量和水平，根据《教育部关于开展现代学徒制试点工作的意见》的有关要求，为我区经济社会发展培养更多适应性强的高素质技能型人才，特制定广西工业职业技术学院与金光纸业（中国）投资有限公司现代学徒制联合招生招工一体化试点工作实施方案。

一、指导思想

以深入贯彻落实党的十九大关于优先发展教育事业，完善职业教育和培训体系，深化产教融合、校企合作精神为指导，坚持技能为本、能力为重，按照"学生—学徒—准员工—员工"四位一体的人才培养总体思路，以企业用人需求与岗位资格标准为导向，以学生（学徒）技能培养为核心，以学校、企业的深度参与和教师、师傅的深入教授为支撑，深化教育模式改革，推进教育机制创新，提升我院高职教育的核心竞争力。

二、工作目标

探索建立校企联合招生、联合培养、一体化育人的长效机制，完善学徒培养的教学文件、管理制度及相关标准，推进专兼结合、校企互聘互用的"双师型"师资队伍建设，建立健全现代学徒制的支持政策，逐步建立政府引导、行业参与、社会支持，企业和职业院校双主体育人的中国特色现代学徒制。

推进招生招工一体化，推进校企共同研制、实施招生招工方案。根据不同生源特点，实行多种招生考试办法，为接受不同层次职业教育的学徒提供机会。规范职业院校招生录取和企业用工程序，明确学徒的企业员工和职业院校学生双重身份，按照双向选择原则，学校和企业、学徒和企业分别签订双方协议，对于年满16周岁未达到18周岁的学徒，须由学徒、监护人、学校和企业四方签订协议，明确各方权益及学徒在岗培养的具体岗位、教学内容、权益保障等。

三、联合招工招生方式

（一）招工招生

（1）甲乙双方共同招生，采用企业冠名班即"金光自动化学徒班"，所录取的新生先是企业员工，然后才是学校的学生。

（2）学校联合合作企业，依据校企双方实际情况与需求，制定校企联合招工招生方案。

（3）做好招工招生宣传相关工作，由学校主要负责生源招聘工作，企业进行协助。学校负责教学方面的宣传（包含专业优势、师资力量、办学条件、学籍管理等），企业负责企业方面的宣传（包含企业文化、企业发展史、学徒制企业推进介绍、岗位介绍、企业工作环境及福利条件）。

（4）校企双方重点深入企业所在地高中学校进行"圆梦计划"项目校园宣传，同时对圆梦计划宣传效果进行跟踪，收集报名学生信息。

（5）企业联合学校对符合条件的报名学生进行面试筛选，现代学徒制班级组建人数为30人，录取分面试和笔试，笔试按照入学成绩，面试按照百分制进行，面试和笔试合格后学生到企业参观考察，双方签约圆梦计划项目协议书，学校指导学生填报志愿。

（6）录取后的学生单独组成"金光自动化现代学徒制"班级，并且由学校、企业、学生及学生家长（监护人）签订三方协议书。

（7）"现代学徒制"班级学生拥有双身份，既是学校的在籍学生又是企业的准员工，由学校和企业共同进行管理和培养，享受企业准员工待遇。

（二）工作进度

1. 宣传阶段：2018年4月—2018年5月

（1）金光企业到各县市高中和职业学校进行"圆梦计划"项目校园宣传。

（2）通过学校招生大篷车去各县市高中和职业学校进行实地宣传。

（3）充分利用返乡在校学生、学生家长等资源加大宣传力度。

（4）与各地学校和企业合作发放招生宣传册，开展招生宣传工作。

2. 招生阶段：2018年6月—2018年8月

（1）与学校普通招生同步，招录高考志愿填写电气自动化专业的学生。

（2）在参加直升专、单招考试的相关理工科专业的学生当中自愿招录。

3. 新生入学教育阶段：2018年9月6日—2018年9月20日

（1）通过新生入学专业教育，录满"金光自动化现代学徒制"班级人数。

（2）举行圆梦计划——金光自动化现代学徒班开班典礼。邀请广西工业职业技术学院领导、广西大学轻工学院领导、金光企业领导、当地政府人员、企业师傅、学校专业教师参加。

广西工业职业技术学院电子与电气工程系
金光纸业（中国）投资有限公司
二〇一八年三月十日

广西工业职业技术学院和金光纸业（中国）投资有限公司
2019年"圆梦计划"——金光现代学徒班校企联合招生招工一体化实施方案

为了践行《国家职业教育改革实施方案》，进一步深化"招生即招工、入校即入厂、校企联合培养"特点的现代学徒制试点工作，坚持工学结合，促进产教融合，推动校企加强"七个共同"深度合作，总结和推广现代学徒制经验，提高职业教育人才培养质量和水平，打造高水平专业，助推学院创建双高院校工作，特制定2019年广西工业职业技术学院与金光纸业（中国）投资有限公司"圆梦计划"——金光现代学徒班联合招生招工一体化工作实施方案。

一、成立校企联合招工招生一体工作小组

（1）组长：陶权、张武（学院）苗文峰（企业）。
（2）小组成员：
学院：陈炬、庞广富、谢彤、谢华峰、苏玲娇、梁焕恒。
企业：杨平、刘婷婷。

二、工作目标

（1）完善校企联合招生、联合培养、一体化育人的长效机制，进一步修订学徒培养的教学文件、管理制度及相关标准，推进专兼结合、校企互聘互用的"双师型"师资队伍建设。

（2）校企共同研制、实施招生招工宣传方案。根据不同生源特点，实行多种招生考试办法，为接受不同层次职业教育的学徒提供机会。

（3）2019年招收金光电气自动化学徒班学生30名。

三、校企联合招工招生实施方案

（一）招工招生

（1）校企双方共同签订2019年金光纸业（中国）投资有限公司—广西工业职业技术学院"圆梦计划"现代学徒制卓越人才联合培养协议，采用企业冠名班即"金光自动化学徒班"，所录取的新生先是企业员工，然后才是学校的学生。

（2）学校联合合作企业，依据校企双方实际情况与需求，制定校企联合招工招生方案。

（3）做好招工招生宣传相关工作，由学校主要负责生源招聘工作，企业进行协助。学校负责教学方面的宣传（包含专业优势、师资力量、办学条件、学籍管理等），企业负责企业方面的宣传（包含企业文化、企业发展史、学徒制企业推进介绍、岗位介绍、企业工作环境及福利条件）。

（4）校企双方重点深入企业所在地高中学校进行"圆梦计划"项目校园宣传，同时对圆梦计划宣传效果进行跟踪，收集报名学生信息。

（5）企业联合学校对符合条件的报名学生进行面试筛选，现代学徒制班级组建人数为30人，录取分面试和笔试，笔试按照入学成绩，面试按照百分制进行，面试和笔试合格后学生到企业参观考察，双方签约圆梦计划项目协议书，学校指导学生填报志愿。

（6）录取后的学生单独组成"金光自动化现代学徒制"班级，并且由学校、企业、学生及学生家长（监护人）签订三方协议书。

（7）"现代学徒制"班级学生拥有双身份，既是学校的在籍学生又是企业的准员工，由学校和企业共同进行管理和培养，享受企业准员工待遇。

（二）工作进度

1. 宣传阶段：2019年3月—2019年4月

（1）2019年3月5日前校企联合制订2019年"圆梦计划"——金光现代学徒班的招生宣传手册

（2）2019年3月10日前校企讨论"圆梦计划"——金光现代学徒班的招生宣传活动计划。

金光企业到各县市高中和职业学校进行"圆梦计划"项目的校园宣传。

（3）把"圆梦计划"——金光现代学徒班的招生宣传手册通过学校招生大篷车到各县市高中和职业学校进行实地宣传。

（4）充分利用2018级金光自动化现代学徒班的30位学生在清明节、三月三、端午节和五一劳动节放假期间，回到原来的母校向学生宣传"圆梦计划"——金光现代学徒班的办学特色，以亲身经历和体验现身说法，宣传企业和学校对"圆梦计划"——金光现代学徒班的支持、关怀和重视，发动更多的学生报读"圆梦计划"——金光现代学徒班。

（5）充分利用各种资源，在2019年3月15日—4月15日校企联合到钦州、地区市县乡，梧州地区市县乡，贵港、桂平市县乡，玉林市县乡，百色市县乡等发放招生宣传册，深入班级进行招生宣传。

（6）计划五月份在《广西日报》《南国早报》等媒体刊登一版2018级金光现代学

徒班的典型案例宣传，加大社会宣传力度。

2.招生阶段：2019年6月—2019年8月

（1）校企面试。对有意向报考"金光自动化现代学徒制"班的考生进行面试。

（2）与学校普通招生同步，招录高考志愿填写电气自动化专业的学生。

（3）在参加直升专、单招考试的相关理工科专业的学生当中自愿招录。

3.新生入学教育阶段：2019年9月1日—2019年9月20日

（1）通过新生入学专业教育，录满"金光自动化现代学徒制"班级人数。

（2）举行圆梦计划——金光自动化现代学徒班开班典礼。邀请广西工业职业技术学院领导、广西大学轻工学院领导、金光企业领导、当地政府人员、企业师傅、学校专业教师参加。

广西工业职业技术学院电子与电气工程系
金光纸业（中国）投资有限公司
二〇一九年三月一日

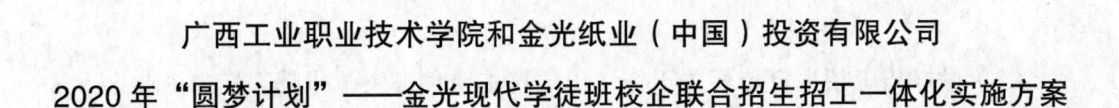

广西工业职业技术学院和金光纸业（中国）投资有限公司 2020年"圆梦计划"——金光现代学徒班校企联合招生招工一体化实施方案

为了践行《国家职业教育改革实施方案》，进一步深化"招生即招工、入校即入厂、校企联合培养"特点的现代学徒制试点工作，坚持工学结合，促进产教融合，推动校企加强"七个共同"深度合作，总结和推广现代学徒制经验，提高职业教育人才培养质量和水平，打造高水平专业，助推学院创建双高院校工作，特制定2020年广西工业职业技术学院与金光纸业（中国）投资有限公司"圆梦计划"——金光现代学徒班联合招生招工一体化工作实施方案。

一、指导思想

以深入贯彻落实十九大关于优先发展教育事业。完善职业教育和培训体系，深化产教融合、校企合作精神为指导，坚持技能为本、能力为重，按照"学生—学徒—准员工—员工"四位一体的人才培养总体思路，以企业用人需求与岗位资格标准为导向，以学生（学徒）技能培养为核心，以学校、企业的深度参与和教师、师傅的深入教授为支撑，深化教育模式改革，推进教育机制创新，提升我院高职教育的核心竞争力。

二、工作目标

（1）完善校企联合招生、联合培养、一体化育人的长效机制，进一步修订学徒培养的教学文件、管理制度及相关标准，推进专兼结合、校企互聘互用的"双师型"师资队伍建设。

（2）校企共同研制、实施招生招工宣传方案。根据不同生源特点，实行多种招生考试办法，为接受不同层次职业教育的学徒提供机会。

（3）2020年招收金光电气自动化和金光机电一体化学徒班学生共80名。

三、校企联合招工招生实施方案

（一）招工招生

（1）校企双方共同签订2020年金光纸业（中国）投资有限公司—广西工业职业技术学院"圆梦计划"现代学徒制卓越人才联合培养协议，采用企业冠名班即"金光自动化学徒班"，所录取的新生先是企业员工，然后才是学校的学生。

（2）学校联合合作企业，依据校企双方实际情况与需求，制定校企联合招工招生方案。

（3）做好招工招生宣传相关工作，由学校主要负责生源招聘工作，企业进行协助。学校负责教学方面的宣传（包含专业优势、师资力量、办学条件、学籍管理等），企业负责企业方面的宣传（包含企业文化、企业发展史、学徒制企业推进介绍、岗位介绍、企业工作环境及福利条件）。

（4）校企双方重点深入企业所在地高中学校进行"圆梦计划"项目校园宣传，同时对圆梦计划宣传效果进行跟踪，收集报名学生信息。

（5）企业联合学校对符合条件的报名学生进行面试筛选，现代学徒制班级组建人数为80人，录取分面试和笔试，笔试按照入学成绩，面试按照百分制进行，面试和笔试合格后，学生到企业参观考察，双方签约圆梦计划项目协议书，学校指导学生填报志愿。

（6）录取后的学生单独组成"金光自动化现代学徒制"班级，并且由学校、企业、学生及学生家长（监护人）签订三方协议书。

（7）"现代学徒制"班级学生拥有双身份，既是学校的在籍学生又是企业的准员工，由学校和企业共同进行管理和培养，享受企业准员工待遇。

（二）工作进度

1. 宣传阶段：2020年4月—2020年5月

（1）2020年4月5日前校企联合制订2020年"圆梦计划"——金光现代学徒班的招生宣传手册。

（2）2020年4月10日前校企讨论"圆梦计划"——金光现代学徒班的招生宣传活动计划。

金光企业到各县市高中和职业学校进行"圆梦计划"项目的校园宣传。

（3）把"圆梦计划"——金光现代学徒班的招生宣传手册通过学校招生大篷车到各县市高中和职业学校进行实地宣传。

（4）充分利用2018级和2019级金光自动化现代学徒班的学生在清明节、三月三、端午节和五一劳动节放假期间，回到原来的母校向学生宣传"圆梦计划"——金光现代学徒班的办学特色，以亲身经历和体验现身说法，宣传企业和学校对"圆梦计划"——金光现代学徒班的支持、关怀和重视，发动更多的学生报读"圆梦计划"——金光现代学徒班。

（5）充分利用各种资源，在2020年4月15日—5月15日校企联合到钦州、地区市县乡，梧州地区市县乡，贵港、桂平市县乡，玉林市县乡，百色市县乡等发放招生宣传册，深入班级进行招生宣传。

（6）计划五月份在《广西日报》《南国早报》等媒体刊登一版2018级、2019级金光现代学徒班的典型案例宣传，加大社会宣传力度。

2. 招生阶段：2020年7月—2020年9月

（1）校企面试。对有意向报考"金光自动化现代学徒制"班的考生进行面试。

（2）与学校普通招生同步，招录高考志愿填写电气自动化和机电一体化专业的学生。

（3）在参加直升专、单招考试的相关理工科专业的学生当中自愿招录。

3. 新生入学教育阶段：2020年10月12日—2020年10月20日

（1）通过新生入学专业教育，录满"金光自动化现代学徒制"班级人数。

（2）举行圆梦计划——金光自动化现代学徒班开班典礼。邀请广西工业职业技术学院领导、广西大学轻工学院领导、金光企业领导、当地政府人员、企业师傅、学校专业教师参加。

广西工业职业技术学院智能制造学院
金光纸业（中国）投资有限公司
二〇二〇年四月十日

圆梦计划——金光自动化现代学徒班人才培养方案：

(1)"圆梦计划"简介

为助力教育精准扶贫，圆贫困学生大学梦，培育企业急需的卓越人才，同时提供大学毕业后充分施展才能的平台，亚洲最大、世界前10名的金光制浆造纸集团APP（中国）于2018年在广西钦州市金桂纸业公司推出"圆梦计划"助学项目，该项目以"助学圆梦贫困学子、培养社会卓越人才"为宗旨，由金光制浆造纸集团APP（中国）、广西大学轻工与食品工程学院、广西工业职业技术学院三方共同成立"圆梦计划"金光自动化现代学徒班，订制培养制浆造纸企业的高素质技术技能型人才。获得"圆梦计划"名额的学生在入学后由广西工业职业技术学院综合管理，课程由三方共同制定。在理论授课期间，校方还会定期安排学生到APP旗下工厂参加观摩学习和岗位实践活动，学制三年，毕业后获得国家承认的大学专科学历证书。金光制浆造纸集团APP（中国）将承担其在大学期间的全部学费和住宿费，以及按月给予一定的生活费补助，并在学生毕业后为其解决就业。

(2)学校及企业介绍

①学校介绍。广西工业职业技术学院于2003年8月由原广西南宁化工学校和广西轻工业学校合并升格成立，隶属广西壮族自治区工业和信息化委员会，是高职高专院校人才培养工作水平评估优秀学校和广西示范性高等职业院校。2013年10月，贵港职业学院并入。原广西轻工业学校始建于1956年，原广西南宁化工学校始建于1958年，原贵港职业学院的前身贵港市师范学校始建于1904年。学院现有全日制在校学生20 000多人，成人教育学生2 100多人，是广西办学历史悠久和目前办学规模最大的高等职业学校。

学院现有校园总占地面积135.9万平方米，固定资产总值4.34亿元，其中教学科研仪器设备总值1.6亿元。有271个校内实验实训场所和171个校外实训基地，其中中央财政支持的国家职业教育实训基地2个，石油和化工行业职业教育与培训全国示范性实训基地1个，自治区示范性高等职业教育实训基地6个，自治区特色专业及实训基地10个。

学院现有教职工916人，其中专任教师741人。专任教师中教授职称40人，副教授及副高职称165人；具有博士、硕士学位196人；"双师型"教师596人。有全国行业性教学名师5人、省级教学名师1人，有全国专业教学指导委员会副主任委员6人、委员23人。有全国石油和化工行业优秀教学团队1个，省级优秀教学团队1个。"十二五"以来，教师共承担各级各类教研科研项目450多项。教师编写出版专业教材458部，自编特色教材300多部，在国内外公开学术期刊上发表学术论文1 800多篇，其中被SCI和EI收录40多篇；获国家专利30项，获省级及以上教学成果及科研奖12项。

②企业介绍。"金光集团"（Sinar Mas Group）由亚洲知名华人企业家黄奕聪先生所创立，其业务主要集中于四大核心产业：浆纸业、农业及食品业、金融业、房地产业。其中"金光集团APP"——亚洲浆纸业有限公司（Asia Pulp & Paper Co, Ltd.，简称APP）于1994年10月在新加坡注册成立。经过多年的不懈努力，"金光集团APP"现已发展成为世界纸业十强之一，总资产约200亿美元，年生产及加工总产能约1 400多万吨，拥有100多万公顷速生林。

自1992年起，"金光集团APP"以长江三角洲、珠江三角洲为投资重点，先后斥巨资建立了以金东、宁波中华、宁波亚洲、金华盛、金红叶、海南金海、广西钦州等为代表的、具世界领先水平的大型浆纸业企业，以及大规模的现代化速生林区。

其中，"金光纸业"是中国最大的造纸企业，也是世界上最大的单一铜版纸生产企业；宁波中华和宁波亚洲是中国最大的工业用纸企业之一；"金华盛"是中国最大的无碳复写纸企业；金红叶是中国乃至亚洲最大的生活用纸企业；海南金海是中国最大的制浆企业；亚龙是中国最大的纸制品加工企业。

广西金桂浆纸业有限公司（以下简称"金桂"）位于广西钦州市钦州港经济技术开发区，于2003年注册成立。金桂是亚洲浆纸业有限公司即APP在华投资建设的第17家制浆造纸企业，也是目前国内最早实现林浆纸一体化的企业之一。金桂现有员工约1 800人，厂区实际占地220万平方米，总投资117亿元人民币，生产规模为年产75万吨浆和年产100万吨纸。

（3）组织构架。为了更好地推进金光学徒班实施，校企双方成立了组织机构，如图5-1所示。

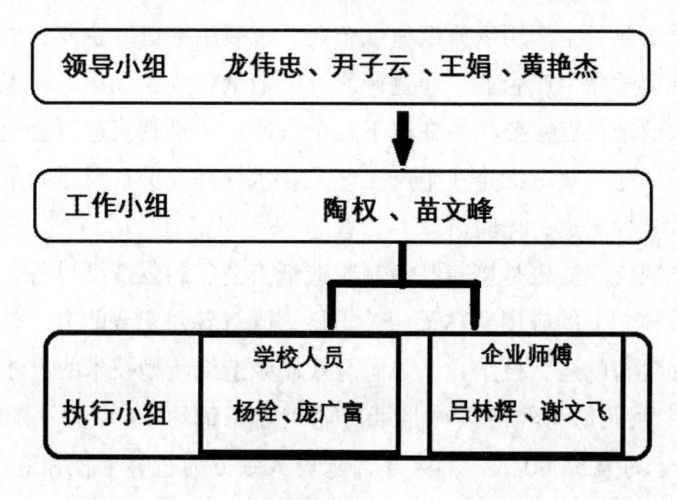

图5-1 组织机构

领导小组：在学院领导及教务处的统筹指导下，全面指导协调现代学徒制开展的各项工作，定期会商和解决有关试点工作的重大问题，统筹推进金光自动化专业现代学徒制试点工作。

工作小组：主要负责开展现代学徒制的具体实施工作，负责组织该专业的人才培养方案的确定、专业课程的建设、教学方式的创新、学生学业的评价，组织制定并实施与现代学徒制配套的教学管理规章制度。

执行小组：具体实施本专业校企联合招生、联合培养的现代学徒制试点落实工作。执行小组将工作任务落实到具体的工作人员，确保试点工作有计划、有步骤地稳步推进实施。

（4）制浆造纸技术人才需求调研

①人才需求分析。目前，我区制浆造纸企业超过200家，纸及纸板产量200万吨，约占全国的2%，产值150亿元。广西已初步形成以北海、防城港和钦州为基地的北部湾沿岸造纸产业带。其中，规模以上的企业有南糖纸业、贵糖纸业、柳江纸业、华劲纸业、南华纸业、凤凰纸业、东糖纸业、永凯纸业、劲达兴纸业、贺州贺达纸业、国发纸业。另外，还有进驻钦州的印尼金光集团APP、北海铁山港的芬兰斯道拉恩索、崇左的东亚纸业等世界造纸巨头和合资企业。现在，全区还有一大批林纸项目在紧锣密鼓的实施中。2010年9月，位于北部湾国家级经济开发区的广西钦州市大榄坪金光工业园，由APP（中国）投资79亿元建设的广西金桂林浆纸一体化项目一期工程30万吨化机浆项目顺利投产，60万吨造纸项目盛大开工。这标志着广西大型林浆纸一体化项目建设取得重大成绩，并将进一步促进广西建立新型的绿色循环经济体系。

目前，广西区按企业性质或业务范围可划分为以下几种类型企业，单一的制浆企业、文化纸造纸企业、生活用纸原纸造纸企业、包装用纸造纸企业、生活用纸产品后加工企业、造纸化学品生产企业。通过调研以上造纸企业和公司，未来几年，制浆造纸行业人才需求的增长点主要集中在以下几个方面：一是制浆造纸企业生产一线的岗位生产操作员；二是制浆造纸企业生产工艺及技术管理人员；三是制浆造纸企业产品及原材料质量检验检测员、化验员。

金光自动化现代学徒班是培养既懂制浆造纸工艺、制浆造纸设备，又熟悉自动化技术在造纸机械控制上的应用，熟悉相关学科；既有较强实践能力，掌握制浆造纸常规工艺、分析和设备的运行技术，又熟悉现代制浆造纸新型技术的人才。

2015年，广西北部湾经济区林浆纸产业人才总量约4 000人；随着第二期工程开工，到2020年约为5 000人。其人才需求可大致分为造林工程和造纸工程两大类。其中，造林工程主要需求林学、土壤学、育种育苗、造林、病虫害防治的专业人才；造纸工程主要需求林产化工、造纸工程、化学工程、电气自动化、仪表自动化等专业的专科以上学历的工程技术人才和相关专业的操作人才，以及造纸、化学工程等专业同时具备企业管理、市场营销能力的复合型人才。

②就业岗位和岗位能力。

a.制浆造纸生产操作能力：具有熟练的制浆造纸岗位生产操作能力（面向岗位操作员）。

b.制浆造纸机电设备操作维护能力：熟悉制浆造纸 DCS 控制、操作。

c.生产工艺及技术管理能力：熟悉制浆造纸生产流程，具有生产设计、生产、协调、技术管理能力（面向生产线班长、现场管理、生产主管、质检主管等岗位）。

d.原材料和产品检测和化验能力：具有制浆造纸原料、化学辅助材料的分析检验、产品性能检测检验能力（面向产品在线检测岗位、造纸原材料检测岗位）。

（5）人才培养计划

①制订人才培养方案思路。为了更好地完成"圆梦计划"，校企双方决定"圆梦计划"采用现代学徒制模式，实行招生招工一体，由金光纸业集团和广西工业职业技术学院联合面试招收高考生。校企双主体育人，学生入学后由广西工业职业技术学院综合管理，课程由广西工业职业技术学院和金光集团共同承担，金光集团 APP（中国）与广西工业职业技术学院针对集团生产工作岗位需要共同办学，公共管理课程和专业基础课程由广西工业职业技术学院承担；专业课采取理论与生产实践相结合的培养模式，分段育人，学生在三年期间将定期到工厂进行认岗、识岗、顶岗实践，由金光集团技术人员指导，学生在寒暑假期间将在工厂参与生产实践。

现代学徒制是指通过学校、企业的深度合作，学院教师、企业师傅的联合传授，对学生进行技能培训的现代人才培养模式。建立现代学徒制人才培养模式，重构现代学徒制培养模式下的课程体系，打造现代学徒制专兼结合的"双导师"教学团队，是设计现代学徒制人才培养方案的关键。

按"五双"要求沿"学生—学徒—准员工—员工"人才培养路径培养。

双主体：学校育人 + 企业育人。

双身份：学校学生 + 企业员工。

双内核：课程标准 + 企业标准、技术 + 教学内容。

双评价：校内教师评价 + 企业师傅评价。

双场所：学院实训基地 + 企业生产车间。

建立校企联合招生、联合培养、校企一体化育人的培养模式，形成现代学徒培养的教学文件、管理制度、相关标准及运行机制，推进专兼结合、校企互聘互用的"双师型"师资队伍建设，培养符合企业人才需求的高素质技术技能人才。广西工业职业技术学院电气自动化专业现代学徒制是与金光纸业全新的一种基于校企的深度合作，将现代职业教育与传统学徒制教育有机结合的职业教育人才培养模式。

②培养目标。以服务金光纸业集团（APP）为宗旨，面向制浆造纸产业群，以现代学徒制培养模式，培养德、智、体、美全面发展，具备良好职业道德和诚信品质，掌握制浆造纸技术、自动化技术的专业知识和技能，有较强实践能力的高素质技术技能型人才。

培养具体目标如下：

a.培养德、智、体全面发展，具有良好职业道德的高素质技术技能型人才。

b.掌握制浆造纸工艺、电工、电子方面的基本知识，理解掌握电气、仪表等专业知识。

c.具备自动化设备及系统开发能力、安装调试维护等专业技能，获取相应的职业资格证书，同时具备支持终身可续发展的能力。

d.能在制浆造纸企业从事电气、仪表行业简单设计、自动化系统安装调试与维护等工作，也可以进行电气、仪表设备的营销与管理。

e.毕业五年左右能够具有高级技师、助理工程师的专业水平，成为企业技术骨干或单位的管理人才。

③职业面向及职业能力要求。

a.主要就业单位。制浆造纸生产企业、纸品后加工生产企业、制浆造纸设备生产企业、制浆造纸化学品生产企业、纸制品销售公司、造纸化学品销售公司、环保部门等。

b.主要就业部门。制浆造纸企业各生产相关部门、质检部门、机械维修部门、电气维修部门、纸浆和纸产品营销部门、制浆造纸机器设备及原料采购部门、制浆造纸技术管理部门、企业员工培训部门。

c.可从事的工作岗位。制浆造纸生产一线设备操作岗位、制浆造纸机电设备维修岗位、DCS中控室操作岗位等。

具体来看，岗位及职业能力、职业素养要求如表5-1所示。

第五章　现代学徒班系列管理制度和标准——以金光集团为例

表5-1　岗位及职业能力、职业素养要求

序号	核心工作岗位及相关工作岗位	岗位描述	职业能力要求及素质
1	制浆造纸生产一线操作（核心岗位）	独立进行制浆造纸整个生产流程：上流水线现场操作、正确调节处理生产出现的故障、协调各个工段和生产环节、对现场的设备进行巡检和维护、对产品的质量进行监控，及时与质检部门取得联系	1.掌握制浆造纸工艺基础知识并具有基本工程计算能力 2.熟练掌握各种制浆造纸设备的使用方法 3.具有工程图纸识读能力 4.具有认识和使用化工仪表的能力 5.熟悉制浆造纸产品相关技术标准 6.具有团结协作、耐心细致的职业素质
2	制浆造纸工艺技术、现场管理（核心岗位）	负责生产工艺总体规划和评估，实施造纸工艺的技术改造工作，跟踪、引进生产新工艺及新技术；根据销售订单，按企业工作标准、质量标准和生产计划合理安排生产计划、组织生产；确保产品生产保质保量；能对生产中出现的严重质量问题及时分析处理并反馈给相关部门	1.熟练识读制浆造纸工艺流程图，熟悉机械制图 2.熟悉各种制浆造纸设备类型及性能 3.具有一定的组织生产指挥协调能力 4.掌握制浆造纸生产工艺和生产流程 5.安排合理的加工顺序 6.具有较强的人际关系协调沟通能力
3	造纸原材料、化学品及产品检验、质量管理（核心岗位）	对造纸原材料、化学品各项指标进行系统、全面的检测；按照产品质量标准，对纸浆、纸产品的质量指标进行系统、全面的检测，将检测结果及时反馈到生产部门；负责产品的质量管理，定期对生产记录进行统计分析，找出潜在的造成不合格的因素，制定预防措施，提高生产的效率和质量	1.掌握制浆造纸的分析与检验的基本理论与技术 2.熟悉纸浆和纸产品的质量指标及检测方法 3.熟练掌握各种制浆造纸检测仪器设备的使用方法 4.熟悉制浆造纸产品相关技术标准 5.能分析生产中出现的各种品质问题，及时提出解决方案
4	制浆造纸设备、仪器、仪表的管理维修、保养（相关岗位）	对制浆造纸生产线设备进行日常维护和故障的维修；做好生产设备的备品配件	1.熟练识读设备安装图、结构图 2.熟悉各类制浆造纸设备的性能 3.掌握本专业所需的金工、机械、电工电子及自动化工程的基本理论与技能 3.快速判断设备故障并及时有效解决
5	DCS中控室操作（相关岗位）	根据现场的实际操作情况，不断地调整操作参数，维持正常生产。在发生突发性事件时，紧急处理，减少损失	1.DCS主控人员要精心操作，及时巡视画面，认真做好原始记录，确保装置生产安稳进行 2.正常操作时如发现意外工艺情况（如泄漏等），要及时通报值班主任和运行工程师，并进行相应紧急处理，确保生产正常或尽量减少对装置生产的影响

— 133 —

④人才培养模式。校企共同成立专业建设指导委员会，在对制浆造纸企业岗位任职资格进行深入分析的基础上，遵循企业岗位人才需求规律，确定专业人才培养目标，再依据人才培养目标双方共同制定人才培养方案。

以现代学徒制为试点，校企共同实施"双元育人、校企交替、工程导向、实岗成才"（0.5+0.5+1.0+1.0）的人才培养模式改革，具体如图5-2所示。采取"校企一体、教师师傅一体、学生学徒一体、教室岗位一体"育人模式，通过双方双向深层嵌入互动互聘互用等途径，双主体共育"现代学徒"、双导师传承"工匠精神"，让学生在"学习、实训、实习"过程中，实现"认岗、跟岗、融岗、顶岗"的价值提升和"学生、学徒、准员工、员工"的身份转变，实现学校学习与企业工作的有效对接，从而快速成长成才。

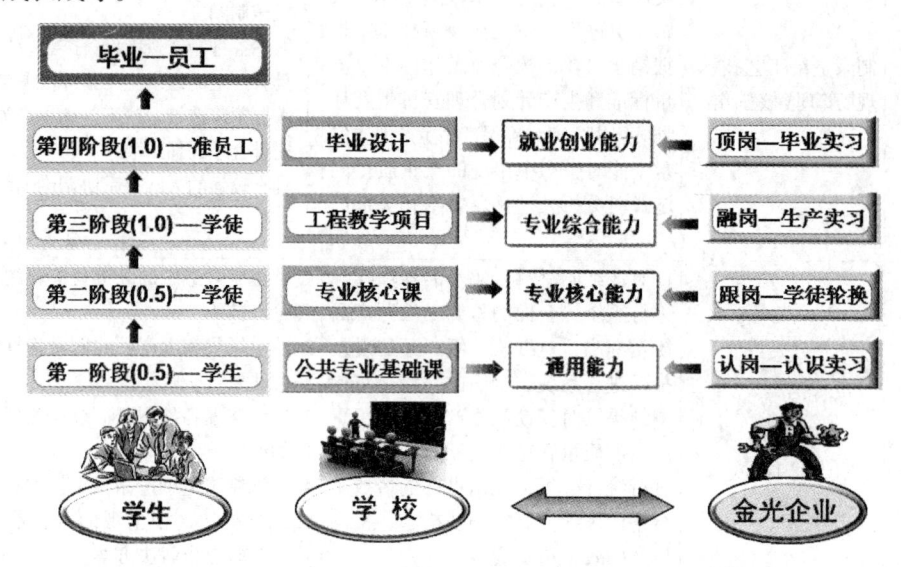

图 5-2 人才培养模式

⑤改革教学组织模式。紧紧围绕专业人才培养目标，将学生职业能力的形成过程与金光纸业自动化生产工作过程有机结合，通过校企合作的办学模式形成具有鲜明特色的现代学徒制人才培养模式。

基于现代学徒制人才培养模式，学院与金光纸业合作，如打破传统的教学模式，实施三段式的教学组织模式。在该模式下，人才培养过程：以适应金光纸业集团的职业岗位需求为导向，着力促进知识传授与生产实践的紧密衔接，改革教学组织方式，在学校和企业穿插进行，促进知识学习、技能实训、工作实践的融合，推动教、学、做的统一。

形成0.5（通识学习＋企业认岗）+0.5（基本技能＋企业跟岗）+1.0（专业技能＋企业融岗）+1.0（就业创业＋企业顶岗）教学组织方式，把理论学习与岗位实践有机融合起来，实现人才需求培养的无缝对接。

现代学徒制订单班的教学组织实施分为四个阶段：

第一阶段：第一学期（0.5）（通识学习+企业认岗）。

第一学期为基础知识学习，在学校以学习文化基础课、专业基础知识课和基本技能操作为主，除素质教育和部分职业基础课程外，还应到金光纸业以企业生产体验为主，组织学生参观企业，时间大概为一周。在这一周里，由企业师傅、学校教师共同带领学生到各生产车间、部门参观，了解企业文化，熟悉企业环境、各工作岗位的任务与职责，认识生产流程，使学生（学徒）对企业有系统的感性认识，感受企业的文化内涵，促进学生与学徒双重身份的融合；请企业专家到校讲企业文化、员工职业素养、岗位工作标准，为学生提前感受企业的相关内容。

本学期为专业知识学习，主要集中进行《电工技术应用》与《电子技术应用》方面的教学，以云课堂平台为载体设计教学内容，即将电工实训技能以及电工安全等技能穿插在理论课时的教学过程中，不再对理论课时与实践课时严格界定，而是根据知识的难易程度和学生的掌握情况，灵活安排课时分配。老师在做中教，学生在做中学，实现"工学结合"。这种方式使理论教学与实践教学紧密联系，相互呼应，知识体系得以有效连接，使在校期间训练的每个知识点连成线，学生也能够轻而易举地将每条线连贯成知识体系，真正做到了理论学习与实践训练的相得益彰。

第二阶段：第二学期（0.5）（基本技能+企业跟岗）（轮岗项目实习）。

学校项目学习和轮岗实训采取四个月在学校、一个月在企业轮换模式。在学校期间，主要进行理实一体化教学，强化学生专业理论知识和技能操作；在企业期间，主要进行企业课程学习实践，在强化技能训练的同时，融入企业标准、规范、职业素养。

在专业基础课程及企业专业基础课程学习中，重点培养学生的专业核心能力和创新能力。主要课程为《PLC应用技术》《植物资源化学》《电机与电气控制技术》《变频及伺服应用技术》的学习。学期末利用暑期一个月时间到企业学习。企业学习的内容为《纸张印刷适性》《制浆造纸机械与设备》《制浆造纸设备与安装》《化工加热炉DCS控制工程》《制浆造纸检测与分析》。

电气自动化专业和金光纸业组建课程开发小组，共同确定学校技能课程和企业岗位课程，并建立了"课程模块化、内容项目化、项目岗位化"的课程体系架构模型，将所学专业课程分解成若干个模块，再将每个课程模块分解成若干个岗位，每个岗位分解成若干个技能项目，开发学徒制实训项目。

第三阶段：第三、四学期（1.0）（专业技能+企业融岗）（贴岗真实体验）。

将传统的电气自动化专业第三、第四学期所授课的知识进行改革，开展工程项目应用技能训练和单项技能训练。将传统课程拆分为《电气照明与内线安装工程》《水位控制器设计安装与调试》《温度控制器设计安装与调试》《电动机拆装修理》《学校供配电照明设计》《物料小车 PLC 控制》《基于触摸屏、PLC、变频器的水位 PID 控制》《基于以太网的化工反应车间远程监控系统设计》《生活小区变频恒压供水工程》。每个单项训练均以实际工程为依托，通过变换不同工程使学生接触到不同形式的分部工程，提高学生的综合素质。通过以上各单项训练，学生的综合能力以及顶岗能力大大提高，为下一阶段的综合训练奠定了坚实的基础。

工程项目和轮岗实训采取一个月在学校、一个月在企业轮换模式。在校期间，主要进行工程项目教学，强化学生专业技能和应用知识解决问题的能力；在企业期间进行，主要师带徒模式的现场培养，重点提高学生综合能力和职业能力。

第四阶段：第五、六学期（1.0）（企业顶岗 + 就业创业）（企业顶岗实习）。

第五、六学期着重培养学生的综合职业能力，主要在校内进行综合应用能力实训及职业拓展能力的培养和实训。在企业中通过企业师傅小班教学来学习《纸和纸板的结构与性能》《植物资源化学》《纸加工原理与工程》《纸张印刷适性》等工程项目内容。通过组织学生参与企业生产和企业设备维护的实习工作，按照职业岗位任职要求，结合实际工程项目，以典型企业设备维护工作任务为载体，模拟仿真岗位工作环境，真正提升了学生的综合职业能力和职业素质。

⑥课程体系构建和课程开发。

a. 校企协同创新"工程项目引领、工作任务驱动、课程壁垒打通、能力分层递进"课程体系改革。

以制浆造纸企业对人才需求为依据，以现代学徒制人才培养目标为出发点，以用人单位的岗位分析作为起点，以胜任职业岗位的能力、知识、素质为着眼点，课程对接岗位，构建以学生为中心、能力为本位的现代学徒制课程体系，如图 5-3 所示。

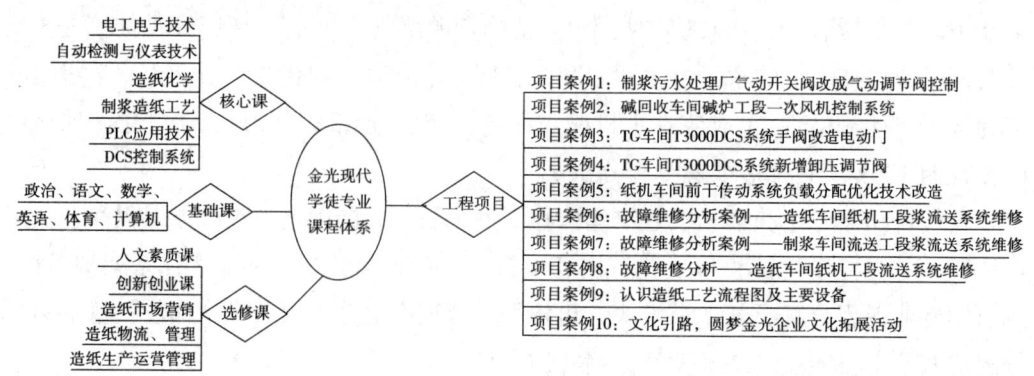

图 5-3 课程体系

在电气自动化技术专业的人才培养方案中构建"基础课模块+选修拓展课模块+核心课程模块+工程项目模块"课程体系，以企业真实项目和案例为导向设计课程体系和内容，把工程项目分解成多个工作任务，通过完成每个工作任务，掌握知识的应用，训练技术技能，养成职业素养，培养综合应用能力。

b.课程纵向深入——以"工院云课堂"为平台，实施5门专业核心课程改革创新。

将"成果导向、学生为中心"作为教育理念和教学设计理念，聚焦课堂教学主阵地，以"工院云课堂"平台为依托，将课堂教学管理与信息技术深度融合，在《电工电子应用技术》《传感检测与自动化仪表》《PLC应用技术》《电气线路安装与调试》《变频及伺服应用技术》等专业核心课程开展线上线下混合教学改革，用信息技术促进课堂教学管理效率，以信息化为支撑创新课堂教学环境，促进信息技术与专业教学深度有效融合，实现无痕的监控、有痕的管理，推动教师教学形态与学生学习方式的深层次变革，形成和推广新型教学模式，具体如图5-4所示。

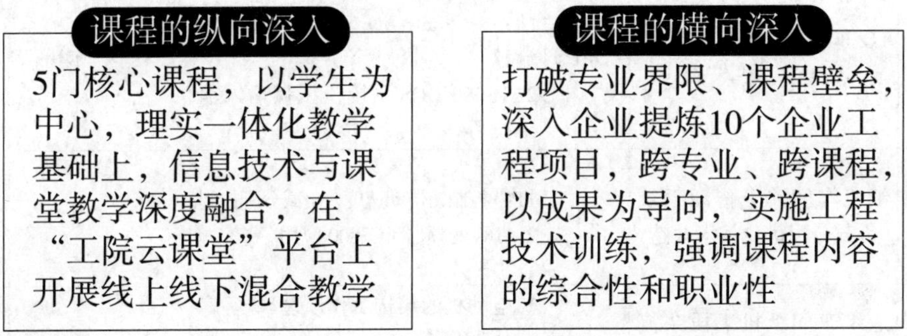

课程的纵向深入	课程的横向深入
5门核心课程，以学生为中心，理实一体化教学基础上，信息技术与课堂教学深度融合，在"工院云课堂"平台上开展线上线下混合教学	打破专业界限、课程壁垒，深入企业提炼10个企业工程项目，跨专业、跨课程，以成果为导向，实施工程技术训练，强调课程内容的综合性和职业性

图5-4 课程纵向深入、横向融合

c.课程横向整合——以制浆造纸企业自动化工程案例为载体，提炼10个工程教学项目。

打破专业界限、课程壁垒，以制浆造纸企业真实的工程项目为载体和纽带，进行课程体系重构，树立大工程观，构建10个造纸企业工程项目案例课程体系，强调课程内容的综合性和职业性，将学生、教师和企业紧紧地融合在一起，创新产教深度融合的人才培养机制，形成一个可示范推广的电气自动化技术专业"工程项目引领、工作任务驱动、课程壁垒打通、能力分层递进"课程教学模式（表5-2）。

表5-2　工程项目内容设计表

序号	工程项目	课时	呈现内容（知识点、技能点）	学期	学院	企业
1	制浆污水处理厂气动开关阀改成气动调节阀控制	8	1. 污水处理厂SBR池工艺流程 2. 气动开关阀的阀体和气缸 3. Metso阀门定位器工作原理	3	梁洪方	韦荣李
2	碱回收车间碱炉工段一次风机控制系统	8	1. 施耐德ATV61变频接线图端子含义 2. 工频/变频切换原理 3. 分析风机变频节能原理	4	陶权	朱博峰
3	TG车间T3000DCS系统手阀改造电动门	40	1. T3000 DCS系统DI/DO通道设置的流程 2. 系统设备组态	5	谢彤	欧芳芳
4	TG车间T3000DCS系统新增卸压调节阀	40	1. T3000 DCS系统4线制AI卡件和4～20m AAO卡件通道设置的流程 2. T3000 DCS系统模拟量输入输出技巧	5	谢彤	欧芳芳
5	纸机车间前干传动系统负载分配优化技术改造	24	1. PID控制，传动速度，负载分配控制 2. ABB变频器ACS800应用	4	周雪会	谢文飞
6	造纸车间纸机工段浆流送系统维修	8	1. 电动机的结构工作原理 2. 故障分析 3. 电动机转子拆装，下线、检测	3	庞广富	谢文飞
7	制浆车间流送工段浆流送系统维修	8	1. 泵的拆解维护知识 2. 泵的拆解维护工艺流程	2	李可成	卢修龙
8	造纸车间纸机工段浆流送系统维修	8	1. 压力筛结构及原理 2. 轴承装配规范 3. 主轴上车床校正 4. 装配位置磨损检查密封漏水	3	杨铨	吕林辉
9	认识造纸工艺流程图及主要设备	16	1. 造纸工艺流程图及主要设备 2. 各工段主要设备	1	李曜	王艳峰
10	文化引路，圆梦金光企业文化拓展活动	16	1. 金光集团企业文化 2. 五个拓展活动	1	王彩霞	李华青

d. 校企共同开发教学资源。从校企双方关注的利益点出发，学校利用金光纸业拥有真实工作环境，金光纸业对人才素质的要求是人才培养的目的，金光纸业利用学校

科研条件，理论、人才资源丰富的优势，共同开发共建共享的资源库。以学校课程资源和企业的技能资源为基本单元，实现学校"专业（方向）、岗位群、课程体系"，企业"职能部门、岗位群、技能体系"逐层提升的金字塔组织结构，通过校企联合开发，开放资源管理，扩大资源覆盖面。建设过程遵循科学建设秩序，先设计，后完善；先规范，后加工；先整理，后整合；完成造纸电气自动化工程项目模块建设资源库。

资源库建设围绕造纸工程项目案例以及电气自动化行业工程项目案例实施。《纸和纸板的结构与性能》《植物资源化学》《纸加工原理与工程》《纸张印刷适性》《电气照明与内线安装工程》《水位控制器设计安装与调试》《温度控制器设计安装与调试》《电动机拆装修理》《学校供配电照明设计》《物料小车 PLC 控制》《基于触摸屏、PLC、变频器的水位 PID 控制》《基于以太网的化工反应车间远程监控系统设计》《生活小区变频恒压供水工程》等实务类课程虽然理论要求不高，但是知识零碎，不容易成系统，需要整合。校企合作共建课程平台可以提供更为实际的需求背景案例，作为理论知识学习的主要脉络。

与金光纸业校企共建共享教材建设是指基于校企共建数字化教学资源，以校企合编的方式进行数字化教学资源配套教材的编写，使教材在技术性、实效性方面与造纸行业自动化岗位职业技能一体化、与职业行业标准一体化、与数字化资源的一体化。

在编写教材等基础工作外，应同步配套开发较为完整的相关教学资源。以课程教学为中心，借助网络技术、多媒体技术等现代信息技术和媒体传播技术将各种教学资源，以多种媒介、多种形态、多个层次进行整合，形成立体化教材。主要建设以下类型的教学资源库。

多媒体课件库：收录金光纸业电气自动化专业所有工程项目特色的优秀多媒体课件。

专业图片库：收录该金光纸业电气自动化专业的各类图片资源，包括实验、实习、培训、服务、新设备技术以及实验实训室介绍、专业介绍等相关资源，形成共享图片库。

专业视频动画库：收录金光纸业电气自动化专业以实训类为主的视频教材。

校企联合开发特色教学资源。教学团队把企业现场管理知识、安全操作知识、现场实用方法融为一体，将企业标准、能力素养、企业文化、企业精神融入课程建设之中，依据企业岗位典型工作任务和工作流程，开发课程标准及教学内容，为人才培养创造良好条件。表 5-3 是具体的教学安排表。

表5-3 教学安排

学年	学期	教学内容、环节	实施地点	学校教师	企业师傅
第一学年	第一学期	专业教育（1周）	学院	√	√
		企业认岗——认识实习（1周）	企业	√	√
		公共基础课教学	学院	√	
		企业工艺、企业文化教育（1周）	企业		√
	第二学期	专业基础课教学	学院	√	
		基本技能训练	学院	√	
	小学期	企业跟岗（4周）	企业	√	√
第二学年	第三学期	专业核心课程学习	学院	√	√
		专业技能训练	学院	√	√
	第四学期	专业课学习	学院	√	√
		工程项目学习	学院	√	√
	小学期	企业融岗（4周）	企业	√	√
第三学年	第五学期	工程项目学习（或企业课程）	企业	√	√
		企业顶岗、毕业设计	企业	√	√
	第六学期	企业顶岗	企业	√	√
		毕业设计	企业	√	√

（6）制定校企互聘共用的师资制度，打造现代学徒制专兼结合的"双导师"教学团队。

影响现代学徒制教学质量的关键因素是教学团队的建设水平，因此专兼结合的"双导师"教学团队建设是推行现代学徒制的首要任务，建立健全双方教师的选拔、培养、考核、激励制度，完善"双带头人""双导师""双向挂职"等双元育人制度，形成成熟的管理机制。

为保证现代学徒制的师资力量，主要采取双导师制度，即在专业建设指导委员会的基础上，企业选派技术专家、高技能人才和能工巧匠等担任学校的兼职教师。建立师徒结对档案，明确师傅的责任和待遇，师傅承担的教学任务纳入考核，享受相应的带徒津贴。由职业教育专家、能工巧匠、专任教师等共同建立现代学徒制师资团队，进行现代学徒制人才培养方案制定、课程标准的制定、实践教学内容和方式确定、学生（员工）成绩评定等，形成校企互聘共用的管理机制。建立灵活的人才流动机制，校企双方共同制定双向挂职锻炼、横向联合技术研发、学术交流、课题研究、专业建设的激励制度和考核奖惩政策。

①双导师育人

a. 校内导师。电子与电气工程系的自动化专业群教学团队是一支业务熟练、教学经验丰富、结构基本合理的师资队伍，其中教授 2 人、副教授 7 名、讲师 3 名、工程师 3 名、硕士 4 名。该教学团队教师在负责本专业学生的教学工作任务的同时，为企业进行技术培训服务。表 5-4 是校内导师情况一览表。

表5-4 校内导师情况一览表

序号	姓名	职称	专业	负责课程
1	陶权	教授	工业电气自动化	PLC 控制的造纸机工程
2	杨铨	教授	电气技术	纸浆浓度测量与控制工程
3	黎洪坤	副教授	仪表自动化	DCS 制浆造纸碱回收控制工程 自动化工程项目管理
4	莫文火	高级工程师	发配电	室内照明与配电线路安装工程
5	梁洪方	副教授	轻工自动化	电气控制线路安调 室内照明与配电线路安装工程
6	谢彤	高级实验师	仪表自动化	传感检测与自动化仪表 DCS 配浆自动控制工程
7	庞广富	高级讲师	电气技术	制浆造纸废水处理控制工程
8	梁倍源	讲师	电气技术	PLC 应用技术
9	李可成	讲师	电气技术	纸张质量指标在线监控工程
10	崔岳峰	讲师	工业电气自动化	变频与伺服技术应用
12	李叶伟	工程师	工业电气自动化	变频器控制的造纸机同步工程
13	余鹏	讲师	电子信息	电工电子技术
14	李曜	讲师	造纸	造纸企业市场销售
15	雷艳萍	讲师	造纸	造纸企业物流、库存管理
16	刘新亮		造纸	制浆造纸工艺工程

b. 企业导师（师傅）。从金光纸业集团的广西金桂浆纸业有限公司中选拔一批技术过硬、业务熟练、现场经验丰富的工程技术人员和管理人员作为企业师傅，具体如表 5-5 所示。

表5-5 企业导师情况一览表

序号	姓名	职称	专业	负责课程
1	吕林辉	工程师	机电一体化	PLC控制的造纸机工程
2	谢文飞	值班主管	自动化	纸浆浓度测量与控制工程
3	梁育玮	副课长级专员	电子工程	DCS制浆造纸碱回收控制工程
4	梁洪启	副课长级专员	机械应用工程	制浆水处理控制线路设计、安装
5	竺伟	课长级专员	电气工程	制浆造纸废水处理控制工程
6	秦志文	值班主管	电子信息工程	DCS配浆自动控制工程
7	朱博锋	值班主管	机电	自动化工程项目管理
8	王艳锋	课长级专员	机电一体化	纸张质量指标在线监控工程
9	罗小明	工程师	机械电子	制浆造纸工艺工程
10	陆迅	值班主管	自动化	变频器控制的造纸机同步工程

c. 双师指导。学生入学后，每三名学生指定一名学院教师、一名企业师傅进行双师指导，对每位学生三年的学习、生活、个人成长等情况实施跟踪指导，具体如表5-6所示。

表5-6 双师指导情况一览表

学生（学徒）	学院导师	企业导师
曾祥彦	黎洪坤	吕林辉
谢咏燊		
马福利		
陈建民	莫文火	谢文飞
黄立鑫		
李晓玲		
文云辉	梁洪方	梁育玮
蔡海光		
黄承潇		
梁日猛	余鹏	竺伟
覃远强		
利德斌		

第五章 现代学徒班系列管理制度和标准——以金光集团为例

(续表)

学生(学徒)	学院导师	企业导师
黄文杰	庞广富	梁洪启
张冠海		
柯军南		
梁日霞	李可成	秦志文
陈基灿		
梁昌宇		
陈永霜	崔岳峰	朱博锋
黄小桉		
邱静丽		
陈志龙	梁倍源	王艳锋
万飞龙		
蒋明		
潘劲涛	李叶伟	梁育玮
李华晏		
黄扬智		
黎展兵	谢彤	秦志文
韦修格		
刘智豪		

②双站融合开展校企互聘。学校在企业设立专业"教师工作站",选派优秀专业教师作为导师,下实习企业指导学生理论学习,同时自身挂职锻炼,提高专业教师的实践能力和教学水平,推动专业教师深入理解专业岗位需求,及时完善和更新相关理论知识。我校长期规划教师队伍培养目标,不仅要培养一批具有双师能力的教学能手、技术骨干,更要推动教师向着企业服务型、行业专家型方向发展。

企业在学院设立"大师工作站",专家在学校"大师工作室"指导专业建设、实践基地建设、企业员工培训、共同申报项目、教学研究、学术讲座等活动。金光纸业选派技术人员作为师傅,负责实习生岗位技能传授。企业建立带班师傅绩效考核制度,将学徒业绩与师傅工资奖金捆绑在一起考核。同时,学校鼓励企业选派有实践经验的行业、企业专家、高技能人才和能工巧匠等担任学校的兼职教师。

(7)改革招生模式,推进招工招生一体化。完善学校招生录取和企业用工一体化的招生招工制度,推进校企共同研制、实施招生招工方案。根据不同生源特点,实行多种招生考试办法,为接受不同层次职业教育的学徒提供机会。规范学校招生录取和企业用工程序,明确学徒企业员工和职业院校学生双重身份,按照双向选择原则,学生、学校和企业签订三方协议。

(8)制订现代学徒制教学管理制度与运行机制。制定与现代学徒制相适应的教学管理与运行机制。一是制定校企合作全过程管理办法,如《合作协议》《学生顶岗实习协议》《学生实习手册》《学生实习评价鉴定表》等,对学生实习进行严密安排与管理;二是企业制定《企业实习教师管理办法》《学生实习企业管理考核办法》等,记录实习学生考勤、任务、表现、评价等,由企业对学生进行全方位的管理。

学生在校期间,严格按照在校生进行管理,企业适度参与教学和管理工作;在企业学习期间,学校全程跟踪管理,企业积极配合,共同管理学生。在各个过程中,学校和企业均为现代学徒班的教学主体,企业一线技术人员或管理人员担任学员的兼职教师或师傅,他们与学校教师一起研讨人才培养与课程标准的制定,以实际经验来开设适合学生及企业需要的实践课程,满足企业发展需要。

(9)校企共同考核学生(改革双师多元评价模式)。按照企业用人标准,学校企业共同建立以能力为核心的学生评价模式,由学校教师和企业专家共同对学生工学交替的不同学习阶段职业能力进行考核评价。改革考核方法,实行学习过程考核,把理论知识考试与实操技能考核相结合,把过程评价与效果评价相结合。在企业实训或顶岗实习阶段,应将学生的专业技能水平和学徒岗位工作任务完成情况纳入考核范围。

在学校现代学徒制试点总体质量监控体系下,结合电气自动化专业现代学徒制的教学内容和合作形式,由学校与合作企业双方成立专业现代学徒制试点质量监控小组。建立电气自动化专业现代学徒制试点工作全过程的质量监控标准:招生招工质量监控标准、理论课程教学质量监控标准、基本技能实训质量监控标准、岗位技能实训质量监控标准、企业课程质量监控标准、教师教育教学质量考核标准和师傅带徒育人质量考核标准。对学生在学校和学徒在企业的动态学习和成长成才过程进行全程监控、评价、考核和反馈,对教师教育教学和师傅带徒育人工作同样进行监控、评价、考核和反馈。

在企业期间,实行企业与学校"双师"共同管理制度。企业师傅负责规章制度、安全教育、岗位职责教育和岗位操作指导;学校教师负责相关专业理论指导和思想纪律教育,配合企业做好学生职业素养教育。彼此有分工有合作,各司其职,相互配合。不仅如此,还要邀请企业、行业专家、技能鉴定师、高校教师组成专业建设指导委员会,指导开展第三方评价,形成多主体、多形式的评价机制。

电子与电气工程系
自动化专业群教学团队
2018 年 5 月 20 日

金光现代学徒班企业实施方案：

为了体现校企双主体共育"现代学徒"、双导师传承"工匠精神"，校企共同实施现代学徒制的"双元育人、校企交替、工程导向、实岗成才"（0.5+0.5+1.0+1.0）的人才培养模式，让学生在"学习、实训、实习"过程中实现"认岗、跟岗、融岗、顶岗"的价值提升和"学生、学徒、准员工、员工"的身份转变，帮助学生尽快适应岗位，实现学校学习与企业工作的有效对接，从而快速成长成才。下面是金光自动化现代学徒班企业实施方案。

一、成立企业"金光自动化现代学徒班"机构

（一）企业领导小组

组长：苗文锋，金光纸业（中国）投资有限公司培训与发展部总经理。
副组长：杨雪飞，金桂纸业人力资源部经理。
组员：刘婷婷，金光纸业（中国）投资有限公司招聘主管。
　　　张丽华，金桂纸业人力资源部。
职责：协调金桂企业人员参与现代学徒班实践教学指导工作。

（二）企业工作小组

吕林辉（机电）、谢文飞（电气）、梁育玮、梁洪启、竺伟、秦志文、朱博锋、王艳锋、罗小明、陆迅。
职责：负责学徒在企业岗位职业技能传授和职业素质培养，制定岗位标准和考核标准，对学徒在企业表现进行考核。

二、工作内容

（1）参与现代学徒制人才培养方案制定，重构现代学徒制培养模式下的课程体系。
（2）制定岗位工作标准，分析岗位能力要求，制定岗位管理制度。
（3）配合学校教师开发企业工程项目（工程项目内容、规范、要求、成果）。
（4）与学校教师开发企业课程、出版教材，丰富现代学徒制下的教学资源。
（5）指导学徒在企业期间（认岗、识岗、跟岗、顶岗）的职业技能训练，培养学徒岗位职业素养。
（6）制定岗位考核标准，对学徒在企业期间的表现进行考核。

三、工作进度

(一)第一阶段(2018年5月—2018年12月)

参与现代学徒制人才培养方案制定,重构现代学徒制培养模式下的课程体系;制定岗位工作标准,分析岗位能力要求,与学校教师开发10个企业工程项目(工程项目内容、规范、要求、成果)。

(二)第二阶段

第一学年第一期(2019年1月5日—1月12日):认岗实践。

对学生进行一周上岗前的培训,并将培训的内容分为职业道德教育、产业发展教育、企业生产工艺流程参观、厂规厂纪教育、学徒须知教育、生产安全教育、企业文化教育。注重培养学生的责任感和吃苦耐劳意识,增加学生对本产业行业发展现状及趋势的了解,使学生熟悉金桂纸业公司相关管理制度、产品(服务)质量标准、劳动纪律和生产安全知识。培训结束后要对学生的学业与表现进行考核,具体如表5-7所示。

表5-7 认岗时间安排(共4天)

培训内容	培训时间
生产安全教育	0.5天
参观企业生产工艺流程	0.5天
岗位职业道德教育	0.5天
产业发展教育	0.5天
厂规厂纪教育	0.5天
学徒须知教育	0.5天
交流学习心得	0.5天
考核、写认岗总结	0.5天

第一学年第三期(2019年7月15日—8月15日):识岗实践。

实岗育人是现代学徒制的核心,校企将专业课程分解成若干个模块,再将每个课程模块分解成若干个岗位,每个岗位分解成若干个技能项目,实施制浆水处理控制线路设计、安装,制浆造纸工艺工程,PLC控制的造纸机工程实训项目。同时,企业负责在岗学生的管理和学习组织。

第二学年第三期（2020年7月15日—8月15日）：跟岗实践。

在企业的岗位中实施变频器控制的造纸机同步工程、制浆造纸废水处理控制工程、纸浆浓度测量与控制工程、纸张质量指标在线监控工程。企业师傅应做好实践指导和安全管理。

第三学年第一期（2020年12月15日—2021年2月）：轮岗实践。

指导学徒在制浆造纸生产一线设备操作岗位，制浆造纸机电设备维修岗位，DCS中控室操作岗位，制浆造纸工艺技术及现场管理岗位，造纸原材料、质量管理、设备维护与保养岗位进行轮岗，以适应企业的不同岗位，并考察学徒在岗位上的表现，为学徒定岗提供参考意见。

同时，指导学徒熟悉岗位中的制浆造纸碱回收DCS控制工程、DCS配浆自动控制工程、自动化工程项目管理。企业师傅应做好实践指导和安全管理。

第三学年第二期（2021年3月—2021年7月）：顶岗实践。

企业师傅指导学徒综合运用本专业所学的知识和技能，在岗位上完成一定的生产任务，并进一步获得感性认识，掌握操作技能，学习企业管理，养成正确劳动态度，强化学徒在岗位上顶岗实习的安全管理，并对学生在顶岗实践中的表现进行综合评价。

金光纸业（中国）投资有限公司
广西金桂浆纸业有限公司
2018年5月20日

第三节　金光现代学徒班的管理制度

圆梦计划学生在岗实习管理办法：

"圆梦计划"学生在岗实习管理办法

一、目的

为规范"圆梦计划"学生工厂在岗实习管理，为学生提供适于能力发展的实习、实践岗位，满足集团用人需求，特制定此办法。

二、适用范围

本办法适用于金光集团APP（中国）签订"圆梦计划"培训合同的学生。

三、定义

"圆梦计划"学生采用2+1的培养模式，即两年的在校理论知识学习和一年的工厂在岗实践实习。此管理办法针对"圆梦计划"学生大三学年进入APP（中国）旗下工厂在岗实践实习。

四、工作职责

（1）总部人力资源部：制定"圆梦计划"学生在岗实习管理办法，统筹安排"圆梦计划"学生分配方案，跟踪和监督"圆梦计划"学生在岗实习表现。

（2）工厂人力资源部：提交"圆梦计划"实习生用人需求，按照工厂用人要求和学生专业方向合理安排学生实习岗位，全面负责"圆梦计划"学生实习期在岗培养工作并定期汇报总部人力资源部。

（3）学生实习部门：为学生选定带教导师，帮助学生熟悉本部门情况，制定详细的培养目标和培训计划，将岗位知识、技能和经验通过传、帮、带的方式培养学生尽快适应所在岗位工作，达成岗位能力胜任要求；定期了解、跟踪学生的日常学习情况，并对其进行综合评估。

（4）在岗实习学生：服从公司安排的实习工作，在带教导师的指导、监督下，加强岗位理论和实践的结合，按照实习要求和岗位能力要求提升岗位能力胜任力，确保经过在岗实习后能够独立工作。

五、实施细则

(一) "圆梦计划"实习学生分配方案

(1) 总部人力资源部征求 APP (中国) 旗下工厂用人需求。

(2) 总部人力资源部征求"圆梦计划"学生工作意向 (主要是就业方向和就业地点)。

(3) 总部人力资源部统筹安排"圆梦计划"学生分配方案。

(4) 总部人力资源部形成学生分配方案,并报中国区人力资源总经理核准。

(二) 实习学生综合管理办法

(1) "圆梦计划"学生培养方向是使其未来成为生产一线技术骨干,实习时需按照学生的专业特点和自身素质合理定岗,培养方向符合学生应具备能力的要求。

(2) 实习学生进厂后由所在工厂安排工业安全教育和新员工入职培训,帮助学生了解并熟悉公司概况、公司业务与发展、公司文化、公司生产基本工艺与工艺流程、公司产品及产品特性、地理位置、生活指南等。

(3) 实习学生进厂时,统一签订《圆梦计划实习学生在岗实习协议》,三个月后进行顶岗考核,由用人部门填写《圆梦计划在岗实习生考核表》,实习学生提交《圆梦计划实习学生在岗实习月报》,结合实习学生连续三个月的考核结果,征求部门和带教导师的意见,若胜任岗位能力要求,可考虑独立顶岗操作;若在岗实习六个月仍不能胜任岗位能力要求,不能独立顶岗操作,可考虑给予调岗等处理。

(4) 圆梦计划学生实习期间工资待遇按照学生实习所在工厂一线本科生实习薪资标准执行。

(5) 实习学生的考勤管理按所在工厂正式员工考勤管理办法执行,实习生在实习期间每天工作原则上不超过 8 小时,若需要加班,服从生产部门安排;在学生正式顶岗之前,在岗培养按常白班安排,经过考核能够独立顶岗后,可安排倒班运行。

(6) 工厂需为实习学生安排集体宿舍,宿舍管理遵照各工厂《员工宿舍管理办法》执行。

(7) 工厂需为实习学生办理一项商业保险 (人身意外伤害险)。

(8) 工厂需为实习生配发工作服和所在岗位的劳动防护用品 (如劳保鞋、安全帽等)。

（三）实习生带教管理办法

在圆梦计划学生在岗实习期间，主要由所在部门主管、带教导师和工厂 HR 对其进行培养、指导。在培养和指导过程中，各部门需要及时发现并解决问题，制定培养方案，落实培训计划，确保培养目标达成。

（1）实习学生所在部门主管：当实习生遇到问题或困惑时，可不定期与所在部门最高级别主管沟通。部门主管每月与实习学生沟通至少一次（不少于 1 小时），沟通内容包括但不限于工作过程中的个人岗位能力达成困惑、个人岗位胜任力达成所需支持、个人建议、职业发展方向、思想动态等相关问题。

（2）实习学生带教导师：由实习学生所在部门主管选定，原则上为 7 级（含）以上主管，确定后报送工厂人力资源部门备案。带教导师需根据部门业务情况，制定切实可行的《圆梦计划实习学生培养计划》，要有明确的培养目标、培训课程、考核方式等内容，经部门主管审核，报工厂人力资源部门汇总，经总部人力资源部核准后执行。

（3）工厂人力资源部门：定期与实习学生保持联系、沟通，由实习学生所属部门的 HRBP 担任沟通联络员，每月至少一次与实习学生就工作、生活、个人思想、同事相处等方面遇到的问题或困惑进行沟通，及时了解实习学生动向，并定期向相关主管和总部人力资源部反馈，从而制定针对性的解决方案和行动措施。

六、考核与激励

（一）实习生的考核与激励

（1）工厂每月对实习生进行考核，主要由所在部门主管和带教导师负责考核。

*考核内容：①纪律、态度和出勤率；②岗位培训计划执行情况；③岗位知识获得和技能达成情况；④问题解决及合理化建议、改善行为；⑤书面报告内容质量。

*考核由工厂 HRBP 召集实习学生所在部门主管、带教导师针对考核内容进行评估，其中岗位知识获得和技能达成的评估按照岗位技术胜任力标准采用书面测试和动手操作测试的评估方式。

*考核结果分为优秀（90 分及以上）、良好（80～89 分）、合格（70～79）、不合格（69 分及以下）四个等级。

*连续 2 个月考核不合格需要对实习学生进行教育，制定改善措施或对其调整实习岗位。

（2）实习期满并且考核合格者，在实习学生正式毕业取得毕业证书后，工厂需与实习学生签订劳动合同，并按工厂当年度应届本科生标准核定薪资。

（二）带教导师的考核与激励

（1）对于担任带教导师的人选，公司将给予一定的带教津贴：标准为200元/学生/月。带教多名实习学生可累计，实际发放金额依据考评结果确定。

（2）实习期间每月由实习生对带教导师进行考核，带教津贴按考核结果（优秀100%、良好80%、合格50%、不合格0%）予以发放。

（3）带教导师的带教津贴由所在工厂人力资源部按流程申请，每月随工资一起发放。月度发放的带教津贴核发，带教导师当月工作/带教天数须满15天（日历天数）及以上，否则不予核发。

本办法未尽事宜由总部人力资源部、工厂人力资源部、实习学生所在部门协商解决。

本办法解释权归总部人力资源部。

附件：

附件1：圆梦计划学生实习协议

附件2：圆梦计划实习学生培养计划

附件3：圆梦计划实习学生培训月报

附件4：圆梦计划实习学生考核表

附件5：圆梦计划带教导师考核表

附件1：圆梦计划学生实习协议

圆梦计划学生实习协议书

甲方：　　　　　　　　（以下简称甲方）
乙方：　　　　　　　　（以下简称乙方）
丙方：　　　　　　　　（以下简称丙方）

经甲乙双方协商，在平等自愿的基础上就学生在岗实习事宜订立如下协议：

1. 甲乙双方经协商选择　　名体格健康的学生（以下简称丙方）前往甲方进行在岗实习。

（学生姓名：　　　　　　　　　　　　　　　　　）

2. 责任和权益。

（1）乙方定期派专职教师联系了解学生实习情况，协助甲方解决丙方实习中的有关问题。

（2）丙方在实习期间必须严格遵守甲方的规章制度，服从甲方的管理及工作安排。

（3）甲方在丙方正式上岗前对其进行正规入职培训，安排合适的实习岗位。丙方要认真学习岗位的各项技能。

（4）丙方在甲方实习期间，丙方需购买"学平险"，同时乙方为丙方每位学生统一购买实习学生商业保险。丙方在实习期间不享受医疗养老等各种保险，如实习期间发生工伤事故，依照国家的有关规定处理。

（5）甲乙双方对违纪丙方均有义务进行教育及管理。经教育仍不改正错误或严重违纪及无故旷工的，甲方须通知乙方，并根据情况可以终止丙方实习。丙方必须向甲方做出书面说明，并接受教育和处理。

（6）丙方毕业时，甲方应录用经考核合格并自愿留在公司（单位）参加工作的毕业生，并按照国家的规定及公司的制度为录用学生办理相应手续，乙方积极予以配合。

（7）丙方实习期间工资待遇按照学生实习所在工厂一线本科生实习薪资标准执行，由甲方按月支付的方式直接给丙方发放。

3. 学生在岗实习时间：　　年　月　日到　　年　月　日。

4. 以上协议如有未尽事宜，由甲、乙、丙三方共同协商解决。

5. 本协议一式三份，甲、乙、丙三方各执一份，经三方签字之日起生效，实习期满后，此协议自动终止。

甲方代表：　　　　　　乙方代表：　　　　　　丙方签名：

（盖章）　　　　　　　（盖章）

　年　月　日　　　　　　年　月　日　　　　　　年　月　日

附件2：圆梦计划实习学生培养计划

圆梦计划实习学生培养计划

实习生姓名： 　　　　　　　　　实习部门：

带教导师： 　　　　　　　　　　实习期限：

实习学生培养计划表					
序号	开始时间	实习内容	培养方式	责任人

部门负责人： 　　　　　　　　　带教导师：

备注：

1.本表由带教导师填写，部门负责人审核，在实习生进入部门一周内完成，并提交所在工厂人力资源部备案。

2.实习生后续将按此表计划执行，工厂人力资源部追踪部门培养计划执行情况。

附件3：圆梦计划实习学生培训月报

圆梦计划实习学生培训月报

姓名：		部门／岗位：					
带教导师：		评估期间：	年 月 日到		年	月	日
本月培训知识内容总结							
下一阶段培训学习计划							
带教导师评估及指导意见							

导师签字： 部门领导签字：

日期： 日期：

人力资源部审阅： 审阅日期：

附件 4：圆梦计划实习学生考核表

圆梦计划实习学生考核表

实习学生姓名： 实习部门：

带教导师： 评估期间：

序号	考核项目	权重	评分档次	评分标准	评分
1	纪律、态度和出勤率	10%	9～10	a. 出勤率 >95%，从不迟到/早退	
			7～8	b. 出勤率 91%～95%，很少迟到/早退	
			5～6	c. 出勤率 80%～90%，有时迟到/早退	
			3～4	d. 出勤率 75%～85%，经常迟到/早退	
			1～2	e. 出勤率 <75%，总是迟到/早退	
2	岗位培训计划执行情况	30%	25～30	a. 能够执行计划中超过 95% 的实习活动	
			19～24	b. 能够执行计划中 85%～95% 的实习活动	
			13～18	c. 能够执行计划中 75%～85% 的实习活动	
			7～12	d. 能够执行计划中 60%～75% 的实习活动	
			1～6	e. 能够执行计划中低于 60% 的实习活动	
3	岗位知识获得和技能达成情况	40%	33～40	a. 能够获得超过 95% 的目标知识和技能	
			25～32	b. 能够获得 85%～95% 的目标知识和技能	
			17～24	c. 能够获得 75%～85% 的目标知识和技能	
			9～16	d. 能够获得 60%～75% 的目标知识和技能	
			1～8	e. 能够获得低于 60% 的目标知识和技能	
4	问题解决及合理化建议、改善行为	10%	9～10	a. 异常情况处理及改善建立方面大于 95%	
			7～8	b. 异常情况处理及改善建立方面达到 85%～95%	
			5～6	c. 异常情况处理及改善建立方面达到 75%～85%	
			3～4	d. 异常情况处理及改善建立方面达到 60%～75%	
			1～2	e. 异常情况处理及改善建立方面小于 60%	
5	书面报告质量	10%	9～10	a. 在清晰、完整、正确、简明、仔细方面大于 95%	
			7～8	b. 在清晰、完整、正确、简明、仔细方面达到 85%～95%	
			5～6	c. 在清晰、完整、正确、简明、仔细方面达到 75%～85%	
			3～4	d. 在清晰、完整、正确、简明、仔细方面达到 60%～75%	
			1～2	e. 在清晰、完整、正确、简明、仔细方面小于 60%	
	综合评分				

备注：本表每月 3 日前，由带教导师填写后报送工厂人力资源部门。

附件5：圆梦计划带教导师考核表

圆梦计划带教导师考核表

带教导师姓名：　　　　　　　　部门：

实习学生姓名：　　　　　　　　评估期间：

序号	考核方面	分值	评分
1	思想政治素质高、爱岗敬业、以身作则、树立榜样	10	
2	为实习生制订周详的培养计划	10	
3	严格按照培养计划开展培训工作，安排合理，准备充分	10	
4	拥有丰富的专业理论知识和实际操作能力	10	
5	能够全面传授相关专业知识、技能和经验	10	
6	通过思想交流，关心实习生的工作、学习和生活情况	10	
7	在实习学生遇到困惑时，及时答疑解惑	10	
8	安排实习学生进行实践操作，使实习生掌握工作原理和操作技能	10	
9	能在实习学生工作中发现问题，并及时指导实习学生改进	10	
10	能在工作中鼓励实习学生创新，并给予机会	10	
	考核得分		
实习生对带教导师的综合评价和合理化工作建议等	签名：　　　　　日期：　　年　　月　　日		

备注：本表每月3日前，由实习生填写后报送工厂人力资源部门。

金光现代学徒班指导教师选拔标准及工作职责：

广西工业职业技术学院电子与电气工程系
金光现代学徒班指导教师选拔标准及工作职责

一、指导教师选拔标准

（1）能较好遵守教师职业道德规范，以身作则，为人师表。
（2）工作认真负责，善于表达沟通，具备言传身教的能力，德才兼备。
（3）在工作岗位工作满5年。
（4）具有讲师以上职称。
（5）获得双师证书。
（6）有担任指导教师经验者优先。

二、指导教师工作职责

（1）树立为教学服务、为学生服务的思想，坚持把培养高素质、高技能、创新型的人才作为工作目标。
（2）不断提升自身的业务能力、技术水平和实习指导水平。
（3）负责对学徒进行学习目标、文明礼貌、岗位适应、安全生产等方面的教育，教育学徒遵守企业各项工作制度，培养学徒养成文明、安全生产的习惯。
（4）指导学徒深化专业理论学习，耐心、及时解答学徒提出的问题。
（5）协助带教师傅做好学徒技能训练的指导和各技术环节的示范，使学徒尽快掌握实际操作技能。
（6）指导学徒认真填写工作手册并经常检查，对学徒工作小结填写评语并签名。
（7）认真听取带教师傅的意见，对教学中存在的问题及时向系部领导汇报，并研究解决问题的方案，采取措施及时解决，不断提高教学质量。
（8）会同企业和第三方评价机构，组织实施对学徒的岗位评价考核，负责对学徒的实习鉴定。
（9）认真完成学校交办的其他各项工作任务。

广西工业职业技术学院电子与电气工程系
2018年5月20日

金光现代学徒班企业师傅选拔标准及工作职责：

广西工业职业技术学院电子与电气工程系
金光现代学徒班企业师傅选拔标准及工作职责

一、企业师傅选拔标准

（1）能较好遵守职业道德规范，品行端正。

（2）工作技能优秀，善于表达沟通，责任心强，具备言传身教的能力。

（3）在工作岗位工作满5年以上。

（4）技能水平需达到高级工及以上水平。

（5）有过成功带新员工经验者、评选为优秀员工者优先。

二、企业师傅工作职责

（1）认真做好对学徒的日常考勤和管理，加强职业道德、劳动纪律和企业文化等教育，培养学生文明、守纪的良好习惯。

（2）负责指导学徒熟悉实习工作环境和防护设施，提高学徒的自我保护能力，采取有效措施防止学徒在实习中受到伤害和发生安全事故。

（3）认真做好对学徒技能训练的指导和各技术环节的示范，使学生尽快掌握实际操作技能，严格要求学生，并经常进行提问、讲解与指导。

（4）认真听取学校和实习指导教师的意见，采取措施及时解决实习指导中存在的问题，不断提高实习质量。

（5）督促学徒及时填写实习生手册，对学徒的实习小结填写评语并签名。

（6）实行学徒实习信息通报制度，定期向学校、学生家长通报交流学徒实习情况。

（7）配合学校和第三方评价机构，对学徒进行岗位评价考核。

（8）认真完成企业领导交办的其他各项工作任务。

金光纸业（中国）投资有限责任公司

2018年6月15日

学徒实习考核评价管理办法

广西工业职业技术学院电子与电气工程系
学徒实习考核评价管理办法

为做好电子与电气工程系金光自动化现代学徒班试点工作，明确企业和学校管理职责，加强学徒管理，规范师带徒流程，提高学徒素质和岗位技能，顺利完成学生从学徒到员工的过渡，经校企双方研讨决定，特制定本考核评价管理办法。

一、改革双师多元考核评价模式

校企共同考核学生。按照企业用人标准，学校企业共同建立以能力为核心的学生评价模式，由学校教师和企业专家共同对学生工学交替的不同学习阶段职业能力进行考核评价。改革考核方法，实行学习过程考核，把理论知识考试与实操技能考核相结合，把过程评价与效果评价相结合。企业实训或顶岗实习阶段，应将学生的专业技能水平和学徒岗位工作任务完成情况纳入考核范围。

在学校现代学徒制试点总体质量监控体系下，结合电气自动化专业现代学徒制的教学内容和合作形式，由学校与合作企业双方成立专业现代学徒制试点质量监控小组。建立电气自动化专业现代学徒制试点工作全过程的质量监控标准：招生招工质量监控标准、理论课程教学质量监控标准、基本技能实训质量监控标准、岗位技能实训质量监控标准、企业课程质量监控标准、教师教育教学质量考核标准和师傅带徒育人质量考核标准。对学生在学校和学徒在企业的动态学习和成长成才过程进行全程监控、评价、考核和反馈，对教师教育教学和师傅带徒育人工作同样进行监控、评价、考核和反馈。

在企业期间，实行企业与学校"双师"共同管理制度。企业师傅负责规章制度、安全教育、岗位职责教育和岗位操作指导；学校教师负责相关专业理论指导和思想纪律教育，配合企业做好学生职业素养教育。彼此有分工有合作，各司其职，相互配合。不仅如此，还要邀请企业、行业专家、技能鉴定师、高校教师组成专业建设指导委员会，指导开展第三方评价，形成多主体、多形式的评价机制。

二、学徒的管理及考核评价

（一）上班制度

（1）实习学生必须以企业员工标准要求自己，学徒必须严格遵守广西金桂浆纸业有限公司的有关规章制度，进出单位必须出示有关证件，上班不迟到、不早退，按时进入指定的工作岗位，下班必须办好交接手续，经师傅允许后，方可离开。

（2）学徒进入工作场地前必须穿好工作制服，戴好劳保用品，做好一切准备工作，确保安全、文明生产。

（3）学徒不准擅自离开实习岗位，有事离岗需要经组长或师傅批准，返回岗位向班组或师傅报告，同意后方可上岗。

（4）学徒必须听从带教师傅指导，严格遵守安全操作规程，爱护设备，不乱动设备，不得无故损坏。如发现故障或异常现象，立即报告值班领导和师傅，未经允许，不得任意拆卸或启动设备，确保人身、设备的安全。

（5）爱护工具、量具，节约原材料，认真做好所在岗位的设备保养，做好实习场地和工位的清洁卫生工作。

（6）在工作场所内，不准嬉闹、奔跑和大声叫喊，上班不准串岗、打瞌睡、干私活、看手机等，不准参加非企业组织的其他活动。

（7）尊重实习单位领导、师傅和其他工作人员，听从安排、服从分配，安心本职工作，做到谦虚谨慎、勤学好问、刻苦钻研，学以致用，精益求精，提高操作技能，争取尽快达到实习的合格要求。

（8）严格遵守实习单位的保密制度，不得将技术或商业情报向外泄露，维护实习单位利益。

（二）考勤制度

（1）学徒在实习期间实行双重考勤，即所在实习单位带教师傅日常考勤，学校指导教师不定时抽查。

（2）学徒必须遵守学校和单位的各项规章制度，履行学徒工作职责。遵守单位的作息时间，不得迟到、早退和无故缺勤。未经批准，一律不得在外住宿。

（3）学徒未经允许不能擅自离开实习单位，学徒原则上不允许请事假，如学徒请病、事假，必须按照有关规定办理相关请假手续，应经实习带队教师和车间师傅同意，请假三天以上者必须经学校审核。否则，按旷工和学校规章制度处理。

（4）学徒必须遵纪守法，遵守社会公德，互帮互助，自尊自爱，自觉接受实习单位、学校的双重教育和管理。

（5）学徒必须参加轮岗实习考核和技能鉴定，做好实习总结，经实习单位签署意见后交给学校。

（6）督促学徒严格执行企业的各项规章制度，并对学生出勤情况进行考核，请假情况填入请假登记表，学生实习期满，由各部门负责人和实习岗位的师傅及学校导师共同对其做出考核评价。根据学生的政治思想、工作作风、团结协作、劳动纪律、学习态度、业务能力等写出评语，并按优秀、良好、合格和不合格四等评定成绩，记入实习手册。对实习期间有严重违纪行为或发生重大差错事故者，综合评定不合格。

（三）其他规定

（1）学徒必须遵纪守法，遵守社会公德，互帮互助，自尊自爱，自觉接受实习单位、学校的双重教育和管理。

（2）学生进入学徒期须本人申请、家长同意，学校根据学生所学专业，选择并安排实习单位，签订有关协议。

（3）学徒未经允许不能擅自离开实习单位，确有特殊原因，必须事先办理离岗手续并征得实习单位的同意和学校的批准。

（4）学徒对实习单位的安排和处理确有意见，应及时与学校联系并报告，由学校依据事实与单位负责协商。学徒不得直接与实习单位发生冲突。

（5）学徒必须参加轮岗实习考核和技能鉴定，做好实习总结，经实习单位签署意见后交给学校。

（6）轮岗实习结束，学校组织优秀学徒评比工作，对优秀学徒进行表彰奖励。若学徒最终考核为不合格，必须延长轮岗实习时间，直至考核合格，方可转为准员工，进行顶岗实习。

（7）学徒必须注意自身的学生形象，穿着朴素大方，举止文明。

广西工业职业技术学院电子与电气工程系
2018 年 5 月 10 日

第四节　金光现代学徒班的各种标准

金光现代学徒班的专业标准：

广西工业职业技术学院金光自动化现代学徒班
电气自动化专业教学标准

教学系：电子与电气工程系
执笔人：庞广富
审核人：陶权
制定日期：2018 年 4 月 1 日
修订日期：2018 年 6 月 25 日

广西工业职业技术学院教务科研处

2018 年 3 月 1 日

一、专业名称

电气自动化

二、专业代码

580202

三、生源类型

普通高招、自主招生、对口单招。

四、学制与学历

学制：基本修业年限3学年，弹性学制可延长2年。
学历：大专。

五、职业面向及职业能力要求

（一）职业面向

就业面向的行业：本专业学生毕业后主要定向"金光集团APP"定向培养专业人才，也可在各类电气自动化行业、电气化铁路交通行业、现代智能农业行业、电力自动化系统行业、冶金行业、造纸及纸制品行业、化学品制造行业、医药制造及物业服务行业从事自动化控制设备研发、施工、自动化设备的运行巡视、事故处理、电气设备试验、检修、安装与调试及销售等工作，是宽口径"复合型"高素质高技能人才。

主要就业单位类型：首先优先服务"金光集团APP"，也可以在电气自动化设备制造类、食品行业、冶金行业、化工生产行业、物业服务维修类、电气自动化科研设计类企业等工矿农商及事业单位等从事相关工作。

主要就业部门：首先优先服务"金光集团APP"的造纸制浆生产与设备维护部门，也适合其他企业事业单位的技术研发部、工程施工部、生产制造部、维修检测部、销售部、售后服务部。

可从事的工作岗位：电气自动化生产设备及生产线设计，电气自动化设备维修和维护，普通机床和数控机床维护维修，电气自动化设备营销，电气自动化设备及产线安装、调试、技术管理、技术服务以及电气自动化设备销售，等等。该专业比传统电气自动化专业更为突出的是制浆造纸机械与设备维护维修、制浆造纸检测与分析员、制浆造纸碱回收控制岗位、制浆造纸废水处理等造纸制浆岗位更有优势。

具体岗位能力及其描述如表5-8所示。

表5-8 岗位能力分析表

序号	岗位名称	岗位类别 初始岗位	岗位类别 发展岗位	岗位描述	岗位能力要求
1	电气设备安装、调试工	电气设备装配工岗位	电气维修技师	（1）自动化设备的操作和监控 （2）自动化设备的安全操作监护 （3）自动化设备的简易故障检修和设备保养 （4）控制线路的配线和电气安装 （5）一般设备故障检修汇报 （6）团队协作	（1）能够识别、安装和调整电气控制元件 （2）能够识读控制系统图 （3）能够按图样要求进行自动化设备控制线路的配线和电气安装工作 （4）能够对常规电控设备进行正常调试、维护，并填写相应记录 （5）一般电器系统的选型和计算 （6）常用传动系统（包括变频器、直流驱动器、伺服装置等）安装及其基本参数设置和修改
2	电气系统运行、维护工	自动化设备装调维修工岗位	自动化企业技术总监	（1）自动化设备的维护规程的制定 （2）设备维护规程的执行和监督 （3）自动化设备的操作规程的制定 （4）自动化设备的安全操作监护 （5）设备维护人员培训 （6）自动化设备的硬件、软件设计修改和参数调整 （7）设备故障的确认、恢复和上报 （8）设备检修计划的制订和监督执行 （9）设备检修质量管理 （10）团队协作	（1）能够识读较复杂的控制系统图（包括一般的电子线路图） （2）协助调试PLC系统 （3）安装和简单调试常用传动系统（包括变频器、直流驱动器、伺服装置等） （4）绘制简单控制系统的盘、箱、柜图及面板布置图，对复杂控制系统进行配线和安装 （5）设计简易自控系统

（续　表）

序号	岗位名称	岗位类别 初始岗位	岗位类别 发展岗位	岗位描述	岗位能力要求
3	自动化生产线维护技术员	自动化生产线维护技术员	自动化系统工程师岗位	（1）自动化设备的维护规程的制定 （2）设备维护规程的执行和监督 （3）自动化设备的操作规程的制定 （4）自动化设备的安全操作监护 （5）自动化维护人员培训 （6）自动化设备的硬件、软件设计修改和参数调整 （7）设备故障的确认、恢复和上报 （8）设备检修计划的制订和监督执行 （9）设备检修的质量管理 （10）团队协作	（1）能够识读复杂控制系统图（包括电子线路图、系统工艺流程图、系统控制逻辑图） （2）PLC控制系统设计、故障诊断排除 （3）工业级人机界面的编程 （4）安装、调试常用传动系统（包括变频器、直流驱动器、伺服装置等） （5）编制单体控制系统技术文件 （6）协助安装和调试工业现场网络系统 （7）了解所属行业常用工业设备的电器配备 （8）自动化设备维护人员培训 （9）制订设备检修计划，贯彻质量管理条例
4	自动化系统助工程师岗位	自动化系统助工程师岗位	自动化系统总工程师设计师岗位	（1）自动化设备的维护规程的审定 （2）设备维护规程的执行和监督 （3）自动化设备的操作规程的审定 （4）自动化设备的安全操作监护 （5）自动化专业人员培训 （6）自动化设备的硬件、软件设计调试修改方案的制定 （7）设备疑难问题故障的确认、恢复 （8）设备检修计划的审定和监督执行 （9）设备运行的质量管理和优化管理 （10）团队协作	（1）识读复杂控制系统图（包括电子线路图、系统工艺流程图、系统控制逻辑图） （2）自动化控制系统设计 （3）现场复杂故障诊断和排除 （4）协调机、电、液相关工作 （5）自动化设备的操作规程和维护规程的审定与监督 （6）设备运行的质量管理和优化管理 （7）自动化技术专业人员培训和现场技术指导 （8）能够掌握所属行业常用工业设备的电器配备和相应设备选型
5	电气自动化仪表安装员	电气自动化仪表安装员	电气仪表自控工程师	（1）检测与维护仪器仪表 （2）维护电气设备 （3）监督电气、仪表工程的施工 （4）负责电气、仪表自动控制系统的安装调试工作 （5）对生产车间提出的电气、仪表自控设备的技改方案及电气、仪表设备的报废申请的审查	（1）电气、仪表自动控制系统的安装调试工作 （2）能够正确规范地使用电子元器件 （3）能够正确使用仪器仪表并进行检测与维护 （4）施工图纸，参加图纸会审，负责审核施工设计方案 （5）掌握电气设备的使用方法和维护方法

(续 表)

序号	岗位名称	岗位类别 初始岗位	岗位类别 发展岗位	岗位描述	岗位能力要求
6	制浆DCS专责	制浆DCS专责	调度车间主任	（1）DCS专责在值长和组长的指挥下按《工艺操作规程》的负责DCS所属系统的设备的开停机操作和监护工作，通过责任区的设备进行产品质量的控制 （2）负责责任区的设备的巡回检查，发现问题及时处理 （3）负责与制浆造纸车间各相关岗位保持联系，维护纸机运行通畅 （4）跟踪与检查产品质量，及时在责权范围内调整相关工艺参数，杜绝质量事故，提高一等品率 （5）对下机纸的物理指标和浆检的化验指标负责记录，发现异常情况及时调整工艺和汇报上司	（1）熟悉工业流程 （2）了解工艺原理控制和运用 （3）熟悉DCS技术应用知识
7	造纸QCS专职	造纸QCS专职	造纸车间工艺主任	（1）QCS专责在值长和班长的指挥下按《工艺操作规程》的负责QCS所属系统的设备的开停机操作和监护工作，通过责任区的设备进行产品质量的控制 （2）负责责任区的设备的巡回检查，发现问题及时处理，如不能处理的汇报班长 （3）负责与制浆、造纸车间各相关岗位保持联系，协助班长和值长维护纸机运行通畅 （4）跟踪与检查产品质量，及时在责权范围内调整相关工艺参数，杜绝质量事故，提高一等品率	（1）熟悉造纸机流程 （2）了解工艺原理控制和运用 （3）熟悉造纸制浆设备技术应用知识
8	造纸制浆设备维护技术员	造纸制浆设备维护技术员	设备维修部主任	（1）造纸制浆设备的维护规程的制定 （2）造纸制浆设备维护规程的执行和监督 （3）造纸制浆设备维护 （4）造纸制浆设备的安全操作监护 （5）自动化维护人员培训	（1）识读复杂控制系统图（包括电子线路图、系统工艺流程图、系统控制逻辑图） （2）现场复杂故障诊断和排除 （3）协调机、电、液相关工作 （4）造纸制浆设备的操作规程和维护规程的审定与监督 （5）造纸制浆设备运行的质量管理和优化管理 （6）自动化技术专业人员培训和现场技术指导 （7）能够掌握造纸制浆设备常用工业设备的电器配备和相应设备选型

（二）典型工作任务及其工作过程

积极联合本地区自动化程度较高的企业，充分发挥由系部、行业企业专家组成的专业教学指导委员会的作用，对电气自动化技术专业岗位（群）工作进行分析，以电气控制系统工程项目为切入点，以企业工作流程和职业标准为依据确定专业教学目标。按照专业教学目标确定人才培养规格和培养方案，以专业核心课程为重点，完善"项目导向"的教学模式，形成独具特色的人才培养方案，如表5-9所示。

表5-9 典型工作任务及工作过程分析表

序号	典型工作任务	工作过程
1	室内照明及配电线路设计、配线与安装	工作内容：对照明线路和配电线路进行日常维护和维修，家用电器产品故障维修 工作对象：照明线路和配电线路、电梯、家用电器等 工作方法：通过巡查、检查，进行故障处理工作。调查客户，咨询供应商，按照技术规范进行安装、调试，按检查规范流程进行检查，更换损坏器件。工作人员可以个人或者团队完成 工作成效：线路能维持正常工作/故障排除通过验收，故障排除，家用电器正常运行设备运行正常
2	电子产品设计、安装与调试	工作内容：在现代电子生产和应用中，大量的电子产品都需要进行板级器件、模块间、整机装配（插接、焊接）和连接以及简单测试等工作，这些工作是产品质量的根本保证 工作对象：按生产流程与工艺要求进行产品装配，然后进行技术指标自检，在任务单上签字确认，交付下一环节或者相关部门 工作方法：操作人员接到工作任务后，根据任务书的要求，认真识读电子产品的功能方框图及功能模块接口等工艺文件，明确相应模块电路板及接口的位置，列出接口、排线的类型及其他相关材料等清单，领用材料并准备工具、仪器仪表和辅助材料，检测其质量好坏，按照结构图和工艺文件要求完成后，依据功能模块结构连接关系和产品性能指标进行逐级检测，对合格的产品进行相关标识和包装后，交付给项目负责人进行验收，并由项目负责人在工作任务书中的验收项目处签字确认 工作成效：产品能按图纸功能使用，运行正常
3	电气设备的安装、调试与维修	工作内容：负责电气设备的装配和调试，负责电气设备线路安装调试，负责检查设备的电气线路、安全限位装置、电气零部件、绝缘和接地，质量管理，设备安装完后，必须按图纸和工艺要求对施工质量进行自检，机械调试，电气调试 工作对象：面向企业生产一线，生产设备，电气控制设备。能按照作业规范，排除配电线路故障，进行设备电气调试、维护、维修以及线路简单设计等工作 工作方法：常用电工工具和仪表的使用，导线的连接和绝缘恢复，线路的敷设，安装工具的使用，查阅资料，导线的选择选用，安全用电 工作成效：生产线设备运行良好，设备正常工作，电机正常运转

（续 表）

序号	典型工作任务	工作过程
4	供配电系统操作、运行与维护	工作内容：送电、停电倒闸操作，常用电管理和维修工作，定期巡视供配电设备，掌握生产运行状况、维护技术，熟悉有关规程，签发并按时报出总结及各种报表 工作对象：配电盘、高低压开关 工作方法：设备巡视，分析故障原因采取检修措施 工作成效：保证供配电系统正常运行
5	自动化生产线的组装、调试与维修	工作内容：巡检自动化生产线的电机，生产线机械部件日常维护，传感器安装、维护 工作对象：自动化生产线的电机、生产流水线。制造行业车间 工作方法：通过巡查、检查，进行故障处理工作，按照安装规范要求进行安装、检查。工作人员以团队协助为主 工作成效：故障排除，电机正常运转，生产流水线能维持正常工作
6	电机维护与维修	工作内容：对常用交、直流电机进行检查、维修 工作对象：交流电机、直流电机 工作方法：按照安装规范要求进行安装、检查 工作成效：故障排除，电机正常运转
7	自动化系统集成、运行与维护	工作内容：辅助工程师完成以PLC为核心的自动化系统集成工作 工作对象：PLC、触摸屏、伺服电机、变频器、各类电机、传感器、继电器、各种嵌入式控制芯片、光耦应用 工作方法：根据客户要求，进行硬件组网，设计PLC控制调试程序，设定变频器、伺服电机参数，按照技术规范进行安装调试。工作人员以团队协助为主 工作成效：自动化系统正常运转
8	电气设备生产运行管理	工作内容：维修生产流水线的头部电机，生产流水线连接链条日常维护，机床安装 工作对象：生产线运行，电气工作设备 工作方法：通过巡查、检查，进行故障处理工作，按照安装规范要求进行安装、检查 工作成效：故障排除，电机正常运转，生产流水线能维持正常工作，机床能正常运行
9	电气设备、产品销售及销后服务	工作内容：①按照客户需求，提供电气产品；②结合现有实际条件，制定销售方案；③产品检测与维修 工作对象：客户、产品说明书，产品其他技术文件 工作方法：根据客户对产品的要求，结合现有实际条件，制定销售方案。与用户交流，工作人员以个人或者团队协助为主 工作成效：产品运行稳定，交予客户

（续 表）

序号	典型工作任务	工作过程
10	自动化生产线的运行维护 自动化生产线的组装调试与维修维护	了解自动化生产线控制原理，具备典型生产线设备维护及故障的诊断、排除能力 工作内容：巡检自动化生产线的电机，生产线机械部件日常维护，传感器安装、维护 工作对象：自动化生产线的电机、生产流水线。制造行业车间 工作方法：通过巡查、检查，进行故障处理工作，按照安装规范要求进行安装、检查。工作人员以团队协助为主 工作成效：故障排除，电机正常运转，生产流水线能维持正常工作
11	自动化生产线的维护与维修	工作内容：巡检自动化生产线的电机，生产线机械部件日常维护，传感器安装、维护 工作对象：自动化生产线的电机、生产流水线。制造行业车间、楼宇建筑物 工作方法：通过巡查、检查，进行故障处理工作，按照安装规范要求进行安装、检查。工作人员以团队协助为主 工作成效：故障排除，电机正常运转，生产流水线能维持正常工作
12	自动化系统程序设计与调试	工作内容：辅助工程师完成PLC控制系统的设计工作 工作对象：PLC、变频器、各类电机、传感器、继电器、各种嵌入式控制芯片、光耦应用 工作方法：根据客户要求设计控制调试程序，按照技术规范进行调试安装。工作人员以团队协助为主 工作成效：自动化系统正常运转
13	电气设备销售	工作内容：①按照客户需求，提供电气产品；②结合现有实际条件，制定销售方案 工作对象：产品说明书，产品其他技术文件 工作方法：根据客户对产品的要求，结合现有实际条件，制定销售方案。工作人员以个人或者团队协助为主 工作成效：产品运行稳定，交予客户

六、培养目标

根据与金光纸业企业调研、研讨，双方共同培养面向制浆纸业及电气自动化行业等企业的具有吃苦耐劳和奉献精神的高端技能型专门人才。通过与金光纸业合作，培养有特色纸业行业里真正需要具备的造纸专业电气自动化理论和专业技能，让"学徒制"真正做到理论知识的与时俱进。培养具体目标如下：

（1）培养德智体全面发展，具有良好职业道德和高素质的技术型人才。

（2）掌握制浆造纸工艺、电工、电子方面的基本知识，掌握电气、仪表等专业知识。

（3）具备自动化设备及系统开发能力以及安装、调试、维护等专业技能，获取相应的职业资格证书，同时具备支持终身可续发展的能力。

（4）能在制浆造纸企业从事电气、仪表行业简单设计、自动化系统安装调试与维护等工作，也可以进行电气、仪表设备的营销与管理。

（5）毕业五年左右能够具有高级技师、助理工程师的专业水平，成为技术骨干或单位的管理人才。

具体内容如表5-10所示。

表5-10 电气自动化专业培养目标

序号	具体内容
A	具备电气安全知识，会电气识图与绘图，能完成电工电子电路安装与调试，熟练掌握电气控制线路设计、安装与调试，电气控制系统故障分析与处理，能制定电气设备安装工艺，会进行电气设备技术文件编制，能设计与装调PLC触摸屏及组态控制系统、变频与伺服电机驱动系统，能构建小型自动化系统集成和网络，会组态DCS系统，熟悉造纸制浆产线的理论知识，同时能维护造纸制浆自动控制生产线设备，在造纸制浆领域有特别专攻的能力，能够运用专业知识和工程原理，解决电气自动化工程相关领域的一般技术问题
B	具有较强的生产一线技术组织和管理能力，能成为造纸制浆自动控制领域业务骨干
C	能够在跨专业的团队中承担个体、团队成员以及负责人的角色，发挥有效的团队协作与沟通作用
D	具备人文社会科学素养、社会责任感，能够在工程实践中理解并遵守工程职业道德和规范，履行责任
E	具有自主学习和终身学习的意识，能够通过继续教育或其他终身学习获得适应社会的可持续发展能力
F	造纸制浆自动化维修设计行业有专攻的能力，立足广西，能够为广西区域经济发展做贡献

七、毕业要求

毕业要求见表5-11。

表5-11 电气自动化专业毕业要求

序号	毕业要求	对应的培养目标
1	有较强的文字及口头语言表达能力，学会与人交往，掌握一定的人际交往技巧	C
2	具有诚信、敬业、科学、严谨精神，良好的团队协作能力、沟通能力	CD
3	具备安全意识和良好的职业意识。注意创新意识、成本意识、安全意识、节能意识等企业文化的渗透	BCDF
4	能够熟练操作计算机、常用软件及电气电子软件	AE
5	能看懂专业技术文献及国际标准，具有英文工程资料的阅读和理解能力	ABC
6	能熟练掌握检索工具，运用信息技术进行自主学习	AE

（续表）

序号	毕业要求	对应的培养目标
7	能运用数学、自然科学、工程基础等知识分析和解决电气自动化工程中的一般问题	ABC
8	能掌握基本的创新方法，具有创新意识和创业的素质	E
9	具有自主学习和终身学习的意识，有不断学习和适应发展的能力	E
10	熟练使用常用电工电子仪器仪表与电工工具的能力	A
11	具有识读、绘制电气原理图、安装图的能力，具备电气工程一般的设计计算能力	ABE
12	具有电气控制线路设计与安装调试能力，具有一定的电气故障诊断与处理能力	A
13	具有设计、安装、调试PLC、变频器和触摸屏控制系统的能力	A
14	能够根据工程问题的需求构建小型自动化系统集成和网络，会组态DCS系统	ABC
15	熟悉广西装备制造、石油化工、轻工食品、冶金等产业自动化现状及发展趋势	F
16	具有纸张印刷适性、制浆造纸检测与分析、浆浓度测量与在线控制、制浆造纸碱回收控制、制浆造纸废水处理等理论实践知识	ACEF
17	具备造纸设备专业生产线的PLC控制造纸机控制、变频器造纸机控制设备、制浆造纸机械与设备、制浆造纸设备与安装设备等专业造纸制浆设备的电气故障诊断与处理能力	BCDEF
18	具备造纸专业英语、造纸化学、有机化学、植物化学、普通化学的基础理论知识	ACEF

八、毕业要求指标点

毕业要求指标点如表5-12所示。

表5-12 电气自动化专业毕业要求指标点

序号	毕业能力要求	毕业要求指标点序号	对应的毕业能力要求指标点
1	有较强的文字及口头语言表达能力，学会与人交往，掌握一定的人际交往技巧	1.1	能在分组汇报中准确表达自己的观点
		1.2	能撰写规范的科技论文
2	具有诚信、敬业、科学、严谨精神，良好的团队协作能力、沟通能力	2.1	有敬业与团队合作精神、良好的职业道德，能吃苦耐劳，责任心强
		2.2	有团队意识，能从事跨专业背景下团队的构成，能承担不同角色成员的职责
		2.3	工作认真，做事诚恳，有比较强的责任感及协调沟通能力
3	职业规范：具有人文社会科学素养、社会责任感，能够在自动化工程实践中理解并遵守工程职业道德和规范，履行责任	3.1	树立正确的人生观、价值观和世界观，具有人文社会科学素养和社会责任感
		3.2	具备安全意识和良好的职业意识。具有创新意识、成本意识、节能意识等企业文化的渗透

（续 表）

序号	毕业能力要求	毕业要求指标点序号	对应的毕业能力要求指标点
4	能够熟练操作计算机、常用软件及电气专业软件	4.1	能熟练运用计算机进行文字处理、表格数据处理和分析、PPT演示等
		4.2	能熟练使用Office办公软件
		4.3	能熟练应用电气CAD软件、Protel DXP软件
		4.4	能熟练应用西门子博途软件V14、WICC组态软件
5	能运用英语进行简单的对话交流，能看懂专业技术文献及国际标准，具有英文工程资料的阅读和理解能力	5.1	能用英语进行口头和书面交流
		5.2	能阅读国内外电气专业技术文献和国际标准
6	能熟练掌握检索工具，运用信息技术进行自主学习	6.1	能通过互联网和检索工具，收集各种学习资料与信息
		6.2	能利用互联网、工院云课堂平台各专业软件进行交互式和个性学习
7	能运用数学、自然科学、工程基础等知识分析和解决电气自动化工程中的一般问题	7.1	能用导数、微分、积分、拉氏变换等数学知识，解决电工、电子、电机课程中的计算问题
		7.2	用电路、电子技术、自动控制原理及工程基础知识，分析工程项目设计、电气控制等问题
8	能掌握基本的创新方法，具有创新意识和创业的素质	8.1	能用基本的创新方法开展电气线路设计
		8.2	通过参加大学生"互联网+"比赛训练创新意识和创业的素质
9	具有自主学习和终身学习的意识，有不断学习和适应发展的能力	9.1	具有自主学习意识和能力，能够综合应用各种手段获取解决问题的知识和方法
		9.2	考取电工高级证及技师证，毕业5年后，通过努力晋升高一级学历和职称
		9.3	有转岗能力
10	熟练使用常用电工电子仪器仪表与电工工具的能力	10.1	熟练正确使用万用表、摇表、示波器等电工电子仪器仪表
		10.2	熟练使用电笔、电烙铁、螺丝刀、钳子等电工工具
11	具备识读、绘制电气电子图、安装图的能力，具备电气工程一般的计算选型能力	11.1	能识读电气线路原理图、系统图、内外线工程图、建筑电气图、安装接线图
		11.2	能正确识读和绘制电工、电子线路原理图、安装图
		11.3	能对电动机线路上设备进行计算、选型

(续　表)

序号	毕业能力要求	毕业要求指标点序号	对应的毕业能力要求指标点
12	具有电气控制线路设计与安装调试能力，具备一定的电气故障诊断与处理能力	12.1	能正确设计、安装、调试启停控制、正反转、星—三角形启动、制动控制等基本控制电路，并能描述其逻辑关系
		12.2	熟悉电气设备安装工艺
		12.3	熟悉车床、铣床和钻床等机床设备的动作关系及各个环节的功能与作用，能进行故障的分析与排除
		12.4	熟悉电气设备的故障和检修流程，懂得电气检修的基本常识，对常见故障有一定的预见能力和处理能力
		12.5	能准确判断和处理电气设备异常情况发生的原因和故障
		12.6	能借助工具书看懂电器元件及设备说明书（手册）
13	具有设计、安装、调试PLC、变频器和触摸屏控制系统的能力	13.1	能正确设计小型PLC控制系统（正确选择元件、分配地址、编程等）
		13.2	能调试小型PLC控制系统，能正确判断故障范围，部分故障的排除
		13.3	能借助工具书阅读PLC、变频器、触摸屏操作手册和编程手册
14	能够根据工程问题的需求构建小型自动化系统集成和网络，了解DCS系统	14.1	能构建小型自动化系统集成和网络
		14.2	进行PROFIBUS现场总线和以太网的安装与调试
		14.3	能搭建DCS系统，会组态画面和设置参数
15	熟悉广西装备制造、石油化工、轻工食品、冶金等产业自动化现状及发展趋势	15.1	开展企业、行业、院校调研，撰写调研报告
		15.2	到企业进行顶岗实践、技术服务
16	熟悉广西造纸制浆产业生产制造理论知识及造纸制浆自动化生产线设备维护维修和设计	16.1	具有纸张印刷适性、制浆造纸检测与分析的能力
		16.2	具备浆浓度测量与在线控制、制浆造纸碱回收控制、制浆造纸废水处理等理论、实践知识
		16.3	具备造纸设备专业生产线的PLC控制造纸机控制、变频器造纸机控制设备、制浆造纸机械与设备、制浆造纸设备与安装设备等专业造纸制浆设备的电气故障诊断与处理能力
		16.4	掌握纸加工原理与工程、制浆原理与工程专业领域知识
		16.5	掌握造纸化学、有机化学、植物化学、普通化学的基础理论知识

九、专业课程体系

电气自动化技术专业的人才培养方案的课程体系中采用"工程项目引领、工作任务驱动、课程壁垒打通、能力分层递进"的课程体系教学改革。

把课程体系分成两个阶段。第一阶段主要是通过6门专业核心课程进行专业基础及专项能力训练以及造纸制浆行业所需的5门专业课程。第二阶段是利用10个工程项目及造纸制浆行业的7个典型工程项目进行工程综合能力训练。

课程纵向深化：建设6门优质核心课程。

课程横向整合：提炼17个企业工程项目。

电气自动化专业课程体系如表5-13所示。

表5-13 电气自动化专业课程体系

	序号	课程名称（学习领域）	对应的典型工作任务
核心课程	1	电工应用技术	1. 电气安全用电 2. 电工基本常识及测量仪表使用 3. 万用表电路分析及维护 4. 室内照明线路的设计与安装 5. 小型变压器的应用与测试 6. 电动机控制线路安装与调试
	2	电子应用技术	1. 常用电子仪器仪表的使用及简单维护 2. 元器件识别、分类、检测及整形 3. 直流电源电路的安装调试 4. 放大电路的安装调试 5. 运算放大电路的安装调试 6. 振荡电路的安装调试 7. 门电路和触发器的安装调试 8. 计数译码显示电路的安装调试 9. 555电路的安装调试
	3	电气控制线路设计、安装与调试	1. 常用低压电器认识与检测 2. 电气线路图识读 3. 典型电气控制线路原理分析及安装与调试 4. 机床电气线路及故障分析维修 5. 电气控制线路设计、安装与调试
	4	PLC应用技术	1. 西门子S7-1200/1500 PLC硬件认识及安装 2. STEP 7编程软件和PLCSIM仿真软件的使用 3. S7-1200/1500 PLC程序设计及调试 4. S7-1200/1500 PLC的以太网通信 5. PLC控制变频器应用
	5	变频与伺服应用技术	1. 认识与拆装变频器 2. 变频器基本操作与应用，变频器基本控制功能 3. 变频器典型工程应用 4. 变频器选型、安装、维护及故障处理 5. 步进电机的应用 6. 伺服电机的应用
	6	DCS控制技术	1. 读带控制点的工艺流程图 2. 操作压力容器的压力控制系统 3. 操作贮槽的液位控制系统 4. 操作列管式换热器的温度控制系统 5. 操作流体混合单元的控制系统 6. 操作DCS控制的精馏单元 7. 操作PLC控制系统

（续 表）

	序号	课程名称（学习领域）	对应的典型工作任务
核心课程	7	供配电技术	1. 掌握工厂的电力负荷及短路 2. 熟悉工厂变配电所工作流程 3. 掌握工厂电力网络 4. 工厂供配电系统的保护 5. 工厂供配电系统二次接线与自动装置 6. 工厂的节约用电计算
	8	机械制图	1. 掌握制图的基本知识 2. 机件的常用表达方法 3. 标准件和常用件绘制 4. 零件图绘制
	9	机械基础	1. 平面机构的自由度及机构运动简图 2. 常用平面连杆机构的设计 3. 凸轮机构 4. 间歇运动机构 5. 联接 6. 带传动 7. 链传动 8. 齿轮传动 9. 蜗杆传动 10. 轮系 11. 轴 12. 滑动轴承 13. 滚动轴承 14. 联轴器和离合器 15. 液压传动
	10	传感检测技术	1. 传感器与检测基本知识 2. 电阻式传感器、变磁阻式传感器、热电式传感器 3. 电容式传感器、霍尔式传感器、光电式传感器、光纤传感器 4. 压电式传感器使用几种传感器组合识别不同的物料 5. 测量技术基础知识 6. 位移与速度测量系统 7. 使用超声波传感器制作水箱控制系统 8. 使用压力传感器制作恒液位控制系统

(续　表)

	序号	课程名称（学习领域）	对应的典型工作任务
核心课程	11	纸和纸板的结构与性能	1. 纸和纸板抗张强度和伸长率 2. 纸和纸板撕裂度 3. 纸和纸板耐破度、湿纸强度 4. 纸和纸板耐折度计算 5. 纸板挺度 6. 纸板压缩强度的测定实验 7. 纸张不透明度、白度的测定 8. 纸和纸板形稳性测定 9. 纸和纸板纸施胶度的测定 10. 纸和纸板吸收性的测定
	12	纸加工原理与工程	1. 颜料涂布加工纸 2. 特种涂布加工纸 3. 复合加工纸 4. 纸变性加工纸 5. 其他加工纸 6. 非植物纤维纸
	13	制浆造纸机械与设备	1. 备料机械与设备、化学制浆设备 2. 造纸机工作原理 3. 洗涤、筛选设备，漂白设备 4. 废纸制浆设备、打浆设备 5. 纸机流浆箱、造纸机成形装置 6. 造纸机压榨设备 7. 压光机及卷纸机
	14	制浆造纸检测与分析	1. 植物纤维原料的分析与检验 2. 制浆造纸生产过程的分析与检验 3. 化学纸浆、纸与纸板的化学分析 4. 纸和纸板物理性能的检验 5. 制浆造纸化工原料的分析 6. 水及气体的分析
	15	制浆原理与工程	1. 原料的贮存 2. 备料过程及其质量控制 3. 机械法、化学机械法、半化学法制浆 4. 纸浆的洗涤、筛选与净化 5. 蒸煮液的制备及蒸煮废液的回收与利用

（续 表）

序号		课程名称（学习领域）	对应的典型工作任务
10个工程项目	16	基础工程项目	1. 水位控制器设计安装与调试
			2. 温度控制器设计安装与调试
			3. 电动机拆装修理
	17	综合工程项目	4. 生活小区变频恒压供水工程
			5. 小型数控雕刻机设计
			6. 学校供配电设计
			7. 基于触摸屏、PLC、变频器的水位 PID 控制
			8. 基于以太网化工反应车间远程监控系统设计工程
			9. 物料小车 PLC 控制
			10. 啤酒灌装自动线控制工程
造纸制浆工程	18	造纸制浆企业培训项目	PLC 控制造纸机控制工程
			变频器造纸机控制工程
			纸张质量指标在线监控工程
			DSC 配浆自动工程
			浆浓度测量与在线工程
			制浆造纸碱回收控制工程
			制浆造纸废水处理工程

专业课程体系应涵盖所有毕业要求，支撑所有指标点的训练和培养，可采用课程矩阵的方式表述课程—毕业要求—指标点三者之间的对应关系，可参照表5-14描述。

表5-14 电气自动化专业课程——毕业要求—指标点的对应关系

序号	毕业要求	毕业要求指标点	电工应用技术	电子应用技术	电气控制线路设计、安装与调试	PLC应用技术	变频与伺服应用技术	机械制图	机械基础	供配电技术	DCS控制技术	传感检测技术	纸和纸板的结构与性能	纸加工原理与工程	制浆造纸机械与设备	制浆造纸检测与分析	制浆原理与工程	电气控制线路设计、安装与调试	基础工程项目	综合工程项目	造纸制浆企业培训项目
1	有较强的文字及口头语言表达能力，学会与人交往，掌握一定的人际交往技巧	能在分组汇报中准确表达自己的观点	√	√	√	√	√	√	√	√	√	√									
		能撰写规范的科技论文											√	√	√	√	√	√	√	√	√

— 179 —

（续表）

序号	毕业要求	毕业要求指标点	电工应用技术	电子应用技术	电气控制线路设计、安装与调试	PLC应用技术	变频与伺服应用技术	机械制图	机械基础	供配电技术	DCS控制技术	传感检测技术	纸和纸板的结构与性能	纸加工原理与工程	制浆造纸机械与设备	制浆造纸检测与分析	制浆原理与工程	电气控制线路设计、安装与调试	基础工程项目	综合工程项目	造纸制浆企业培训项目
2	具有诚信、敬业、科学、严谨精神，良好的团队协作能力，沟通能力	有敬业与团队合作精神，良好的职业道德，能吃苦耐劳，责任心强	✓	✓	✓	✓	✓	✓		✓		✓	✓	✓	✓	✓	✓	✓	✓	✓	✓
		有团队意识，了解专业背景下团队的构成以及团队成员角色的职责	✓	✓	✓	✓	✓		✓	✓	✓	✓						✓			✓
		工作认真，做事诚恳，有比较强的责任感及沟通协调能力	✓	✓	✓	✓	✓	✓	✓	✓	✓	✓	✓	✓	✓	✓	✓	✓	✓	✓	✓

第五章　现代学徒班系列管理制度和标准——以金光集团为例

（续表）

序号	毕业要求	毕业要求指标点	电工应用技术	电子应用技术	电气控制线路设计、安装与调试	PLC应用技术	变频与伺服应用技术	机械制图	机械基础	供配电技术	DCS控制技术	传感检测技术	纸和纸板的结构与性能	纸加工原理与工程	制浆造纸机械与设备	制浆造纸检测与分析	制浆原理与工程	电气控制线路设计、安装与调试	基础工程项目	综合工程项目	造纸制浆企业培训项目
3	职业规范：具有人文社会科学素养，社会责任感，能够在自动化工程实践中理解并遵守工程职业道德和规范，履行责任	树立正确的人生观、价值观和世界观，具有人文社会科学素养和社会责任感	√	√	√	√	√	√	√	√	√	√		√	√	√					
		具备安全意识和良好的职业意识。注意创新意识、成本意识、节能意识等企业文化的渗透	√	√	√	√	√	√	√	√	√	√	√	√	√		√	√	√	√	√

（续 表）

序号	毕业要求	毕业要求指标点	电工应用技术	电子应用技术	电气控制线路设计、安装与调试	PLC应用技术	变频与伺服应用技术	机械制图	机械基础	供配电技术	DCS控制技术	传感检测技术	纸和纸板的结构与性能	纸加工原理与工程	制浆造纸机械与设备	制浆造纸检测与分析	制浆原理与工程	电气控制线路设计、安装与调试	基础工程项目	综合工程项目	造纸制浆企业培训项目
4	能够熟练操作计算机、常用软件及电气专业软件	能熟悉操作计算机进行文字处理、表格数据处理和分析、PPT演示等				√															√
		能熟练使用Office办公软件		√																	√
		电气CAD软件、Prote 199SE软件		√	√	√															√
		西门子自动化软件、博途软件V14、WICC组态软件				√					√					√		√	√	√	√

— 182 —

(续表)

序号	毕业要求	毕业要求指标点	电工应用技术	电子应用技术	电气控制线路设计、安装与调试	PLC应用技术	变频与伺服应用技术	机械制图	机械基础	供配电技术	DCS控制技术	传感检测技术	纸和纸板的结构与性能	纸加工原理与工程	制浆造纸机械与设备	制浆造纸检测与分析	制浆原理与工程	电气控制线路设计、安装与调试	基础工程项目	综合工程项目	造纸制浆企业培训项目
5	能运用英语进行简单的对话交流，能看懂专业技术文献及国际标准，具有英文工程资料的阅读和理解能力	能用英语进行口头和书面交流			√																	
		能阅读国内外电气专业技术文献和国际标准				√	√	√	√	√	√	√										
																	√			√	√	√

— 183 —

(续表)

序号	毕业要求	毕业要求指标点	电工应用技术	电子应用技术	电气控制线路设计、安装与调试	PLC应用技术	变频与伺服应用技术	机械制图	机械基础	供配电技术	DCS控制技术	传感检测技术	纸和纸板的结构与性能	纸加工原理与工程	制浆造纸机械与设备	制浆造纸检测与分析	制浆原理与工程	电气控制线路设计、安装与调试	基础工程项目	综合工程项目	造纸制浆企业培训项目
6	能熟练掌握检索工具，运用信息技术进行自主学习	能通过互联网和检索工具，收集各种学习资料与信息	√	√	√	√	√	√	√	√	√	√	√	√	√	√	√	√	√	√	√
		能利用互联网、工院云课堂平台各专业软件进行交互式和个性学习	√	√	√	√	√	√	√	√	√	√	√	√	√	√	√	√	√	√	√

— 184 —

(续表)

序号	毕业要求	毕业要求指标点	电工应用技术	电子应用技术	电气控制线路设计、安装与调试	PLC应用技术	变频与伺服应用技术	机械制图	机械基础	供配电技术	DCS控制技术	传感检测技术	纸和纸板的结构与性能	纸加工原理与工程	制浆造纸机械与设备	制浆造纸检测与分析	制浆原理与工程	电气控制线路设计、安装与调试	基础工程项目	综合工程项目	造纸制浆企业培训项目
7	能运用数学、自然科学、工程基础知识分析和解决电气自动化工程中的一般问题	能用导数、微分、积分、拉氏变换等数学知识，解决电工、电子、电机课程中的计算问题	√	√	√																
		能分析应用电路、电子技术、自动控制原理及工程基础知识的问题，分析工程项目设计、电气控制等问题				√	√	√	√	√	√	√	√	√	√	√	√		√	√	√

— 185 —

(续表)

序号	毕业要求	毕业要求指标点	电工应用技术	电子应用技术	电气控制线路设计、安装与调试	PLC应用技术	变频与伺服应用技术	机械制图	机械基础	供配电技术	DCS控制技术	传感检测技术	纸和纸板的结构与性能	纸加工原理与工程	制浆造纸机械与设备	制浆造纸检测与分析	制浆原理与工程	电气控制线路设计、安装与调试	基础工程项目	综合工程项目	造纸制浆企业培训项目
8	能掌握基本的创新方法,具有创新创业意识和创业的素质	能用基本的创新方法开展电气线路设计		√		√												√	√	√	√
		通过参加大学生"互联网+"比赛训练创新创意识和创业的素质												√	√	√	√	√	√	√	√

(续表)

序号	毕业要求	毕业要求指标点	电工应用技术	电子应用技术	电气控制线路设计、安装与调试	PLC应用技术	变频与伺服应用技术	机械制图	机械基础	供配电技术	DCS控制技术	传感检测技术	纸和纸板的结构与性能	纸加工原理与工程	制浆造纸机械与设备	制浆造纸检测与分析	制浆原理与工程	电气控制线路设计、安装与调试	基础工程项目	综合工程项目	造纸制浆企业培训项目
9	具有自主学习和终身学习意识，不断学习和适应发展的能力	具有自主学习意识和能力，能够综合应用各种手段获取解决问题的知识和方法	√	√	√	√	√	√	√	√	√	√	√	√	√	√	√	√	√	√	√
		考取电工高级证及技师证，毕业5年后，通过努力晋升高一级学历和职称								√	√	√	√	√	√							√
		有转岗能力																		√	√	√

(续表)

序号	毕业要求	毕业要求指标点	电工应用技术	电子应用技术	电气控制线路设计、安装与调试	PLC应用技术	变频与伺服应用技术	机械制图	机械基础	供配电技术	DCS控制技术	传感检测技术	纸和纸板的结构与性能	纸加工原理与工程	制浆造纸机械与设备	制浆造纸检测与分析	制浆原理与工程	电气控制线路设计、安装与调试	基础工程项目	综合工程项目	造纸制浆企业培训项目
10	熟练使用电工仪器与电子仪器工具的能力	熟练正确使用万用表、摇表、示波器等电工电子仪器仪表	√	√																	
		熟练使用电笔、电烙铁、螺丝刀、钳子等电工工具	√	√														√	√		√

— 188 —

(续表)

序号	毕业要求	毕业要求指标点	电工应用技术	电子应用技术	电气控制线路设计、安装与调试	PLC应用技术	变频与伺服应用技术	机械制图	机械基础	供配电技术	DCS控制技术	传感检测技术	纸和纸板的结构与性能	纸加工原理与工程	制浆造纸机械与设备	制浆造纸检测与分析	制浆原理与工程	电气控制线路设计、安装与调试	基础工程项目	综合工程项目	造纸制浆企业培训项目
11		能识读电气线路图、系统图、内外线工程图、建筑电气图、安装接线图	√	√	√	√	√	√	√				√						√	√	√
		能正确识读和绘制电工、电子线路原理图、安装图	√	√	√								√						√	√	√
		能对电动机、电路上设备进行计算、选型				√	√			√			√						√	√	√

(续表)

序号	毕业要求	毕业要求指标点	电工应用技术	电子应用技术	电气控制线路设计、安装与调试	PLC应用技术	变频与伺服应用技术	机械制图	机械基础	供配电技术	DCS控制技术	传感检测技术	纸和纸板的结构与性能	纸加工原理与工程	制浆造纸机械与设备	制浆造纸检测与分析	制浆原理与工程	电气控制线路设计、安装与调试	基础工程项目	综合工程项目	造纸制浆企业培训项目
12	具有电气控制线路设计与安装调试能力,具备一定的电气故障诊断与处理能力	能正确设计、安装、调试启停控制、正反转、星—三角形启动、制动等基本控制电路,并能描述其逻辑关系			√																
		熟悉电气设备安装工艺											√							√	√

第五章 现代学徒班系列管理制度和标准——以金光集团为例

（续表）

序号	毕业要求	毕业要求指标点	电工应用技术	电子应用技术	电气控制线路设计、安装与调试	PLC应用技术	变频与伺服应用技术	机械制图	机械基础	供配电技术	DCS控制技术	传感检测技术	纸和纸板的结构与性能	纸加工原理与工程	制浆造纸机械与设备	制浆造纸检测与分析	制浆原理与工程	电气控制线路设计、安装与调试	基础工程项目	综合工程项目	造纸制浆企业培训项目
12	具有电气控制线路设计与安装调试能力	熟悉车床、铣床和钻床等机床设备的动作关系及各个环节的动作分析及故障的分析与排除	∨		∨																∨
	具备熟悉电气设备的故障检修流程,懂得电气检修的基本常识,对常见故障有一定的预见能力和处理能力				∨												∨	∨	∨	∨	

— 191 —

（续 表）

序号	毕业要求	毕业要求指标点	电工应用技术	电子应用技术	电气控制线路设计、安装与调试	PLC应用技术	变频与伺服应用技术	机械制图	机械基础	供配电技术	DCS控制技术	传感检测技术	纸和纸板的结构与性能	纸加工原理与工程	制浆造纸机械与设备	制浆造纸检测与分析	制浆原理与工程	电气控制线路设计、安装与调试	基础工程项目	综合工程项目	造纸制浆企业培训项目
12	具有电气控制线路设计与安装调试能力，具备一定的电气故障诊断与处理能力	能准确判断和处理电气设备异常情况发生的原因和故障			√	√	√	√	√	√	√	√					√	√	√	√	√
		能借助工具书看懂电器元件及设备说明书（手册）															√	√	√	√	√

—192—

（续表）

序号	毕业要求	毕业要求指标点	电工应用技术	电子应用技术	电气控制线路设计、安装与调试	PLC应用技术	变频与伺服应用技术	机械制图	机械基础	供配电技术	DCS控制技术	传感检测技术	纸和纸板的结构与性能	纸加工原理与工程	制浆造纸机械与设备	制浆造纸检测与分析	制浆原理与工程	电气控制线路设计、安装与调试	基础工程项目	综合工程项目	造纸制浆企业培训项目
13	具有设计、安装、调试PLC、变频器和触摸屏控制系统的能力	能正确设计小型PLC控制系统（正确选择元件、分配地址、编程等）				√													√	√	√
		能调试PLC控制小型系统，能正确判断故障范围，部分故障的排除				√															
		能借助工具书阅读PLC、变频器、触摸屏操作手册和编程手册				√	√	√	√	√	√	√					√	√	√	√	√

（续表）

序号	毕业要求	毕业要求指标点	电工应用技术	电子应用技术	电气控制线路设计、安装与调试	PLC应用技术	变频与伺服应用技术	机械制图	机械基础	供配电技术	DCS控制技术	传感检测技术	纸和纸板的结构与性能	纸加工原理与工程	制浆造纸机械与设备	制浆造纸检测与分析	制浆原理与工程	电气控制线路设计、安装与调试	基础工程项目	综合工程项目	造纸制浆企业培训项目
14		能够构建小型自动化系统集成和网络																	√	√		
		能够根据工程问题的需求构进行PROFIBUS建小型自动现场总线和以太网的安化系统集成和网装与调试																	√	√		
		络，了解能搭建DCS集成和网DCS系统，会组系统，能搭建态画面和设置参数								√	√											
15		熟悉广西开展企业、装备制造行业、院校造、石油调研，撰写化工、轻调研报告工食品、																			√	√
		冶金等产业自动化到企业进行业顶岗实践，现状及发技术服务展趋势																	√	√	√	√

第五章　现代学徒班系列管理制度和标准——以金光集团为例

（续　表）

序号	毕业要求	毕业要求指标点	电工应用技术	电子应用技术	电气控制线路设计、安装与调试	PLC应用技术	变频与伺服应用技术	机械制图	机械基础	供配电技术	DCS控制技术	传感检测技术	纸和纸板的结构与性能	纸加工原理与工程	制浆造纸机械与设备	制浆造纸检测与分析	制浆原理与工程	电气控制线路设计、安装与调试	基础工程项目	综合工程项目	造纸制浆企业培训项目
16	熟悉造纸制浆产业生产制造理论知识及造纸制浆自动化生产线设备维护维修	熟悉造纸制浆工作原理及生产过程												√							√
		能维护、检查造纸制浆产业的设备												√	√	√	√	√	√	√	

— 195 —

十、主要课程内容

课程结构分为职业核心能力学习领域课程、专业基本技能学习领域课程、专业核心技能学习领域课程和职业能力拓展学习领域课程四大模块。学生掌握本专业必需的基本技能后，到企业进行生产性顶岗实习。学生在企业实习期间，除了培养职业素质外，须完成与职业岗位能力相关的学习任务，并取得相应学分。专业核心技能学习领域课程分为专业核心课程和系统化课程两部分。各单元均根据工程项目的任务与要求，确定其教学目标与内容，并形成相对独立的能力技能模块，各技能模块通过"项目导向"的模式组织教学。

表 5-15 是电工应用技术课程基本情况。

表5-15 电工应用技术

课程名称	电工应用技术		
开设学期	第一学期	基准学时	90
职业能力要求：会使用电工仪器仪表测量电路，用电工工具进行照明电路和配电箱线路连接，懂电工安全操作规范，有电路分析和计算的能力，能运用电工知识和工程应用方法解决生产生活中实际电工问题			
课程目标 通过本课程的学习，使学生了解电工技术相关知识和技术，熟悉直流电路、交流电路基本知识，掌握直流电路、交流电路基本理论，能对直流电路、交流电路进行简单的分析与计算。熟悉常用电工测量仪器仪表及电工工具的使用，初步具备识读电路图、元器件的识别与检测、焊接能力，理解各种电器的工作原理，初步掌握电动机控制线路分析与接线；了解安全用电的基本知识。培养较好的创新意识、安全意识、团队协作精神、分析问题解决问题的能力。使其成为具有创新精神和实践能力的高素质技术人才，并为后续课程的学习打下必要的基础 （一）技能目标 1. 具有正确计算交流、直流电路的能力 2. 具备按原理图连接简单电路的能力 3. 会正确使用常用电工仪器仪表、电工工具等 4. 能阅读简单电气原理图、电器布置图和电气安装接线图 5. 具有查阅电工手册等工具书与产品说明书、设备铭牌等资料的能力 6. 具有一定的实验和实践操作技能 7. 具有检测、调试与维修一般电路的能力 8. 具备照明电路安装、调试与维修的能力 9. 会触电急救方法：人工呼吸，心脏挤压法；能正确使用灭火器扑灭电气火灾 10. 针对电工实训工作台进行规范操作、安全用电示范			

（续　表）

课程名称	电工应用技术		
开设学期	第一学期	基准学时	90

（二）知识目标
1. 能熟练应用电路变量的参考方向求功率和判定点位高低
2. 能利用基尔霍夫定律、叠加原理和戴维南定理分析基本直流电路
3. 会用正弦交流电的三要素正确描述和区分交流电的特性
4. 能够简单分析并解决电路功率因数的提高问题
5. 能够熟练分析三相对称电路的联结形式并简单计算对称负载及其他物理量
6. 能够用磁路的基本定律分析各类变压器的用途和运行情况
7. 能简单进行变压器的联结和维护，掌握电流互感器、电压互感器和钳流表使用
8. 了解异步电动机的结构和原理
9. 熟悉三相电机反转、启动、制动、调速基本原理及有关运行性能
10. 能识别和选择使用常用的各种低压电器
11. 懂得电动机控制电路的控制原理分析和接线
12. 能熟练利用常用电工仪表测量电阻、电压、电流及功率参数，分析电路故障
13. 懂得安全用电基本知识、触电急救
14. 设备保护接地保护接零方法，电源供电方式

（三）职业道德与情感目标
1. 能自主学习新知识、新技术
2. 能通过各种媒体资源查找所需信息
3. 能独立制订工作计划并实施
4. 具有独立解决实际问题的思路
5. 具有决策、规划能力
6. 具备整体与创新思维能力
7. 不断积累维修经验，从个案中寻找共性
8. 培养良好的安全生产意识、质量意识和效益意识
9. 培养良好的职业道德和团队协作精神
10. 培养学生勇于开拓、不断创新的品质

（续　表）

课程名称		电工应用技术	
开设学期	第一学期	基准学时	90
课程内容　 （一）电工基本常识及测量仪表使用 1. 安全用电知识及触电急救 2. 电气设备的保护接地保护接零 3. 常用电工工具使用和电工材料 4. 万用表、摇表的使用 （二）万用表电路分析及维护 1. 认识直流电路，认识电路元器件 2. 基尔霍夫定律 3. 直流电路分析与计算 4. 万用表电路分析及维护 （三）室内照明线路的设计与安装 1. 认识正弦交流电路 2. 正弦交流电路分析 3. 日光灯电路安装与调试（带电度表） 4. 室内照明线路的安装 （四）小型变压器的应用与测试 1. 认识磁路 2. 小型变压器的测试 3. 特种变压器应用 （五）电动机控制线路安装与调试 1. 认识三相交流电源 2. 认识三相交流负载 3. 三相交流电功率 4. 电动机结构与原理 5. 电动机控制线路安装 6. 电动机正反转控制线路安装 7. 室内低压配电箱安装与检修			

表 5-16 是电子应用技术基本内容。

表5-16　电子应用技术

课程名称	电子应用技术		
开设学期	第一学期	基准学时	60
职业能力要求：通过项目教学的引领和实施，使学生学习工作过程知识，培养学生的团队合作精神和职业素养，使学生具备从事电气电子设备安装、调试与维护工作的能力			
课程目标 本课程把理论教学与实际工作情境相结合，通过电子产品的设计、开发和制作等学习领域的实际训练，培养学生开展技术性工作的能力，让学生在实践中学习知识，能够用基础知识和技能完成任务，能够将学到的知识和技能在各种场所、各种情况下使用，能独立解决问题 通过学习，学生掌握电子技术相关的知识和基本技能，能对小型电子产品的电路进行分析、制作、检修，能够对小型电子产品进行改进与设计。通过项目驱动等教学方法的实施，培养学生分析问题、解决问题的能力，并通过小组合作的形式，加强与人交流、沟通的能力训练，增强团队合作意识，同时为学习电力电子、单片机技术和毕业设计等打下基础。 通过本课程的学习，学生应具备以下能力和素质： （一）知识目标 1. 掌握二极管、稳压管、桥式整流电路、滤波电路、集成稳压器的基本知识 2. 掌握三极管及基本放大电路知识，了解反馈的概念和流程框图 3. 了解推免功放电路、振荡的概念，掌握自激振荡的工作原理、正弦波振荡电路的组成和分析 4. 掌握集成运算放大器的比例、加法、减法基本应用电路 5. 理解各种数制的规则及相互间的转换，了解常见 BCD 码规则 6. 掌握基本集成门电路的逻辑功能和使用方法 7. 掌握常用组合逻辑电路的分析方法、设计方法和实际应用设计 8. 了解常用集成触发器的特点、组成、功能和应用 9. 掌握常用时序逻辑电路的分析方法和设计方法 10. 了解 555 定时器的组成和工作原理，掌握多谐振荡器、单稳态电路、施密特电路等脉冲单元电路的特点、功能和工作原理 （二）能力目标 1. 能陈述电子设备的工作原理，绘制与测绘电路图 2. 能制订电子设备的制作调试、故障诊断、维护维修作业计划 3. 能采购、筛选、安装或更换二极管、三极管、电容、集成电路等常用电子元器件 4. 能设计、制作与修复印制电路板 5. 能组装、调试电气电子设备 6. 能正确阅读、撰写产品说明书及技术文件 7. 能进行工作记录、技术文件存档与评价反馈 （三）素质目标 1. 培养理论联系实际的习惯 2. 培养辩证思维和逻辑思维的能力，具备创新意识，具有电子产品创新的专业能力 3. 培养制订、实施工作计划的能力，交接工作流程确认能力 4. 培养语言表达、沟通协调能力			

（续　表）

课程名称		电子应用技术	
开设学期	第一学期	基准学时	60

课程内容：

序号	项目名称	工作任务
1	直流稳压电源的制作	1.1 认识半导体器件
		1.2 电子元器件的识别与检测
		1.3 整流滤波电路的安装与测试
		1.4 直流稳压电源的电路安装与测试
		1.5 直流稳压电源制作工作过程评价、考核及总结
2	家用调光台灯的制作	2.1 晶闸管、单结晶体管的识别与检测
		2.2 家用调光台灯的安装与测试
		2.3 家用调光台灯制作工作过程评价、考核及总结
3	扩音机的制作	3.1 三极管的识别与检测
		3.2 小信号放大电路的安装与测试
		3.3 功率放大器的安装与测试
		3.4 扩音机安装与测试
		3.5 扩音机制作工作过程评价、考核及总结
4	音频信号发生器制作	4.1 RC 正弦波振荡电路安装与测试
		4.2 LC 正弦波振荡电路安装与测试
		4.3 音频信号发生器制作工作过程评价、考核及总结
5	叮咚门铃的制作	5.1 认识 555 集成定时器
		5.2 叮咚门铃电路的安装与测试
		5.3 叮咚门铃制作工作过程评价、考核及总结
6	简单抢答器的制作	6.1 认识逻辑代数
		6.2 集成逻辑门的辨识、测试及替代使用
		6.3 识读抢答器的逻辑电路图，画出装配图
		6.4 抢答器的电路安装与测试
		6.5 简单抢答器制作工作过程评价、考核及总结
7	四人表决器的制作	7.1 四人表决器的安装与测试
		7.2 四人表决器的技术改造
		7.3 四人表决器制作工作过程评价、考核及总结

（续　表）

课程名称		电子应用技术	
开设学期	第一学期	基准学时	60

序号	项目名称	工作任务
8	计算器电路的制作	8.1 译码器的功能测试及应用
		8.2 计算器数字显示电路的安装与测试
		8.3 分析加法计算器的电路组成与工作原理
		8.4 加法计算器电路的设计、安装与测试
		8.5 加法计算器制作工作过程评价、考核及总结
9	数字电子钟的制作	9.1 认识计数器
		9.2 用"74LS161"设计 N 进制计数器
		9.3 用"CD4518"设计 N 进制计数器
		9.4 计数、译码、显示电路安装与测试
		9.5 分析数字电子钟的电路组成与工作原理
		9.6 数字电子钟的安装与调试
		9.7 数字电子钟制作工作过程评价、考核及总结

表 5-17 是电气控制线路设计、安装与调试基本内容。

表5-17 电气控制线路设计、安装与调试

课程名称	电气控制线路设计、安装与调试		
开设学期	第二学期	基准学时	84

职业能力要求本课程立足于维修电工的职业核心岗位，围绕低压电器选用和拆装、基本电气控制线路和典型机床线路原理分析、线路设计、识图读图、设备安装、维护维修、故障诊断以及技术文件编制等核心技能，培养学生电工操作、识图与绘图、线路分析、电气装配、电气检修、安全文明生产和环境保护、质量管理知识等方面的职业能力
课程目标 通过任务引领型的技能训练课程项目活动，使学生掌握电气控制技术线路的原理图分析、理论学习和技能操作，具有较强的电气线路读图、设计、安装及排故能力和良好的文明生产习惯，达到维修电工国家职业标准（中级/四级）的要求，为毕业后从事电气自动化技术领域的工作及 3~5 年后达到维修电工高级工水平打下基础，并把培养职业素养和创新精神贯穿整个课堂教学，提高学生的综合素质 （一）能力目标 1. 掌握各种电器元件的基本原理、技术参数，能够根据需要正确选择；能正确选用和拆装常用低压电器 2. 能够正确使用常用的电工工具完成低压电器元件的安装 3. 熟练掌握低压电器元件的文字和图形符号，具备识读电路图的能力 4. 能够根据给定的电气控制原理图进行电气接线 5. 能熟练使用万用表进行低压电气控制电路故障排查 6. 能实施常用机械设备电气控制电路的故障排除 7. 可以根据给定的控制要求，完成简单控制电路的规划与实施 8. 根据完成的工作进行资料收集、整理和存档等技术资料整理能力 9. 通过强化训练，可以考取中级维修电工职业资格证书 （二）知识目标 1. 各种电器元件的基本原理、技术参数 2. 低压电器元件的文字和图形符号意义 3. 电气控制原理图的原理分析 （三）素质目标 1. 培养学生的沟通能力及团队协作精神 2. 培养学生分析问题、解决问题的能力 3. 培养学生勇于创新、敬业乐业的工作作风 4. 培养学生的质量意识、安全意识 5. 培养学生的语言表达能力

(续 表)

课程名称	电气控制线路设计、安装与调试		
开设学期	第二学期	基准学时	84
课程内容			

（一）常用低压电器认识与使用
1．主令电器（刀开关、控制按钮、行程开关、接近开关、万能开关）用途、结构、原理、电路图、选型、测量、拆装
2．熔断器（用途、结构、原理、电路图、选型、测量、拆装）
3．接触器（用途、结构、原理、电路图、选型、测量、拆装）
4．继电器（中间继电器、时间继电器、热继电器、电流继电器、电压继电器）用途、结构、原理、电路图、选型、测量、拆装
5．低压断路器（DZ47系列断路器、漏电保护器）用途、结构、原理、电路图、选型、测量、拆装
6．新型电器（电机综合保护器、时钟控制器、断相保护器、液位继电器）
（二）电气线路图识读
1．电气系统图
2．电气平面图
3．电气原理图
4．电气元件布置图
5．电气接线图
6．电气图识读
（三）典型电气控制线路原理分析及安装与调试
1．三相异步电动机点动与连续混合正转控制线路的装调
2．三相异步电动机正反转控制线路的装调
3．电动机顺序启动逆序停止控制线路的装调
4．位置控制与自动往返控制线路的装调
5．三相异步电动机定子串电阻减压启动控制线路的装调
6．三相异步电动机星三角减压启动控制线路的装调
7．自耦变压器减压启动控制线路的装调
8．电磁抱闸制动器通电制动控制线路的装调
9．三相异步电动机单向启动反接制动控制线路的装调
10．双速电动机低速启动高速运转控制线路的装调
11．绕线式电动机控制线路的装调
（四）机床电气线路及故障分析维修
1．车床电气线路及故障分析维修
2．铣床电气线路及故障分析维修
3．摇臂钻床电气线路及故障分析维修
4．磨床电气线路及故障分析维修
（五）电气控制线路设计
1．电气控制线路设计方法
2．电气控制线路设计案例
3．原理图、布置图与接线图绘制

表 5-18 是 PLC 应用技术基本内容。

表5-18　PLC应用技术

课程名称	\multicolumn{3}{c	}{PLC 应用技术}
开设学期	第三学期	基准学时	96

职业能力要求：能根据控制系统要求，进行 PLC 系统的硬件、软件设计，具有程序分析能力，能够根据系统功能要求对 PLC 控制系统进行调试，能够对 PLC 控制系统的故障现象进行分析，利用常用电工仪器仪表查找故障点，提出解决方案并进行故障排除，能根据系统工作情况，提出合理的改造方案，组织技术改造工作、绘制系统电气图，提出工艺要求，编制技术文件
课程目标 通过本课程的学习和训练，学生能够具有 PLC 系统电气图正确安装元件与接线、PLC 程序设计能力、PLC 控制系统调试、PLC 控制系统的运行维护、PLC 控制系统的故障诊断、PLC 控制系统的维修能力，具备应用 PLC 完成一个中等程度的工业控制网络系统的设计、安装、调试、维护的能力 （一）能力目标 1. 能够进行梯形图、指令表的编辑、程序的读写、运行监视和调试工作 2. 能够根据 PLC 输入电路和输出电路，完成 PLC 输入、输出端口与设备间的连接 3. 能够使用基本指令及功能指令编写典型工作任务程序 4. S7-1200/1500 的 CPU 和模块的选型、安装、组态 5. 能够构建 PLC 控制网络系统，学会 PLC 控制系统调试及维护 6. 具备 S7-1200/1500 的诊断、调试和维护能力 7. 具有应用 MPI 通信、PROFIBUS 通信、以太网通信等工业网信通信能力。会组建 PLC 通信与网络系统，能够用 PLC、触摸屏和变频器构建一个综合性的 PLC 网络控制系统 8. 具有查阅和收集 PLC 及相关产品资料的渠道和方法 （二）知识目标 1. 了解 S7-1200/1500 PLC 主要特点和基本结构，懂得 PLC 工作方式和用途，熟悉 PLC 的编程软元件作用，掌握 STEP7 编程软件的常用功能和使用方法 2. 熟悉 PLC 的基本指令、编程规则与典型程序块，掌握 PLC 编程思路及方法 3. 熟悉顺序功能图（SFC）及顺序编程方法，熟悉功能指令的含义及应用方法 4. 熟悉 PLC 系统设计的一般方法 5. 掌握 PLC、触摸屏和变频器构建一个综合性的控制系统的应用 6. 了解 PLC 通信的基本知识和硬件组态 （三）素质目标 1. 培养一定的逻辑思维和形象思维能力，善于从不同的角度发现问题，积极探索解决问题的方法 2. 养成独立思考的学习习惯，能对所学内容进行较为全面的分析和比较、总结和概括，学会举一反三，触类旁通，灵活应用，培养 PLC 综合应用能力 3. 通过小组工作、协作完成项目任务等学习方式，让学生通过自我建构完成学习，培养学生发现问题、解决问题的能力，培养学生与人合作、交流的能力；发挥团队协作精神，培养学生的团队意识、组织协调能力、创新思维能力 4. 培养学生的安全意识、质量意识、工程意识等职业意识，并强化学生的专业技术应用能力、沟通协调能力和再学习能力等职业能力的培养，同时使学生做到能说、会做、懂设计，培养学生从事 PLC 安装与维修工作的安全与文明生产能力

（续 表）

课程名称		PLC 应用技术	
开设学期	第三学期	基准学时	96

课程内容

（一）西门子 S7-1200/1500 PLC 硬件认识及安装

（二）STEP7 编程软件（博途软件）和 PLCSIM 仿真软件的使用

（三）S7-1200/1500 PLC 程序设计及调试

1. 位逻辑指令应用

任务 1：电动机正反转控制

任务 2：灯光控制

任务 3：抢答器控制

2. 定时器指令、计数器指令应用

任务 1：电动机星三角降压启动控制

任务 2：运料小车控制

任务 3：全自动洗衣机控制

3. 功能指令应用

任务 1：停车场车位控制

任务 2：LED 广告牌显示控制

4. 用户程序结构指令应用

任务 1：交通信号灯控制系统（FC 指令）

任务 2：水箱水位控制系统（FB 指令）

任务 3：多台设备实现星三角启动控制（FB 指令、DB 指令）

5. 液位的 PID 控制

（四）S7-1200/1500 PLC 的以太网通信

任务 1：S7-1200/1500 控制 S7-1200/1500 彩灯

任务 2：S7-1200/1500 PLC 通过以太网组态控制两台 S7-200 PLC 工作

任务 3：基于 PROFIBUS-DP 的触摸屏控制变频器运行控制系统

任务 4：S7-1200/1500 PLC 与 ET200M、G120 变频器的远程通信

（五）PLC 控制变频器应用

任务 1：基于端子控制的 PLC 和变频器应用

任务 2：基于 USS 协议的 PLC 与变频器通信

任务 3：基于以太网的 S7-1200/1500 PLC 控制变频器通信调速

（六）工业以太网、现场总线、触摸屏、步进电机、变频器综合应用

表5-19是变频与伺服应用技术基本内容。

表5-19 变频与伺服应用技术

课程名称	变频与伺服应用技术		
开设学期	第三学期	基准学时	60

职业能力要求具有使用适当的工具和说明书，按照工艺要求，根据电气安装图安装变频器、步进与伺服驱动器的能力，具有根据工艺要求正确选择变频器、步进与伺服驱动器参数并合理设置参数值以及进行调试的能力，同时具备变频器、步进与伺服驱动器系统设计、安装、调试与维护的能力

课程目标
本课程使学生掌握变频器、步进与伺服驱动器的基础知识、参数设置、面板操作与系统运行，理解变频器、步进与伺服驱动器控制基本环节，使学生具备变频调速、步进与伺服系统的设计、安装、调试、维护及设备改造的综合能力，为毕业后参与自动化工程的工作打下基础

（一）能力目标
1. 能区分常见的几种变频器产品
2. 能对变频器、步进与伺服驱动器的外端子进行正确连接
3. 能够设置变频器、步进与伺服驱动器参数
4. 会按规范要求安装、调试、维护变频器、步进与伺服驱动器，能排除变频器、步进与伺服驱动器常见故障
5. 能用变频器、步进与伺服驱动器产品来构成简单的应用案例
6. 能够用变频器、步进与伺服驱动器和PLC、触摸屏构建一个综合性的控制系统
7. 会组建变频器和PLC通信与网络系统
8. 会识读常用变频器、步进与伺服驱动器的说明书，具有查阅和收集变频器及相关产品资料的渠道和方法

（二）知识目标
1. 了解变频器、步进与伺服驱动器发展、应用、分类、结构框图、基本原理
2. 熟悉变频器、步进与伺服驱动器操作、参数含义及设置方法。能够设置变频器、步进与伺服驱动器参数
3. 能够熟悉变频器、步进与伺服驱动器的各种运行控制方式，熟练掌握变频器常用控制电路，如给定控制、多段速度控制、工频/变频切换、PID控制等，熟练掌握步进与伺服驱动器的位置控制、速度控制等
4. 掌握变频器典型工程应用分析方法，变频恒压供水、风机变频调速等
5. 掌握S7-200控制MM440的方法
6. 掌握S7-300控制MM440的方法
7. 了解变频器、步进与伺服驱动器日常维护与简单维修方法

（三）素质目标
1. 培养一定的逻辑思维和形象思维能力，善于从不同的角度发现问题，积极探索解决问题的方法
2. 养成独立思考的学习习惯，能对所学内容进行较为全面的分析和比较、总结和概括，学会举一反三，触类旁通，灵活应用，培养变频器、PLC综合应用能力
3. 通过小组工作、协作完成项目任务等学习方式，让学生完成学习，培养学生发现问题、解决问题的能力，培养学生与人合作、交流的能力；发挥团队协作精神，培养学生的团队意识、组织协调能力、创新思维能力
4. 培养学生从事变频器安装与维修工作的安全与文明生产能力
5. 培养学生的安全意识、质量意识、工程意识等职业意识，并强化学生的专业技术应用能力、沟通协调能力和再学习能力等职业能力的培养，同时使学生做到能说、会做、懂设计

（续　表）

课程名称		变频与伺服应用技术	
开设学期	第三学期	基准学时	60

课程内容
（一）变频器基本知识
1. 变频器认识及结构拆装
2. 变频器中的开关器件认识
（1）功率晶体管（GTR）
（2）绝缘栅双极晶体管（IGBT）
（3）智能电力模块（IPM）
（二）变频器的控制方式
1. V/F 控制
2. 矢量控制
3. 直接转矩控制
（三）技能训练：西门子 MM440 变频器的试运行
1. 认识 MM440 变频器
2. 变频器面板拆装与端子接线
3. MM440 变频器面板控制试运行
（四）变频器基本操作与应用
1. 变频器操作与运行
2. 变频器的各种参数及设定
3. 变频器的频率给定方式
4. 变频器的运行控制方式
（五）变频器给定与运行模式的操作
1. 频率给定为面板、运行指令为面板的操作
2. 频率给定为面板、运行指令为端子的操作
3. 频率给定为端子、运行指令为面板的操作
4. 频率给定为外端子、运行指令为端子的操作
（六）变频器基本控制功能
1. 变频器控制电动机正反转运行
2. 变频器控制电动机多段速度运行
3. 变频器控制电动机工频/变频切换运行
4. 变频器的 PID 控制
（七）变频器控制电动机两段速度正反转运行
（八）变频器控制电动机高、中、低三段速度运行操作
（九）变频器典型工程应用
1. 变频恒压供水控制工程
2. 变频器在制糖业的分离机上应用
3. 中央空调变频调速系统
4. 变频器张力控制工程
5. 电梯变频控制系统
6. 变频恒压供水 PID 控制

（续 表）

课程名称		变频与伺服应用技术	
开设学期	第三学期	基准学时	60

（十）变频器综合应用

1.S7-200 控制 MM440

2.基于端子控制的 PLC 和变频器应用

3.模拟量控制

4.基于 USS 协议的 PLC 与变频器通信

5.PLC 控制变频器实现高、中、低三段速度运行操作

6.基于 USS 协议的 PLC 与变频器通信

（十一）S7-300 控制 MM440

1.端子控制

2.模拟量控制

3.基于 PROFIBUS-DP 的 S7-300 PLC 和变频器通信

4.基于 PROFIBUS-DP 的 S7-300 PLC 控制变频器运行

（十二）变频器选用、安装、维护及故障处理

1.变频器的安装调试

2.变频器日常维护与简单维修

3.变频器检测与故障排除

4.变频器主电路元器件检测

5.变频器主回路元器件损坏常用判断方法

6.用万用表检测变频器的功率模块

（十三）步进与伺服应用

1.步进系统的应用

2.步进电机的正反转控制

3.步进电机拖动的工作台位置控制

（十四）伺服系统的应用

1.伺服驱动器的认识与试运行

2.伺服电机的速度控制

3.伺服电机的位置控制

表5-20是传感检测技术基本内容。

表5-20 传感检测技术

课程名称	传感检测技术		
开设学期	第三学期	基准学时	60
职业能力要求 1. 能够使用各类传感器 2. 能够应用传感器解决工程测控系统中的具体问题 3. 掌握基本类型传感器检测控制 4. 掌握常用传感器检测技术应用及数据采集			
课程目标 1. 培养学生对应用系统的分析能力，使学生具有元件、部件、组件、系统的明确概念意识 2. 常见传感器的选用 3. 掌握各类传感器硬件的基本结构和工作原理 4. 掌握几何量、机械量及有关量测量中常用的各种传感器的工作原理、主要性能及其特点 5. 掌握常见传感器分类、结构和特点以及测量电路			
课程内容 1. 传感器与检测基本知识 2. 电阻式传感器、变磁阻式传感器、热电式传感器 3. 电容式传感器、霍尔式传感器、光电式传感器、光纤传感器 4. 压电式传感器使用几种传感器组合识别不同的物料 5. 测量技术基础知识 6. 位移与速度测量系统 7. 使用超声波传感器制作水箱控制系统 8. 使用压力传感器制作恒液位控制系统			

表5-21是生活小区变频恒压供水工程基本内容。

表5-21 生活小区变频恒压供水工程基本内容

工程项目名称	生活小区变频恒压供水工程		
开设学期	第四学期	基准学时	50（2周）
工程项目内容：某小区六层以上用户在用水高峰期经常遇到水压过低或无水现象。为解决水压偏低或无水问题，采用水泵实现恒压供水，使用过程中发现用水高峰期时供水压力不稳定并且能耗较高。为解决该问题，小区物业管理部门决定采用 PLC、触摸屏、变频器对供水系统进行改造。如果你是一家自动化工程公司技术人员，请你设计一个改造方案，并且安装调试完成该供水工程			
工程项目目标要求 1. 要求会设计安装、调试变频恒压供水系统原理图 2. 能设计 PLC 程序，制作触摸屏画面 3. 能用 555 电路设计制作水位电子电路 4. 正确设置变频器参数 5. 在触摸屏中能组态画面，会调节 PID 参数 6. 训练"PLC+变频器+触摸屏"综合应用能力 7. 通过工程训练提高职业素养 8. 能根据系统工作情况，提出合理的改造方案，组织技术改造工作、绘制系统电气图，提出工艺要求，编制技术文件			
工程项目（规范）完成步骤 学生从接受任务到任务完成都要遵循接受任务→消化、准备→制定方案→绘制变频恒压供水电气图、列元件清单→安装、调试→验收、评审→准备交工文件→文件交付、总结 1. 接受任务：教师讲解工程任务要求，下放任务书 2. 消化、准备：查阅资料、准备恒压供水的技术信息 3. 制定方案、时间进度表、人员安排表，合理分配工作任务 4. 设计：设计电气原理图，编写 PLC 程序，设置变频器参数，组态触摸屏画面，列材料清单 5. 安装：按国家/行业标准完成 6. 制定调试方案：写出调试步骤和需具备的调试条件 7. 调试：线路检查并得到教师同意后，再送电调试 8. 验收、评审：技术组织、验收报告、合格证书 9. 准备交工文件：按照任务书要求提供 10. 总结：班级组织评比、总结			

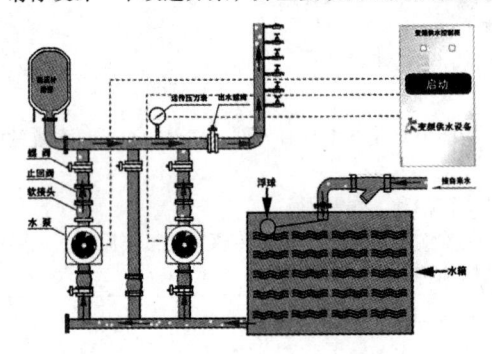

表 5-22 是电动机拆装与维护基本内容。

表5-22 电动机拆装与维护

工程项目名称	电动机拆装与维护		
开设学期	第三学期	基准学时	25（1周）

工程项目内容：有一台龙门刨床不能运转，经检测为三相异步电动机故障。现在经过施工队检查后进行维修

工程项目目标要求：
要求学生了解三相异步电动机的结构、工作原理；掌握三相异步电动机的故障分析方法、明确电机大修和小修工艺流程；掌握三相异步电动机修理的过程，学会修理技能；能识读各种电动机定子绕组展开图，学会定子绕组展开图、接线图的绘制；学会使用电机修理所用的专用工具；掌握三相异步电机拆装的技能、绕组嵌线的技能、接线规律；能合理选择绝缘材料，能确定绝缘纸尺寸；能熟练散嵌各类绕组，能排除定子绕组嵌反故障；能按工艺要求对定子绕组接头进行焊接；能按工艺要求对定子绕组浸漆，能干燥电动机；能完成电动机试运行前的测试工作，能完成电动机绝缘强度的测试，能根据测试结果判断电动机故障并排除故障。能完成电动机空载测试运行，并判断电动机的性能

工程项目（规范）完成步骤
1. 掌握异步电动机的基本结构及各部件的特点、作用。了解交流电动机工作原理，理解旋转磁场产生的原则。会认知异步电动机铭牌上的型号及参数含义。了解异步电动机维修的主要内容、检修项目、检修周期
2. 掌握三相异步电动机的一般拆卸步骤。掌握皮带轮或联轴器、轴承盖和端盖、风罩和风叶、转子拆卸步骤和装配方法
3. 掌握定子绕组相关术语；掌握定子绕组构成规则，能绘制定子绕组展开图
4. 掌握电机嵌线专用工具的使用方法。会选择电机嵌线专用材料
5. 能根据未拆卸电机的实际状况记录原始数据。掌握三相异步电动机绕组的拆除方法及工艺。了解铁心清理的内容及修整的方法。能确定定子绕线模的尺寸，掌握线圈的绕制工艺。能根据电机定子槽形确定绝缘纸的裁剪尺寸和裁剪方法
6. 了解定子绕组嵌线次序，掌握嵌线技能及操作注意事项
7. 掌握不同极数电动机定子绕组接线规律。能按工艺要求对定子绕组接头进行焊接。能按工艺要求对定子绕组整形与绑扎
8. 能完成电动机绝缘强度的测试。掌握绕组浸漆方法、步骤及工艺。掌握绕组烘干方法、步骤及工艺
9. 能用仪表测量电动机冷态直流电阻。能按要求做耐压试验。掌握用嵌形电流表测量空载电流，并根据测量值判断绕组的平衡性

表5-23是温度控制安装与调试工程基本内容。

表5-23 温度控制安装与调试工程

工程项目名称	温度控制安装与调试工程		
开设学期	第三学期	基准学时	75（3周）

工程项目内容：设计并制作一个水温自动控制系统，控制对象为2 L净水，容器为搪瓷器皿。水温可以在一定范围内由人工设定，并能在环境温度降低时实现自动控制，以保持设定的温度基本不变

工程项目目标要求
1. 温度设定范围为0～125 ℃，最小设定分度为1 ℃。比要求的40～90 ℃更宽
2. 具有温度显示功能，分辨率为0.01 ℃，显示的绝对误差小于1 ℃，比要求的0.1 ℃提升一个数量级，绝对误差小于要求的1 ℃
3. 当温度达到某一设定值并稳定后，水温的波动控制在 $\pm X$ ℃（X 为0～9的整数，可调）以内，比要求的 ± 2 ℃ 更灵活且更具有实用性
4. 要求温度调控达到稳定状态时，给出光提示信号
5. 环境温度不在设定范围内时，反应及时且快速。温度过高，触发器断开，停止加热，自然降温，并且可以调用风扇进行降温。温度过低，触发器闭合加热，直到其达到指定温度
6. 当设定温度突变（由35 ℃提高到45 ℃）时，在超调量不超过2 ℃的前提下，尽量减少系统的调节时间，并要求温度控制的静态误差 ≤ 0.5 ℃
7. 在设定温度发生突变（由35 ℃提高到45 ℃）时，自动打印水温随时间变化的曲线

（续　表）

工程项目名称		温度控制安装与调试工程	
开设学期	第三学期	基准学时	75（3周）

工程项目（规范）完成步骤：
1. 温度测量模块制作
先制作温度测试模块，温度测量是本系统的核心问题之一。基于单片机的温度测量，温度传感器毫无疑问是最佳的选择，常见的有数字式温度传感器和模拟温度传感器
前者以 DS18B20 为代表。其采用单总线的接口方式与微处理器连接，仅需要一条总线即可实现微处理器的双向通信。单总线具有经济性好、抗干扰能力强、适合于恶劣环境的现场温度测量、使用方便等优点，使用户可轻松地组建传感器网络。其测量温度范围宽，测量精度高，DS18B20 的测量范围为 $-55 \sim +125\ ℃$，在 $-10 \sim +85\ ℃$ 范围内，精度为 $\pm 0.5\ ℃$。多个 DS18B20 可以并联在唯一的单线上，实现多点测温。供电方式灵活，DS18B20 可以通过内部寄生电路从数据线上获取电源。因此，当数据线上的时序满足一定的要求时，可以不接外部电源，从而使系统结构更趋简单，可靠性更高。测量参数可配置，DS18B20 的测量分辨率可通过程序设定 $9 \sim 12$ 位。模拟温度传感器，以 Pt100 为代表
2. 温度显示模块制作
由于温度精度以及实时性的要求，温度需要多位动态显示。常见的温度显示方式有两种，一种是数码管，另一种是液晶屏幕。动态显示是一种最常见的数码管多位显示方法，应用非常广泛。所有数码管段选都连接在一起的时候，动态显示是多个数码管，交替显示，利用人的视觉暂停作用使人看到多个数码管同时显示的效果。就像我们看的电影是有一帧一帧的画面显示的，当速度够快的时候，我们看到它就是动态的。当显示数码管的速度够快的时候，也就可以看到它们是同时显示了
3. 温度设定模块选择
轻触开关是一种电子开关，使用时，轻轻按开关按钮就可使开关接通，当松开手时，开关断开。使用 3 个开关，分别实现，功能转换、设定 +、设定 -，即可完成所有设定操作
4. 温度控制模块选择
控制核心选择STC89C52。STC89C52 是 STC 公司生产的一种低功耗、高性能 CMOS8 位微控制器，具有 8K 在系统可编程 Flash 存储器。STC89C52 使用经典的 MCS-51 内核，指令代码完全兼容传统 8051，还做了很多的改进，使得芯片具有传统 51 单片机不具备的功能。在单芯片上，拥有灵巧的 8 位 CPU 和在系统可编程 Flash，使得STC89C52 为众多嵌入式控制应用系统提供高灵活、超有效的解决方案。其具有以下标准功能：8 KB 字节 Flash，512 B RAM，32 位 I/O 口线，看门狗定时器，内置 4 KB EEPROM，MAX810 复位电路，3 个 16 位定时器 / 计数器，4 个外部中断，一个 7 向量 4 级中断结构（兼容传统 51 的 5 向量 2 级中断结构），全双工串行口。另外，STC89X52 可降至 0 Hz 静态逻辑操作，支持 2 种软件可选择节电模式。空闲模式下，CPU 停止工作，允许 RAM、定时器 / 计数器、串口、中断继续工作。掉电保护方式下，RAM 内容被保存，振荡器被冻结，单片机一切工作停止，直到下一个中断或硬件复位为止。最高运作频率 35 MHz，6T/12T 可选，能够满足本系统的需求
5. 声 / 光报警模块制作
选用绿色和红色 LED 分别作为外温度在设置范围内和之外的信号标志，对于后者可以添加蜂鸣器或者电铃作为报警装置，由于可能会扰民，所以添加开关，可手动控制其是否报警

表5-24是水位控制器设计控制系统设计基本内容。

表5-24 水位控制器设计控制系统设计

工程项目名称	水位控制器设计控制系统设计		
开设学期	第三学期	基准学时	50（2周）

工程项目内容以农村家庭、工厂、城镇以及市区高层楼房的储水及增压问题案例引出由两块555时基集成电路芯片设计的水池水塔自动抽水控制系统供水工程，即用水泵从地面水池向水塔或高位水箱抽水，然后再向用户供水 1.按照使用者的要求，自动控制水池水塔中水位的高低，根据预先设定的水位自动启动水泵抽水，达到一定的水位后，自动关闭水泵，停止抽水 2.通过低压电控制继电器，完成对水池水塔供水的自动控制，安全可靠，无须人工监控水塔内水位，就可长期自动地给水塔充分供水而保证不会溢出塔外，这样不但让用户省力、放心，而且不会造成水电资源的白白浪费 3.该系统结构简单，生产制造成本低，操作维修方便，具有工作性能可靠、经济实用、状态指示直观的特点			
工程项目目标要求 1.要求能用555电路设计水池水塔自动抽水控制系统原理图 2.要求能设计、绘制水池水塔自动抽水控制系统的线路板装配图 3.要求能正确选择元器件 4.要求能安装、调试水池水塔自动抽水控制系统 5.训练电子产品制作的综合能力 6.要求能规范地编写设计说明书 7.通过工程训练提高职业素养			
工程项目（规范）完成步骤 1.设计、画出水池水塔自动抽水控制系统原理图 2.设计、绘制水池水塔自动抽水控制系统的线路板装配图 3.选型及元器件配置 4.水池水塔自动抽水控制系统的安装、调试和投运			

表 5-25 是啤酒灌装自动线控制工程内容

表5-25　啤酒灌装自动线控制工程

工程项目名称	啤酒灌装自动线控制工程		
开设学期	第五学期	基准学时	50（2周）
工程项目内容：啤酒生产工艺流程可以分为制麦、糖化、发酵、灌装四个工序。其生产工艺如下图所示 制麦工序：大麦必须通过发芽过程将内含的难溶性淀料转变为用于酿造工序的可溶性糖类 糖化工序：麦芽、大米等原料由投料口或立仓经斗式提升机、螺旋输送机等输送到糖化楼顶部，经过去石、除铁、定量、粉碎后，进入糊化锅、糖化锅糖化分解成醪液，经过滤槽/压滤机过滤，然后加入酒花煮沸，去热凝固物，冷却分离 发酵工序：在冷却的麦汁中加入啤酒酵母使其发酵。麦汁中的糖分分解为酒精和二氧化碳，大约一星期后，即可生成"嫩啤酒"，然后再经过几十天使其成熟 灌装工序：酿造好的啤酒先被装到啤酒瓶或啤酒罐里，然后经过目测和液体检验机等严格的检查后，再被装到啤酒箱里出厂			
每一批啤酒在包装前，还会通过严格的理化检验和品酒师感官评定合格后才能送到包装流水线。成品啤酒的包装常有瓶装、听装和桶装几种包装形式。再加上瓶子形状、容量的不同，标签、颈套和瓶盖的不同以及外包装的多样化，从而构成了市场中琳琅满目的啤酒产品。瓶装啤酒是最为大众化的包装形式，也具有最典型的包装工艺流程，即洗瓶、灌酒、封口、杀菌、贴标和装箱 本次任务主要借助啤酒灌装自动线实训装置，该装置主要由控制系统和对象模型两部分组成，对象模型由空瓶浸泡单元、空瓶清洗单元、空瓶检测单元、啤酒灌装单元、瓶体封盖单元、成品压盖单元、成品检测单元、成品贴标单元、成品入库单元组成，控制系统由现场总线、工业以太网组成 通过完成啤酒灌装自动线控制任务，掌握现场总线、工业以太网的网络构架组建、接线、编程、调试，完成工业网络通信和诊断、触摸屏组态和控制工程的整体调试			
工程项目目标要求 1. 分析工业网络控制装置总体（气路、电路）基本情况 2. 分析工业网络控制装置电路基本情况 ①网络路径分析；②接线端子分析（输入、输出、控制网络、对象） 3. 分析工业网络控制装置气路 ①气缸分析；②控制阀分析 4. 分析空瓶清洗等7个单元传感器情况 5. 分析工业网络控制装置程序			
工程项目（规范）完成步骤：完成啤酒灌装自动线控制任务，掌握现场总线、工业以太网的网络构架组建、接线、编程、调试，完成工业网络通信和诊断、触摸屏组态和控制工程的整体调试			

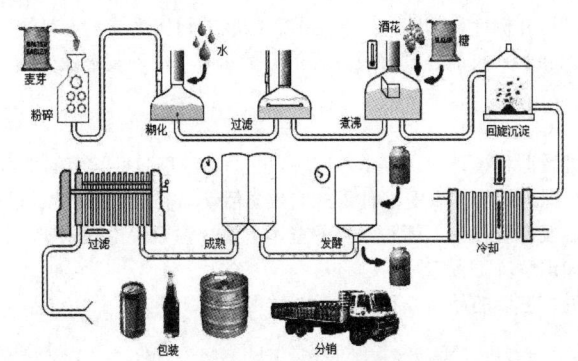

表5-26是机械基础基本内容。

表5-26 机械基础

课程名称	机械基础		
开设学期	第四学期	基准学时	52
职业能力要求：研究绘制和阅读工程图样的原理和方法，包括画法几何、制图基础等。其中，制图基础部分是本课程的重点。本课程的主要任务就是要培养学生绘制和阅读机械图样的基本能力、空间想象和思维能力以及绘图的实际技能			
课程目标 通过本课程的学习，学生获得正确分析、使用和维护机械的基本知识、基本理论及基本技能，初步具备运用手册设计简单机械的能力，为学习有关专业机械设备课程以及参与技术改造奠定必要的基础 （一）知识目标 1. 掌握一般机械中常用机构和通用零件的工作原理、组成、性能特点，初步掌握选用和设计方法 2. 具有对机构和零件进行分析计算的能力、一定的制图能力和使用技术资料的能力 3. 能综合运用所学知识和实践技能，具有设计简单机械和简单传动装置及分析、解决一般工程问题的初步能力 （二）职业技能目标 1. 认识"机械设计基础及课程设计"课程学习的一般过程，注重激发学生的学习动机，通过理论教学、实验课程、课程设计、课外综合实践等多种形式的教学活动培养学生的机械设计能力 2. 认识"机械设计基础及课程设计"课程学习的基本方法，注重理论联系实际，善于观察问题、发现问题，并能运用所学知识解决工程实际问题 3. 培养学生踏实、严谨、进取的品质及独立思考的学习习惯 （三）素质目标 1. 通过课程，使学生了解我国人民在机械历史上的巨大贡献，激发学生强烈的民族自尊心和自信心，培养学生对国家、民族的责任感，进而培养学生的爱国主义情感 2. 认识到我国机械设计与世界发达国家的差距，增强学生的国际竞争意识 3. 感受机械设计成果的美感，培养学生运用知识进行创新设计的能力，并以此培养学生的审美情趣 4. 培养学生科学精神，坚定求真、求实的科学态度，科学的人生观、世界观 5. 在以实际操作为主的项目教学过程中，锻炼学生的团队合作能力；采用项目化教学，按项目的不同采用任务驱动、项目导向等教学模式，培养专业技术交流的表达能力，制订工作计划的能力，获取新知识、新技能的学习能力，解决实际问题的工作能力			

（续　表）

课程名称	机械基础		
开设学期	第四学期	基准学时	52

课程内容
1. 平面机构的自由度及机构运动简图
2. 常用平面连杆机构的设计
3. 凸轮机构
4. 间歇运动机构
5. 联接
6. 带传动
7. 链传动
8. 齿轮传动
9. 蜗杆传动
10. 轮系
11. 轴
12. 滑动轴承
13. 滚动轴承
14. 联轴器和离合器
15. 液压传动

表 5-27 是机械制图基本内容。

表5-27 机械制图

课程名称	机械制图		
开设学期	第一学期	基准学时	60
职业能力要求：使学生具备从事机械设计与制造、冶金设备维护、机电设备、数控技术工作所必需的基本知识和基本技能，初步具有解决实际问题的能力，为学习专业知识和职业技能打下基础，并注意渗透思想教育，逐步培养学生的辩证思维能力，增强学生的职业道德观念			
课程目标 （一）知识性目标 1. 掌握正投影法的基本理论和作图方法 2. 能够执行制图国家标准及其有关规定 3. 掌握正投影基础概念 4. 掌握机械零件和机器（或部件）的表达原则与方法 （二）技能性目标 1. 具有绘制和识读零件图和装配图的基本能力 2. 具有较强的空间想象能力和形体表达能力 3. 培养绘制（通过仪器徒手，使用计算机）和阅读机械图样的基本能力 4. 具有创新精神和实践能力、认真负责的工作态度和一丝不苟的工作作风 （三）情感性目标 1. 培养学生手脑并用的良好学习习惯、认真负责的态度和严谨细致的作风 2. 增强学生的自信心和竞争效益意识 3. 具有团队合作精神			
课程内容 1. 制图的基本知识 2. 机件的常用表达方法 3. 标准件和常用件 4. 零件图			

表 5-28 是 DCS 控制技术基本内容。

表5-28　DCS应用技术

课程名称	DCS 应用技术		
开设学期	第四学期	基准学时	60

职业能力要求以高新技术为核心，以工业信息化成为广西的石油、化工、制糖、造纸、建材、冶炼和食品行业自动化的重要发展目标，DCS 技术的应用事实上也是各行各业提升企业科技水平、企业效益和企业信息化管理等重要发展目标的主流技术平台。学生能够结合工程项目实际查阅 DCS 应用技术有关规范、图纸等资料，能够读懂 DCS 实施安装的施工图，能够进行 DCS 的日常维护、一般故障的处理；学会进行 DCS 控制站、操作站和网络系统的设计与安装技术，具备 DCS 应用组态设计等工程实践能力

课程目标：课程的教学使学生运用分散控制系统的软件、硬件、通信等知识，根据任务要求，进行系统的设计、软硬件的组态、调试、维护等工作，能完成 DCS 控制站、操作站及通信网络的硬件选型，绘制各种 DCS 的工程图，制作表格，熟练操作计算机，尝试进行 DCS 控制站、操作站及通信网络的安装；安装 DCS 的系统组态，绘制流程图，制作报表；完成 DCS 实时监控操作，解决 DCS 的一般故障

课程内容 1.计算机控制系统 2.计算机控制系统通信网络 3.集散控制系统的基础知识 4.TDC-3000 集散控制系统

表5-29是小型数控雕刻机设计安装基本内容。

表5-29 小型数控雕刻机设计安装

课程名称		数控雕刻机	
开设学期	第四学期	基准学时	50（2周）
职业能力要求 1. 熟悉数控雕刻机控制系统的结构和基本功能 2. 掌握数控雕刻机常用机械结构和装置的工作原理 3. 熟悉气动元件的结构和应用、基本气动回路的工作过程 4. 掌握丝杆安装精度方法 5. 掌握步进电机控制器及伺服电机控制器的参数设置			
课程目标 1. 能正确设置步进电机及伺服电机的参数 2. 能正确使用典型自动化设备及生产线上的常用仪器仪表和工具 3. 能按照典型自动化设备及生产线的机械、电气、气路系统原理图进行元器件的选用、连接与调试 4. 能拆装各种自动机构与元器件 5. 能正确操作数控雕刻机的各个模块单元			
课程内容 1. 小型数控雕刻机的知识 2. 小型数控雕刻机装配与调试 3. 丝杆的装配与调试 4. 步进电机控制单元装配与调试 5. 伺服电机控制单元的装配与调试 6. 主控单元的装配与调试			

表 5-30 是供配电技术基本内容。

表5-31　供配电技术

课程名称	供配电技术		
开设学期	第四学期	基准学时	60
职业能力要求 1. 具备电力系统及工矿企业供配电方面的分析、计算的能力 2. 具备发电厂、变电所电气主系统的设计能力			
课程目标 1. 说出电力系统及工矿企业供配电方面的运行操作和维护 2. 解释电力系统及工矿企业供配电方面的分析、计算 3. 说出发电厂、变电所电气主系统的设计方法			
课程内容 1. 能源和发电 2. 发电、变电 3. 厂用计算的基本理论和方法 4. 电气主接线和设计 5. 厂用电接线及设计 6. 导体和电气设备的原理与选择 7. 配电装置 8. 发电厂和变电站的控制与信号			

十一、专业教学计划

表5-31是广西工业职业技术学院2018级金桂纸业定向班电气自动化专业课程设置与教学时间安排表。

十二、专业教学基本要求

（一）专业教学团队结构和教学资源配置要求

教学团队应为知识、年龄、专业技术职称结构合理的教学梯队，有企业锻炼经历，专业教师必须到广西金桂制浆公司进行锻炼。兼职教师的比例应达到50%以上。

教学团队职称结构配置建议：高级职称达到40%，中级职称达到40%，"双师"教师达到70%。

1. 专业带头人要求

专业带头人应具有10年以上的教学经验，有企业锻炼经历，同时必须到广西金桂制浆公司进行锻炼，熟悉高职教育规律，具备电气自动化技术应用的能力，实践经验丰富，教学效果良好，在行业企业有一定影响力，具有高级职称和"双师素质"。

2. 骨干教师要求

教学经验丰富，具有一定的电气自动化行业从业经验，熟悉高职教育规律，是学校专任教师。专任教师主要负责专业基本技能课程与专业核心技能课程的教学。企业兼职教师主要负责专业核心技能课程的教学与实习指导。

3. "双师素质"教师要求

承担理论实践一体化课程、工学结合课程、教学做一体化课程的教师应为"双师素质"教师。要求专业教师每三年都要有半年以上的广西金桂制浆公司一线实践经历，制定教师利用假期到生产企业挂职锻炼培训制度，通过挂职锻炼，提高实践能力，收集案例资料，学习新技术、新工艺、新设备，丰富教学内容。

学校在企业设立专业"教师工作站"，选派优秀专业教师作导师，下实习企业指导学生理论学习，同时自身挂职锻炼，提高专业教师的实践能力和教学水平，推动专业教师深入理解专业岗位需求，及时完善和更新相关理论知识。学校规划教师队伍长期培养目标，不仅要培养一批具有双师能力的教学能手、技术骨干，还要推动教师向着企业服务型、行业专家型方向发展。

企业在学院设立"大师工作站"，专家在学校"大师工作站"指导专业建设、实践基地建设、企业员工培训、共同申报项目、教学研究、学术讲座等活动。金光纸业选派技术人员做师傅，负责实习生岗位技能传授。企业建立带班师傅绩效考核制度，将学徒业绩与师傅工资奖金捆绑在一起考核。同时，学校鼓励企业选派有实践经验的行业、企业专家，高技能人才和能工巧匠等担任学校的兼职教师。

4. 校内实训室基本要求

电工电子综合实训室、电气控制实训室、可编程控制技术（PLC）实训室、单片机控制技术实训室、电力电子实训室、供配电技术实训室等实训室能满足专业教学需要，设备基本能满足每2~4人一台（套）的要求。

依据职业岗位的要求，按照生产流程、生产工艺、生产环境建设实训室，并完善相应的实训室管理制度和实训教学资料，对学生的实训要求与企业标准一致。在校内建成具有真实工作环境的融"教、学、做"于一体、多功能、综合性实训中心，实现课堂与实习地点的一体化，满足学生技能训练、生产性实训、职业培训、技能鉴定和社会服务等需求，即将工厂"搬进"校园。

校内实训室的具体要求如表5-31至5-44所示。

表5-31 电工实训室

实训室名称	电工实训室	面积要求	160 m²
序号	核心设备	数量要求	备注
1	中级电工技能实训考核装置亚龙DS-IA通用电工实验台	20	
2	福禄克摇表	20	
3	MF47万用表	40	
4	实验板块	40	

表5-32 电子实训室

实训室名称	电子实训室	面积要求	160 m²
序号	核心设备	数量要求	备注
1	亚龙电子实训装配平台YL-135	20	
2	MF47万用表	40	
3	ROGO示波器	40	
4	素英信号发生器	40	

表5-33 自动化生产线实训室

实训室名称	自动化生产线实训室	面积要求	160 m²
序号	核心设备	数量要求	备注
1	亚龙335B实训平台	2	
2	电脑	20台	

表5-34 液压与气动实训室

实训室名称	液压与气动实训室	面积要求	160 m²
序号	核心设备	数量要求	备注
1	FEOTO 液压与气动实训室	10	
2	电脑	10 台	

表5-35 电力拖动排故实训室

实训室名称	电力拖动排故实训室	面积要求	160 m²
序号	核心设备	数量要求	备注
1	三相交流电机的控制	4	
2	M7120 磨床的电气控制	4	
3	T68 镗床的电气控制	4	
4	X62W 铣床的电气控制	4	

表5-36 电力拖动实训室

实训室名称	电力拖动实训室	面积要求	160 m²
序号	核心设备	数量要求	备注
1	安装板块	80	
2	万用表	40	

表5-37 电子CAD实训室

实训室名称	电子 CAD 实训室	面积要求	160 m²
序号	核心设备	数量要求	备注
1	电脑	200 台	
2			

表5-38 PLC实训室

实训室名称	PLC 实训室	面积要求	160 m²
序号	核心设备	数量要求	备注
1	西门子 1500	20	
2	西门子 1200	20	
3	计算机	55	

表5-39 工业网络实训室

实训室名称	工业网络实训室	面积要求	160 m²
序号	核心设备	数量要求	备注
1	西门子 300	20	
2	天煌柔性控制系统	2	

表5-40　机器人实训室

实训室名称	机器人实训室	面积要求	320 m²
序号	核心设备	数量要求	备注
1	搬运机器人	12套	1
2	外围设备	12套	2

表5-41　过程控制实训室

实训室名称	过程控制实训室	面积要求	220 m²
序号	核心设备	数量要求	备注
1	PCT-IV型自动化仪表与过程控制实验台	5	
2	DCS控制系统	2	
3	啤酒生产线实训装置	2	

表5-42　电力电子技术实训室

实训室名称	电力电子技术实训室	面积要求	120 m²
序号	核心设备	数量要求	备注
1	JZB-1A型电力电子变流技术实验台及配套的负载箱、变压器、电抗器、示波器、万用表等	10	

表5-43　电机拆装实训室

实训室名称	电机拆装实训室	面积要求	320 m²
序号	核心设备	数量要求	备注
1	绕线式电动机	20	
2	鼠笼式电动机	20	
3	调速电机	20	
4	兆欧表	20	
5	冲击电钻	20	
6	接触器	20	

表5-44　检测与传感器实训室

实训室名称	检测与传感器实训室	面积要求	320 m²
序号	核心设备	数量要求	备注
1	传感器实验平台	20	

5. 校外实习基地基本要求

校外实习基地是将学生所学的理论知识与实践相结合的重要场所。实践是检验真理的唯一标准。尤其是对电气自动化工专业的学生来说，动手实践是其不可或缺的重要一环。实习基地的建设可以很好地为学生提供锻炼的平台，增强学生的动手能力和解决问题的能力。实习基地是学生从"纸上谈兵"型人才真正转变为实干型人才的重要基石。实习基地的建设能够弥补高职学院目前的教学不足，有利于教学目标的实现。高级创新型人才是现阶段我国本科人才培养的目标，即培养面向基层、基础扎实、知识面宽、实践能力强、综合素质高、具有创新精神的人才。要增强实践能力，学生需要去实践，而实习基地的建设刚好可以为学生提供实践平台，因此实习基地建设显得至关重要。另外，站在学生的角度考虑，实习基地建设可以让学生进一步了解所学专业是什么，提前体验工作的环境以及工作内容。通过实践，学生能够明确就业方向，避免盲目性，也可以反思，对自己所学的专业知识进行查漏补缺。实习基地建设的基本原则是实现"校、企、生"三方共赢。企业为高校提供具备科研基础的实践基地，高校对学生进行全面的系统培训，让学生学以致用，在实践中得到锻炼，增强学生的实践能力和创新能力，为以后工作打下基础。在实践过程中，学校可以为企业的生产改善提供可靠的理论依据，并利用先进的实验和演算手段，帮助企业改进生产技术，提高生产效率，增加企业利润，从而达到"校、企、生"三方共赢的目的。

表5-45是电气自动化校外实习基地的具体要求。

表5-45 电气自动化专业校外实习基地

序号	校外实习基地名称	合作企业名称	用途	深度合作要求
1	广西工业职业技术学院校外实习基地	南南铝业股份有限公司	毕业实习、顶岗实习	1. 根据南南铝企业需求，学校为合作企业员工的继续教育进行理论和实践的培训，也可为企业员工开展相关专业的职业技能鉴定，办理由劳动部门颁发的相关资格证书 2. 与广西大型国企南南铝业每年共同举办工学技术比武将是职业教育技能比赛的发展趋势。让企业职工中的能工巧匠和职业学校的学生在同一平台上共同竞争 3. 共同建设智能工厂实训基地 4. 电气自动化智能工厂教师企业顶岗锻炼基地 5. 聘请南南铝业企业专家为我系的专业指导委员会成员，参与我系人才培养方案的修订

（续　表）

序号	校外实习基地名称	合作企业名称	用途	深度合作要求
2	广西工业职业技术学院校外实习基地	金光纸业金桂公司	毕业实习、顶岗实习	1. 与金桂浆纸公司共同招生，共同培养。每年接收金光圆梦计划毕业的学生"30名以上" 2. 与金桂浆纸业公司共同开发设置课程、进行课程改革，共同完成造纸行业典型工作任务 3. 电气自动化团队教师企业顶岗锻炼基地 4. 紧密依托企业的资金扶持和实物捐赠，建立较完备的校内造纸自动化实训实验室
3	广西工业职业技术学院校外实习基地	中国铝业广西分公司	毕业实习、顶岗实习	1. 企业人员参与专业建设 2. 企业每年接收相关专业顶岗实习的学生不少于30名 3. 企业每年接收相关专业认识实习、专业实习的学生不少于两批 4. 学院每两年聘请承担校内外专业行业实践教学的企业高素质、高技能人员不少于1名 5. 学院优先承担企业技术人员的进修培训 6. 结合企业需要，学院不定期为企业提供有偿的现场技术服务和技术咨询 7. 企业根据实际情况，接纳学院教师现场实习，并提供指导不少于2名
4	广西工业职业技术学院校外实习基地	柳州化学工业集团有限公司	毕业实习、顶岗实习	1. 企业人员参与专业建设 2. 企业每年接收相关专业顶岗实习的学生不少于30名 3. 企业每年接收相关专业认识实习、专业实习的学生不少于两批 4. 学院每两年聘请承担校内外专业行业实践教学的企业高素质、高技能人员不少于1名 5. 学院优先承担企业技术人员的进修培训 6. 结合企业需要，学院不定期为企业提供有偿的现场技术服务和技术咨询 7. 企业根据实际情况，接纳学院教师现场实习，并提供指导不少于2名

（续表）

序号	校外实习基地名称	合作企业名称	用途	深度合作要求
5	广西工业职业技术学院校外实习基地	来宾东糖集团	毕业实习、顶岗实习	1. 企业人员参与专业建设 2. 企业每年接收相关专业顶岗实习的学生不少于30名 3. 企业每年接收相关专业认识实习、专业实习的学生不少于两批 4. 学院每两年聘请承担校内外专业行业实践教学的企业高素质、高技能人员不少于1名 5. 学院优先承担企业技术人员的进修培训 6. 结合企业需要，学院不定期为企业提供有偿的现场技术服务和技术咨询 7. 企业根据实际情况，接纳学院教师现场实习，并提供指导不少于2名
6	广西工业职业技术学院校外实习基地	南华糖业集团	毕业实习、顶岗实习	1. 根据每年企业需求，学校为合作企业员工的继续教育进行理论和实践的培训，也可为企业员工开展相关专业的职业技能鉴定，办理由劳动部门颁发的相关资格证书 2. 争取每年安排10%以上的专业教师到企业锻炼 3. 每学期安排学生到企业参观和见习两周以上，让学生了解企业，了解生产流程和设备设施工作原理，学习企业文化，体验企业生活
7	广西工业职业技术学院校外实习基地	广西机械工业研究院	毕业实习、顶岗实习	1. 与机械工业研究院共同制定基于工作过程导向的模块化课程体系 2. 企业参与到部分专业课教学 3. 通过聘请机械研究院霍力副院长作为兼职教授，以"引进兼职教师"与"教师进修"的方式，建立一支以校内专职教师为主、校外工程技术人员为辅的"双师型"教师队伍 4. 每学期安排学生到企业参观和见习两周以上，让学生了解企业，了解生产流程和设备设施工作原理，学习企业文化，体验企业生活 5. 与广西机械工业研究院共同建设机器人广西培训中心，共同为企事业单位培训机器人应用人才

金桂纸业定向班的实习基地主要是在金桂纸浆有限公司。学校学习和企业轮岗实训，采取四个月在学校、一个月在企业轮换模式。在学校期间进行理实一体化教学，强化学生专业理论知识和技能操作，在企业期间进行企业课程学习实践，强化技能训练，同时让学生了解企业标准、规范，培养学生的职业素养。

（二）使用的教材、数字化（网络）资料等学习资源

教材类型包括国家高职高专规划教材、精品教材、重点教材、行业部委统编教材、自编教材等。

（1）选择高职高专规划教材。

（2）优先选择校内自编教材。

表5-46是电气自动化专业数字化资源列表。

表5-46 电气自动化专业数字化资源列表

序号	数字化资源名称	资源网址
1	电工应用技术	www.diangong.com
2	AutoCAD计算机辅助设计	https：//huke88.com/route/autocad.html?sem=baidu&kw=101330
3	电气控制及PLC应用技术	http：//www.tppress.com.cn/download/
4	自动检测与仪表技术	http：//www.docin.com/p-751187675.html
5	工业机器人应用技术	https：//wenku.baidu.com/view/f9cb2ae65a8102d277a22f86.html
6	液压与气动技术	http：//www.hxedu.com.cn
7	自动化生产线技术	https：//wenku.baidu.com/view/e160f548a9114431b90d6c85ec3a87c240288aee.html
8	智慧职教网	http：//www.icve.com.cn/
9	职教云课堂	http：//zjy.icve.com.cn/zjy/view/download/index.html
10	变频调速技术基础教程（ISBN：9787111358657）	http：//www.cmpedu.com/
11	液压和气压传动与控制（ISBN：9787308099110）	http：//www.zjupress.com/default.html
12	电气制图（ISBN：9787111256724）	http：//www.cmpedu.com/
13	电工基础（ISBN：9787508398716）	http：//jc.cepp.sgcc.com.cn/
14	模拟电子技术基础（ISBN：9787040189223）	http：//www.hep.com.cn/
15	数字电子技术基础（ISBN：9787040130263）	http：//www.hep.com.cn/
16	传感器应用技术（ISBN：9787504558152）	http：//www.cmpedu.com/
17	电力电子技术基础（ISBN：9787111251828）	http：//www.cmpedu.com/
18	电机与电力拖动基础（ISBN：9787111290919）	http：//www.cmpedu.com/
19	可编程控制技术（ISBN：9787122104342）	http：//download.cip.com.cn/
20	工业控制组态软件技术（ISBN：9787564046842）	http：//www.bitpress.com.cn
21	电气控制技术（ISBN：9787111260875）	http：//www.cmpedu.com/

十三、教学建议

严格执行新的课程体系。本课程体系是在"举校企合作之旗，走工学结合之路"的思想指导下，将造纸制浆行业企业的先进生产技术、管理技术、行业标准和规范及企业文化引入课程设置中，校企共同构建基于工作过程系统化的课程体系。按照造纸制浆企业对高素质技能型专门人才的需求，确定人才培养规格和培养方案，将金桂企业理念融入人才培养过程中，使学院的专业教学与企业的生产经营活动有机融合，实现毕业与就业的零距离对接，形成学校主动、行业驱动、校企互动的良性人才培养格局。

突出学生的主体地位，激发其创新精神，提高其实践能力。突破传统的以教师为中心、以课堂为中心、以教材为中心的教学方法，大力倡导启发式、讨论式、工程案例式、角色换位式等教学方法，调动学生学习的积极性和主动性，培养学生的自学能力和主动获取知识的技能，提升教学效果。加强教学条件的建设，配置多媒体等现代化教学设备，如教学模型、投影仪、教学录像带和多媒体教材等，完善多媒体教学手段，稳步提高多媒体制作和演示的水平，尽力使用CAI课件、教学模型等，实现多媒体教学广泛应用，使教学更加形象、生动，以适应时代要求，满足学生学习需要。

教学要与金桂造纸制浆公司深度合作，可以形成良性互动、互利双赢的校企合作机制，实现校企资源共享，为高素质技能型专门人才培养创造条件，提供资源保障。在校企合作平台支撑下，积极引导和争取企业技术专家和能工巧匠参与学院人才培养全过程（包括人才培养目标定位、培养方案制定、课程建设、实训基地建设、教学团队建设及教学管理等各个环节），达到校企共建专业、共育人才的目的。

十四、考核方案

共同进行学生考核评价。按照企业用人标准，学校、企业共同建立以能力为核心的学生评价模式，学校教师和企业专家共同对学生工学交替的不同学习阶段职业能力进行考核评价。改革考核方法，实行学习过程考核，把理论知识考试与实操技能考核相结合，把过程评价与效果评价相结合，在企业实训或顶岗实习阶段，将学生的专业技能水平和学徒岗位工作任务完成情况纳入考核范围。

在学校现代学徒制试点总体质量监控体系下，结合电气自动化专业现代学徒制的教学内容和合作形式，由学校与合作企业双方成立专业现代学徒制试点质量监控小组。建立电气自动化专业现代学徒制试点工作全过程的质量监控标准，包括招生招工质量监控标准、理论课程教学质量监控标准、基本技能实训质量监控标准、岗位技能实训质量监控标准、企业课程质量监控标准、教师教育教学质量考核标准和师傅带徒

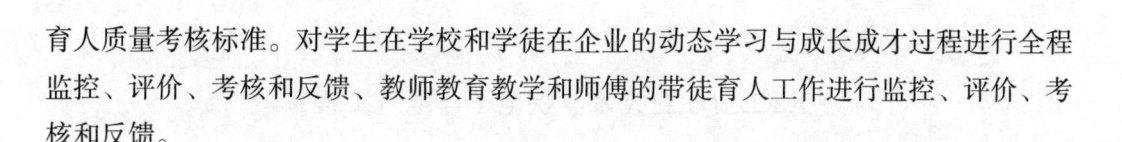

育人质量考核标准。对学生在学校和学徒在企业的动态学习与成长成才过程进行全程监控、评价、考核和反馈，教师教育教学和师傅的带徒育人工作进行监控、评价、考核和反馈。

在企业期间，实行企业与学校"双师"共同管理制度，规定企业师傅负责规章制度、安全教育、岗位职责教育和岗位操作指导，学校教师负责相关专业理论指导和思想纪律教育，配合企业做好学生职业素养教育，有分工，有合作，各司其职，相互配合。不仅如此，还要邀请企业、行业专家、技能鉴定师、高校教师组成专业建设指导委员会，指导开展第三方评价，形成多主体、多形式的评价机制。

十五、继续专业学习深造的途径

为体现终身学习理念，电气自动化专业 毕业生继续学习，接受更高层次教育，三年毕业后可以专升本，继续读两年获得本科学历。获得本科学历者也有机会争取研究生学历。

十六、其他说明

当前，电气自动化应用专业资格证书考试多种多样，水平参差不齐。高职电气自动化应用专业证书考试有以下几种（表5-47）：

表5-47 证书列表

职业资格证书	考证要求	发证机关
维修电工（中级）	选考	人力资源和社会保障部
电工（特种作业）上岗证	必考	安全生产监督局
可编程序控制系统（PLC）（三级）	选考	人力资源和社会保障部
CAD绘图员	选考	人力资源和社会保障部
国家大学生计算机二级	选考	人力资源和社会保障部
全国大学生英语B级、四级	选考	人力资源和社会保障部

金光现代学徒班学徒考核评价标准：

广西工业职业技术学院电子与电气工程系
金光现代学徒班学徒考核评价标准

为做好电子与电气工程系金光自动化现代学徒班试点工作，明确企业和学校管理职责，加强学徒管理，规范师带徒流程，提高学徒素质和岗位技能，顺利完成学生从学徒到员工过渡，经校企双方研讨决定，特制定本管理办法，实行学徒的管理及考评。

一、现代学徒制企业实习考核标准

（一）上班制度

（1）实习学生必须以企业员工标准要求自己，学徒必须严格遵守广西金桂浆纸业有限公司的有关规章制度，进出单位必须出示有关证件，上班不迟到，不早退，按时进入指定的工作岗位，下班须办好交接手续，经师傅允许后，方可离开。

（2）学徒进入工作场地前必须穿好工作制服，戴好劳保用品，做好一切准备工作，确保安全、文明生产。

（3）学徒不准擅自离开实习岗位，有事离岗须经组长或师傅批准，返回岗位向班组或师傅报告，经同意后方可上岗。

（4）学徒必须听从带教师傅指导，严格遵守安全操作规程，爱护设备，不乱动设备，不得无故损坏。如发现故障或异常现象，立即报告值班领导和师傅，未经允许，不得任意拆卸或启动设备，确保人身、设备的安全。

（5）爱护工具、量具，节约原材料，认真做好所在岗位的设备保养，做好实习场地和工位的清洁卫生工作。

（6）在工作场所内，不准嬉闹、奔跑和大声叫喊，上班不准串岗、打瞌睡、干私活、看手机等，不准参加非企业组织的其他活动。

（7）尊重实习单位领导、师傅和其他工作人员，听从安排，服从分配，安心本职工作，做到谦虚谨慎、勤学好问、刻苦钻研、学以致用、精益求精，提高操作技能，争取尽快达到实习的合格要求。

（8）严格遵守实习单位的保密制度，不得将技术或商业情报向外泄露，维护实习单位利益。

（二）考勤制度

（1）学徒在实习期间实行双重考勤，即所在实习单位带教师傅日常考勤，学校指导教师不定时抽查。

（2）学徒必须遵守学校和单位的各项规章制度，履行学徒工作职责。遵守单位的作息时间，不得迟到、早退和无故缺勤。未经批准，一律不得在外住宿。

（3）学徒未经允许不能擅自离开实习单位，学徒原则上不允许请事假，如学徒请病、事假，必须按照有关规定办理相关请假手续，应经实习带队教师和车间师傅同意，请假三天以上者必须经学校审核。否则，按旷工和学校规章制度处理。

（4）学徒必须遵纪守法，遵守社会公德，互帮互助，自尊自爱，自觉接受实习单位、学校的双重教育和管理。

（5）学徒必须参加轮岗实习考核和技能鉴定，做好实习总结，经实习单位签署意见后交给学校。

（6）督促学徒严格执行企业的各项规章制度，并对学生出勤情况进行考核，请假情况填入请假登记表，学生实习期满，由各部门负责人、实习岗位的师傅及学校导师共同对其做出考核评价。根据学生的政治思想、工作作风、团结协作、劳动纪律、学习态度、业务能力等写出评语，并按优秀、良好、合格和不合格四等评定成绩，记入实习手册。对实习期间有严重违纪行为或发生重大差错事故者，综合评定不合格。

二、现代学徒制岗位实习考核标准

（一）岗位实习要求

为了确保岗位实习任务的顺利完成，对顶岗实习学生提出如下要求：

（1）实习学生要在企业导师和学院老师共同指导下，认真学习、理解认岗实习方案对学生的要求，较好地完成实习任务。

（2）实习过程中，学生必须以企业的标准要求自己，严格遵守所在单位和部门的各项规章制度，保守实习单位的商业机密。

（3）实行实习小组长负责制度，由小组长负责本组学生的组织与管理，协助指导老师工作。实习期间每星期至少与学校实习指导教师联系一次。

（4）实习过程中，听取企业导师的安排，严守纪律，不得擅自外出。

（5）学生必须每天做实习记录，逐日记录当日完成的实习工作及体会，有针对性地采集与实习工作相关的图片资料，为编写实习报告及自我鉴定积累素材。

（6）学生必须在实习结束前，根据实习单位的具体情况和实习内容，完成项目营销策划方案和实习报告，实习报告字数要求在 3 000 字以上，实习结束返校后交实习指导教师评阅。

（7）实习期间，注意人身安全，注意维护学校声誉和社会公德。

（8）对于违反学校纪律与实习单位规章制度的学生，视其情节给予处理，严重者停止其实习，取消实习学分，不予毕业。由此发生的费用自理，由此引起的一切后果由学生自己负责。

（二）岗位实习考核

岗位实习考核实行企业和学校双向考核。双向考核合格的学生才能取得应得的学分。

（三）岗位实习成绩的评定

实习成绩根据以下几条，由实习指导小组按百分制进行评定（表5-48）：

表5-48 岗位实习成绩的评定

序号	评定项目	项目成绩
1	平时实习表现	20%
2	实习总结考核	30%
3	实习单位师傅考核	30%
4	学校指导教师考核	20%
	合计	100%

电子与电气工程系

2018 年 3 月

制浆造纸岗位标准：

广西金桂浆纸业有限责任公司岗位标准

一、值班长岗位标准

（1）负责贯彻执行分厂下达的各项管理规定和工艺技术条件。

（2）组织本大班员工完成生产作业计划，积极协调、处理当班生产中出现的质量、设备、贵重品、安全等问题，并及时向分厂反馈。

（3）负责生产质量、设备运行安全文明生产等内容的记录工作，要求真实、完整、准确、清晰。

（4）负责对当班人员进行设备、安全、文明生产等各项工作的管理与考核，加强生产过程控制质量。

二、副值班长兼放料工岗位标准

（1）负责贯彻执行分厂下达的各项管理规定和工艺技术条件。

（2）组织本大班员工完成生产作业计划，积极协调、处理当班生产中出现的质量、设备、贵重品、安全等问题，并及时向分厂反馈。

（3）负责生产质量、设备运行安全文明生产等内容的记录工作，要求真实、完整、准确、清晰。

（4）负责对当班人员进行设备、安全、文明生产等各项工作的管理与考核，加强生产过程控制质量。

三、纸段长岗位标准

（1）在分厂厂长的领导下，依据生产作业计划及工艺技术条件，组织好本工段的安全文明生产工作，认真完成分厂交办的各项工作任务。

（2）负责本工段班组人员的配置，确保生产顺利进行。

（3）负责领取、管理和发放本工段所需贵重品和劳保用品。

（4）负责本工段在生产中出现各种质量问题的反馈与调整。

（5）负责贵重品的质量验收及使用维护，发现问题及时反馈及处理。

（6）负责收集本工段改进质量的合理化建议并组织实施。

（7）负责本工段员工的岗位技术培训，努力提高全工段员工技术素质。

（8）负责本工段各项工作的检查与考核。

（9）负责本工段ISO9001质量管理体系的实施和执行工作，并负责检查，考核其执行情况。

四、纸副段长岗位标准

（1）在分厂厂长的领导下，依据生产作业计划及工艺技术条件，协助段长组织好本工段的安全文明生产工作，认真完成分厂交办的各项工作任务。

（2）协助段长负责本工段班组人员的配置，确保生产顺利进行。

（3）负责领取、管理和发放本工段所需贵重品和劳保用品。

（4）负责本工段在生产中出现各种质量问题的反馈与调整。

（5）负责贵重品的质量验收及使用维护，有问题及时反馈及处理。

（6）负责收集本工段改进质量的合理化建议并组织实施。

（7）负责本工段员工的岗位技术培训，努力提高全工段员工技术素质。

（8）负责本工段各项工作的检查与考核。

五、放料工兼班长岗位标准

（1）根据抄纸工艺技术条件和作业指导书，正确操作纸料上网装置及其附属设施，使浆料沿纸机幅宽均匀上网，为网部提供符合工艺要求的浆料。

（2）经常检查流浆系统，根据工艺要求合理调整唇板开度、头箱液位、浆料流量等，如调整浆料上网浓度、堰池水位、堰口开度、网案振幅、振次、水线、成纸抄宽等。

（3）经常检查纸面，发现纸病及时沟通处理。

（4）负责协调纸机各部正常生产，和非正常生产时专责的分工，做好贵重品更换和洗刷等工作。

（5）配合下辊，称定量，算灰分，测水分。根据变化情况及时调整料门、碳酸钙加入量、蒸汽压力，根据透气度情况调整匀整机刀量。同时，取样给检查员检测各项物理指标。根据指标变化情况对纸机参数或设备部件等进行调整。

（6）正确操纵 BM 计。

（7）正确操作 QCS 和 DCS 控制系统。

（8）根据生产情况指挥专责合理调整唇板局部开度、网前箱液位、浆料流量、真空曲线和各部速差与压力等现场设备。

（9）根据工艺条件调整浆料配比，满足各种透气度纸张透气度要求。

（10）经常观察 QCS 和 DCS 控制系统是否处于正常状态，发现问题及时通知相关人员处理，根据生产情况合理操作 QCS 和 DCS 控制系统。

（11）抓好生产管理，及时填写《抄纸班长交接班记录》。

（12）搞好工作区域的安全文明生产。

六、网工岗位标准

（1）依据分厂工艺技术条件及作业指导书对纸机网部进行操作和调节，检查网部运行情况，观察水线及伏辊真空度变化程度，喷浆口有无浆料，前墙角度、开度，使网前箱送来的纸料形成均匀的湿纸页。

（2）及时检查网前箱、水印辊及网部喷水管、水针的状态，发现问题及时反映和处理，并按工艺要求和生产情况对水印辊及喷水管等设备及时进行洗刷和调整，回收纸耳坑内浆料。

（3）按工艺要求测量振幅、振次、温度，确保助剂的制备加入正常，及时洗刷设备和过滤装置。

（4）经常观察头箱液位，水针使用情况。

（5）参与纸机贵重品的更换和纸机洗刷工作。

（6）认真填写质量记录。

（7）搞好工作区域的文明生产。

七、压榨工岗位标准

（1）依据分厂工艺技术条件及作业指导书，对纸机压榨部进行操作和调节，保证压榨部脱水、毛布滤水符合工艺要求，经常观察压榨刮刀、喷淋水情况及压榨部速差，根据生产情况及时调整。

（2）调整好助燃剂波美度及助燃剂辊的压力，保证成纸的燃烧性能。

（3）经常检查各部速差的稳定性，毛布运转和脱水状态，清理刮刀料沫，保证引纸绳的正常运转，按工艺和生产要求洗刷毛布。

（4）参与纸机贵重品的更换和纸机洗刷。

（5）负责处理及控制湿纸页在压榨部产生的各种纸病。

（6）按工艺要求和生产情况及时洗刷雕印机，保证螺纹的清晰度。

（7）及时填写相关记录。

（8）搞好工作区域的安全文明生产。

八、干燥工岗位标准

（1）根据分厂工艺条件及作业指导书，对纸机干燥部进行操作和调节，控制烘缸温度曲线，维护好干毯、干网的正常运行。

（2）按工艺要求和生产情况及时测量和调整烘缸温度，经常检查冷凝水排放和热风辊等的运转状态，确保干燥各部的正常运行，通过调节烘缸运转速度、掌握烘缸表面温度变化情况（如有异常及时报告）、排放冷凝水等，使纸页达到工艺要求的水分。

（3）根据纸张品种、水分及纸机运行情况，及时调整烘缸总进汽阀门的压力。

（4）检查引纸绳、干毯、干网和各烘缸刮刀的磨损和使用情况，发现问题及时反映或处理。

（5）配合卷取工做好上、下辊及接头和回抄损纸。

（6）组织、参与更换干毯，干网、协助更换其他贵重品。

（7）及时清理干燥部料沫、碎纸等。

（8）定期对施剂机、计量棒进行检查，根据工艺条件调整计量棒压力，及时更换计量棒。

（9）准确填写《干燥部交接班记录》，及时汇报生产、质量情况。

（10）搞好工作区域的文明生产。

九、卷取工岗位标准

（1）依据分厂工艺条件及作业指导书，把干燥部出来的纸页引入卷取设备，并及时根据卷取情况调整两侧压力，使其形成符合要求的纸辊。

（2）装卸纸辊，定点下辊并把纸辊放在指定位置。

（3）停机时协助更换贵重品，协助放料工洗刷流浆系统。

（4）负责检查纸面，发现洞眼、水点、折子等纸病，要及时通知班长处理并在卷取辊上夹飞，在"纸辊质量传递卡"上标明，下辊后负责检查纸面，挂纸样看匀度。

（5）正确操作压光机，掌握好压光机压力，密切注视刮刀严密性，防止纸面出现压光点，及时检查油站运行情况是否正常。

（6）记好"纸辊质量传递卡"等相关记录。

（7）注意纵向圆刀的使用情况。

（8）负责处理纸机干损纸。

（9）负责工作区域的文明生产。

十、助剂工岗位标准

（1）依据分厂工艺技术条件及作业指导书溶解、制备各种助剂，保障纸机正常使用。

（2）负责验收各助剂外观质量，按品种、标识摆放整齐，并对进分厂助剂进行验收和贮存工作。

（3）负责助剂的制备数量、质量及标识符合工艺要求。

（4）按工艺规定加杀菌剂、消泡剂等并及时洗刷各助剂系统。

（5）负责填写溶解和使用记录。

（6）搞好工作区域的文明生产。

企业师傅考核标准：

（1）认真做好对学徒的日常考勤和管理，加强职业道德、劳动纪律和企业文化等教育，培养学生文明、守纪的良好习惯。

（2）负责指导学徒熟悉实习工作环境和防护设施，提高学徒的自我保护能力，采取有效措施防止学生实习中受到伤害和发生安全事故。

（3）认真做好对学徒技能训练的指导和各技术环节的示范，使学徒尽快掌握实际操作技能，严格要求学徒，并经常进行提问，使学徒尽快掌握实际操作技能。

（4）配合学校开发现代学徒制教学课程，实施"双元育人、校企交替、工程导向、实岗成才"（0.5+0.5+1.0+1.0）的人才培养模式改革，开发适合岗位职业理论和技术标准的课程。

（5）对学徒的实习小结填写评语并签名。

（6）配合学校对学徒进行岗位评价考核。

（7）认真完成企业领导交办的其他各项工作任务。

学校导师考核标准：

（1）认真做好对学生的日常考勤和管理，加强职业道德、劳动纪律和企业文化等教育，培养学生文明、守纪的良好习惯。

（2）负责文化课程和专业课程的教学与管理工作，在日常教学管理中开展职业道德、职业习惯、文明礼仪等核心素养的教育，督促和管理学生遵守校企规章制度。

（3）开发现代学徒制教学课程，实施"双元育人、校企交替、工程导向、实岗成才"（0.5+0.5+1.0+1.0）的人才培养模式改革，开发适合岗位职业理论和技术标准的课程。

（4）认真听企业师傅的意见，采取措施及时解决实习指导中存在的问题，不断提高实习质量。

（5）对学徒的实习小结填写评语并签名。

（6）将学校导师在企业的实践和服务纳入教师绩效考核并作为晋升专业技术职务的重要依据。

（7）将企业导师承担的教学任务和带徒经历纳入企业员工业绩考评并作为晋升技术职务等级评定的重要依据。

（8）认真完成学校领导交办的其他各项工作任务。

第五节　根据制浆造纸岗位工程项目提炼的10个教学案例

案例1：《制浆污水处理厂气动开关阀技改成气动调节阀控制》

《制浆污水处理厂气动开关阀技改成气动调节阀控制》教学案例工作页如表5-50所示。

表5-49　《制浆污水处理厂气动开关阀技改成气动调节阀控制》教学案例工作页

案例编号	JG-01	教学案例名称	《制浆污水处理厂气动开关阀技改成气动调节阀控制》
对接岗位	仪控技术员/工程师	企业案例来源	金桂制浆污水处理厂气动开关阀技改成气动调节阀控制
适用课程		计划学时	40学时
对接标准	《气动调节阀标准》GB/T 4213—2008	编写人员	企业：韦荣李 学校：谢彤
学情分析	气动调节阀是流程工业最常用的一类执行机构，因为其结构简单、安全系数高、稳定推力大，因此运用广泛。但因为设备本身比较笨重，品种比较多，由于学生基础不好，学生对其结构往往较难掌握，尤其是决定工作特性的结构细节，学习起来比较费力，故通过现场理实一体化实景教学帮助学生达到教学目标			
教学目标	知识目标	能力目标	素质思政目标
	掌握气动调节阀的工作原理和结构，掌握气动调节阀的选型原则	能够熟练的拆装气动调节阀并了解其结构组成	1.树立安全意识、工程意识等 2.爱岗敬业、勤于钻研
知识点	1.气动调节阀的动作过程及其校验方法 2.气动调节阀的选型及安装标准	技能点	能够实现DCS控制输出4~20 mA对应现场阀门0~100%的阀位开度联调
思政案例	进口与国产阀门价格对比，分析差距	思政目标	通过阀门价格的变化引导学生建立民族自信心
企业案例详解介绍	水厂某SBR池进气管阀原设计安装的是气动开关阀，在生产运行中，生产工艺人员发现开关阀控制压缩气进气量不利于控制调节氧化池厌氧菌的培养，水质处理效率不高且浪费气量能源，向工程/工务部门提出SBR池进气管的进气量改成可调节进气大小的需求			
案例解决问题	SBR池进气管阀由原来气动开关阀改造成气动调节阀			
案例教学流程	案例解读→观看相关图片与视频→提出案例问题→案例问题分析讨论→案例知识点讲解→学生讨论改革前后→学生提出解决方法→教师点评→总结、评价→撰写案例分析报告			

（续表）

案例总结	本案例结合实际应用工况讲解了气动调节阀的工作原理和结构、气动调节阀的选型和安装原则，将理论知识与企业生产实际有机结合，启发学生对《气动调节阀》（GB/T 4213—2008）中相关的规定提高学习兴趣，认知学习重点，通过企业生产实际案例积累经验，为今后的工作奠定坚实基础。同时，通过对进口与国产阀门价格对比，分析差距，引导学生建立民族自信心，达到学有所成，学以致用的目标

《制浆污水处理厂气动开关阀技改成气动调节阀控制》案例详解

一、控制要求

SBR 池进气管阀气动开关阀技改成气动调节阀，在生产操作站 DCS 画面可以远程控制调节阀门的开度大小。

二、控制原理图

（一）气动调节阀的组成

气动调节阀由阀体、气缸、定位器等组成，如图 5-5 所示。

阀体　　　气缸　　定位器

图 5-5　气动调节阀组成

（二）Metso 阀门定位器工作原理

Metso 阀门定位器工作原理如图 5-6 所示。

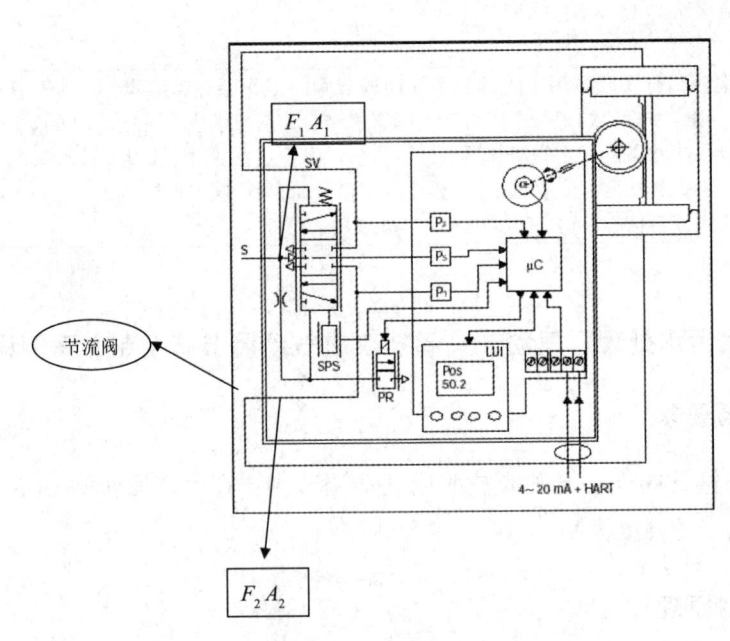

图 5-6 操作原理图

（1）弹簧侧的直径为 12 mm，面积为 $A_1 = \pi \times 12 \times 12/4 \approx 113 \text{ mm}^2$

（2）sps 侧的直径为 16 mm，面积为：$A_2 = \pi \times 16 \times 16/4 \approx 201 \text{ mm}^2$

当气源的压强为 $P = 6 \times 10^5 \text{Pa}$ 时，$F_1 = p \times A_1$ $F_2 = p \times A_2$。

总体的平衡关系是：$F_1 + F_{弹簧} = F_2 + F_{摩擦}$。

$F_{弹簧}$ 大小固定不变，$F_{摩擦}$ 的大小固定不变，F_1 的大小只决定于气源的压强，F_2 的大小也是由气源的压强来决定。

当 3 位 5 通的电磁阀位于中间位置时，阀门的位置处于保持的状态，使电磁阀位于中间位置的条件是 $F_1 + F_{弹簧} = F_2 + F_{摩擦}$。

由于电磁阀两端的面积不一样大，所以在非弹簧侧加了一个 PR 来调整出气孔的大小，进而达到减小压强的目的，压强小了，压力也就小了，这样就实现了 $F_1 + F_{弹簧} = F_2 + F_{摩擦}$。

当 3 位 5 通电磁阀的阀芯需要向下移动时，也就是让阀门关闭时，PR 将出气孔的间隙增加，让非弹簧侧的压强减小，面积 A_2 不变，F_2 压力也减小，实现 $F_1 + F_{弹簧} = F_2 + F_{摩擦}$，阀芯就会向下运动，阀门关闭（顺时针运动）。

当 3 位 5 通电磁阀的阀芯需要向上移动时，也就是让阀门打开时 PR 将出气孔的间隙减小，让非弹簧侧的压强增加，面积 A_2 不变，F_2 压力也增大，实现 $F_1 + F_{弹簧} = F_2 + F_{摩擦}$，阀芯就会向上运动，阀门打开（逆时针运动）。压力的平衡其实就是由 PR 来控制的，所以 PR 在不调节阀门开度时，需要一直排气，降低非弹簧侧的压强，降低非弹簧侧的压力，因为非弹簧侧的 A_2 比较大一些，所以在压强一样的情况下非弹簧侧的压力大，经过 PR 的调节后，可以达到平衡，所以阀门就可以保持一定的开度不变，直到收到变化位置信号。

原理图中的节流阀的作用是限制 PR 里经过排气孔排气的流量。节流阀的原理是通过改变流通面积或者改变流通长度实现流量的调节，对压强的损失很小。

（三）回路接线示例图

回路接线示例图如图 5-7 所示。

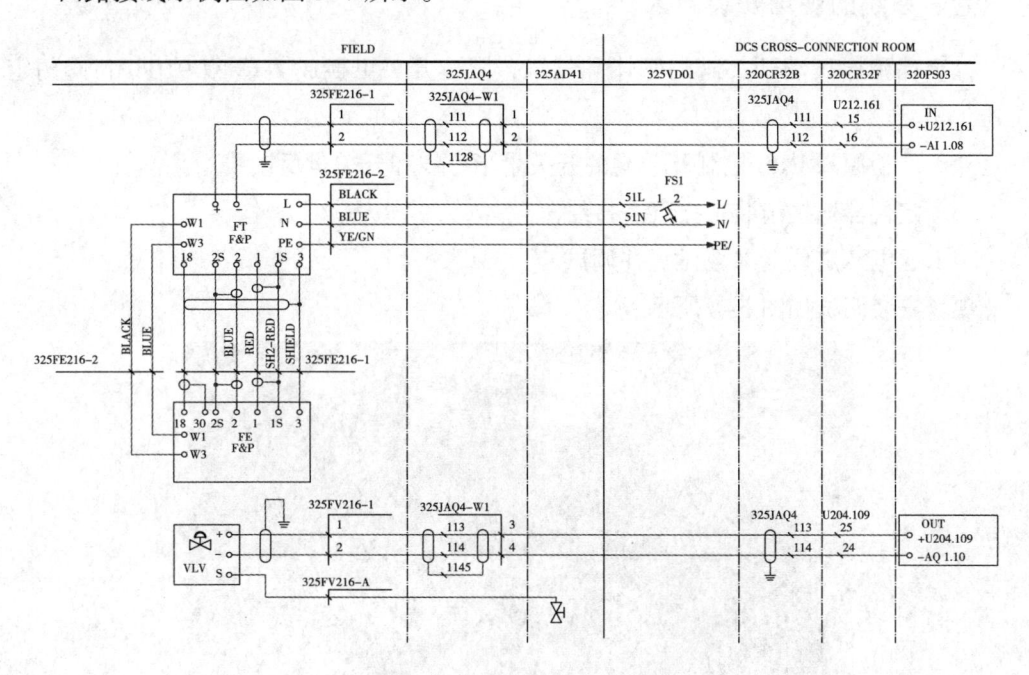

图 5-7 回路接线示例图

三、硬件配置

（1）解除原气动开关阀 DO 卡件指令通道和 DI 卡件反馈信号通道，备注标识好留作备用。

（2）加装 AO 卡件（如原 AO 卡件还有备用则利用备用通道，无须再加装新 AO 卡件），分配通道和接线端子。

（3）如需要阀位反馈，则需分配 AI 通道（本案例无带阀位反馈，重要工段除外）。

四、软件组态

（1）在横河 CS300 DCS 上重新分配一组 4~20 mA 模拟量通道和接线端口。

(2)逻辑制作（卡件组态、逻辑组态、画面组态）。

(3)逻辑下装。

五、设备清单

气动调节阀、AO 盘柜、AO 卡件、阀门定位器、工程师站、气源管、气源接头、信号线、线鼻子等。

六、系统的现场安装调试

（1）保留原气动开关阀的阀体和气缸，限位开关更换成美卓 ND9106HN 阀门定位器。

（2）取消原来 DCS 控制开关阀的开关量指令线和开关量反馈线。

（3）定位器连接组装、接气、接线。

（4）送电、定位器参数设置并调试。

现场安装调试如图 5-8 所示。

图 5-8 现场安装调试

七、投用

调试完成后，在 DCS 端操作站，给定 0%、25%、50%、75%、100% 及 100%、75%、50%、25%、0% 的开度指令，现场阀门开度与给定指令一致，验收合格，投入使用。

八、案例总结

主要工作内容：

（1）阀门定位器组装。

（2）DCS 点数扩展（增加 AI 点并显示）。

（3）AO指令线/AI反馈线的接线。

（4）阀门定位器调试。

需懂得的知识点：

（1）懂得气动开关阀和气动调节阀原理和机构组成。

（2）懂得阀体、气缸类型。

（3）懂得阀门定位器组装、气路连接、电路连接、参数设置及调试。

（4）懂得数字量信号和模拟量信号的区别和应用。

（5）懂得DCS系统AI、AO、DI、DO点通道分配，逻辑组态。

（6）懂得AO信号接线回路，延伸也需懂得AI、DI、DO接线回路。

《制浆污水处理厂气动开关阀技改成气动调节阀控制》教学案例实施

教学项目实施流程图如图 5-9 所示。

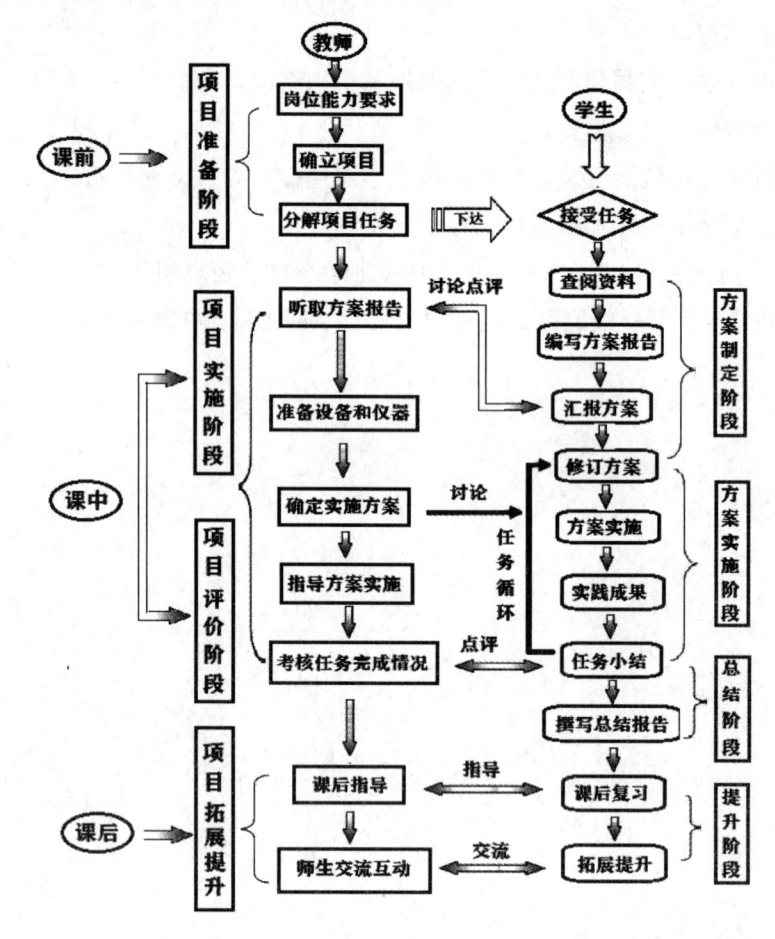

图 5-9 《制浆污水处理厂气动开关阀技改成气动调节阀控制》教学流程图

一、案例准备阶段（课前计划）

（1）学生分组，指定组长。

（2）与现场联系，进行现场教学准备，包括安全教育、劳保用品、行走路线、企业教师、现场教室等。

（3）安全教育，教师带领学生到现场调研，对制浆污水处理厂气动开关阀技改成气动调节阀系统进行了解，有一个感性认识。

（4）接受任务，查阅资料，撰写方案报告。

二、案例实施阶段（课中实施）

（1）学生按小组就座学习。

（2）技术人员介绍制浆污水处理厂气动开关阀技改成气动调节阀系统的工艺流程和改造控制要求。

（3）提出问题：

①写出系统的现场安装调试步骤。

②安装美卓 ND9106HN 阀门定位器要注意什么？

③给定 0%、25%、50%、75%、100% 及 100%、75%、50%、25%、0% 的开度指令时，如何验收？

（4）学生根据技术人员陈述内容，分小组讨论方案。

（5）每小组选出代表汇报方案，技术人员对方案进行评价，提出优点和不足。

（6）技术人员进行案例小结。

三、案例总结提升阶段（课后提升）

绘制出延伸 6 个 AI 点、10 个 DI 点、5 个 DO 点接线回路图。

案例 2：碱回收车间碱炉工段一次风机控制系统

《风机变频技术改造》教学案例工作如表 5-50 所示。

表5-50 《风机变频技术改造》教学案例工作页

案例编号	JG-02	教学案例名称	《风机变频技术改造》
对接岗位	电气技术员/工程师	企业案例来源	金桂碱回收车间碱炉工段一次风机控制系统
适用课程	变频与伺服驱动技术	计划学时	8 学时	实施地点	金桂碱回收车间
对接标准	课程标准	编写人员	企业：朱博峰 学校：陶权
学情分析	学生学习了变频与伺服驱动技术课程，对变频器的原理和应用有了一定的理论知识和变频器操作技能，对恒压供水的原理也有一定的理解，但缺乏工程实践经验，课堂上主要学习西门子 G120 变频器，对施耐德 ATV61 变频器陌生			
教学目标	知识目标 1. 理解施耐德 ATV61 变频接线图端子含义 2. 掌握工频/变频切换原理 3. 会分析风机变频节能原理	能力目标 1. 会分析风机变频改造电路 2. 能设置风机变频器参数	素质思政目标 1. 树立安全意识、工程意识等 2. 通过变频器节能应用，体会环保节能重要性。金山银山不如绿水青山	
知识点	1. 施耐德 ATV61 变频器使用 2. 工频/变频切换	技能点	1. ATV61 变频器应用 2. ATV61 变频器参数设置	
思政案例	变频节能环保	思政目标	树立环保节能意识	
企业案例背景介绍	金桂碱回收车间碱炉工段碱炉在运行中一次风机不需要满载运行，只能调整挡板来控制风量，致使电机大马拉小车，同时风门挡板阻力加大，风门调节造成风量的大小与电机实际输出功率不匹配，传动效率较低。故用变频器 ATV61 改造风机系统，挡板全开，通过变频器调速改变风机风量，既达到自动控制又节能			
案例解决问题	通过工频改变频来实现提高电机的传动效率，节约能源。解决电机"大马拉小车"现象。改造前工频电流有时超过 111 A，有电机发热现象，改造后频率运行在 35~45Hz，节电率依据负荷的不同基本维持 20%~30%，节能明显			
案例教学框图	案例解读 → 观看相关图片与视频 → 提出案例问题 → 案例问题分析讨论 → 案例知识点讲解 → 学生讨论改革前后 → 学生提出解决方法 → 教师点评 → 总结、评价 → 撰写案例分析报告			
案例总结	项目改造完成后，从实际运行数据来看，一次风机变频运行节电量与理论计算数据基本一致，电机一般运行于 35~45Hz，节电率依据负荷的不同基本维持在 20%~30%，可按投资分析考虑成本回收年限。 通过企业生产实际案例积累经验，为今后的工作奠定坚实基础，同时使学生树立起节能环保的意识，达到学有所成、学以致用的目标			

《风机变频技术改造》案例详解

一、控制要求

(1) 通过改变电机频率能连续平滑地调整一次风机电机达到所需风量的输出功率；变频驱动可以提高电机功率因素。

(2) 风门挡板全开减少阻力，提高传动效率。

(3) 设置变频器 ATV61 参数。

(4) 画出实现变频与工频自动切换原理图。

二、控制原理图

(1) 主电路图如图 5-10 所示。

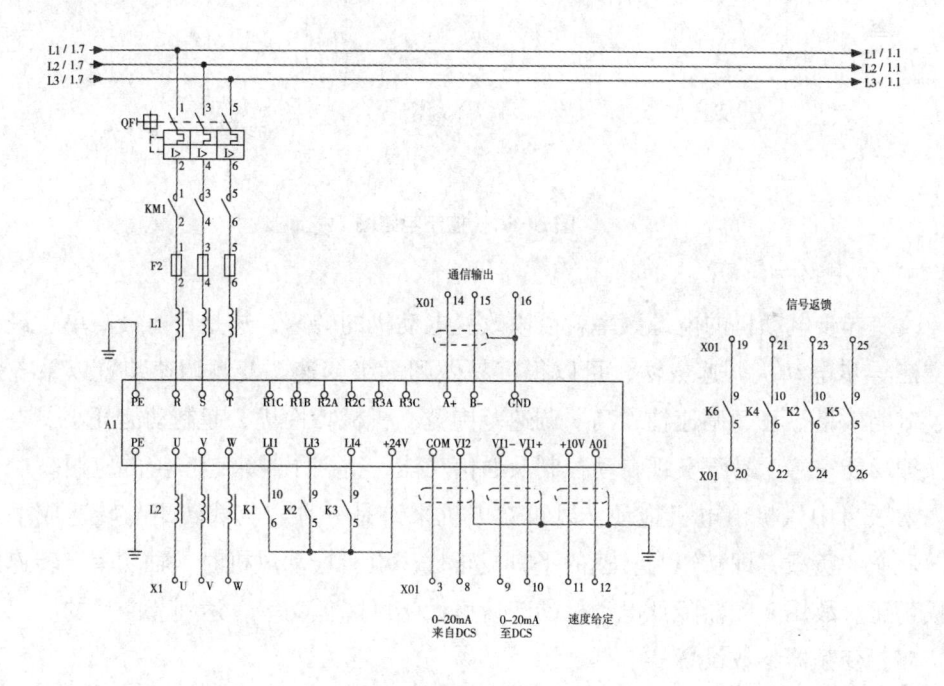

图 5-10 主电路图

(2) 控制电路图如图 5-11 所示。

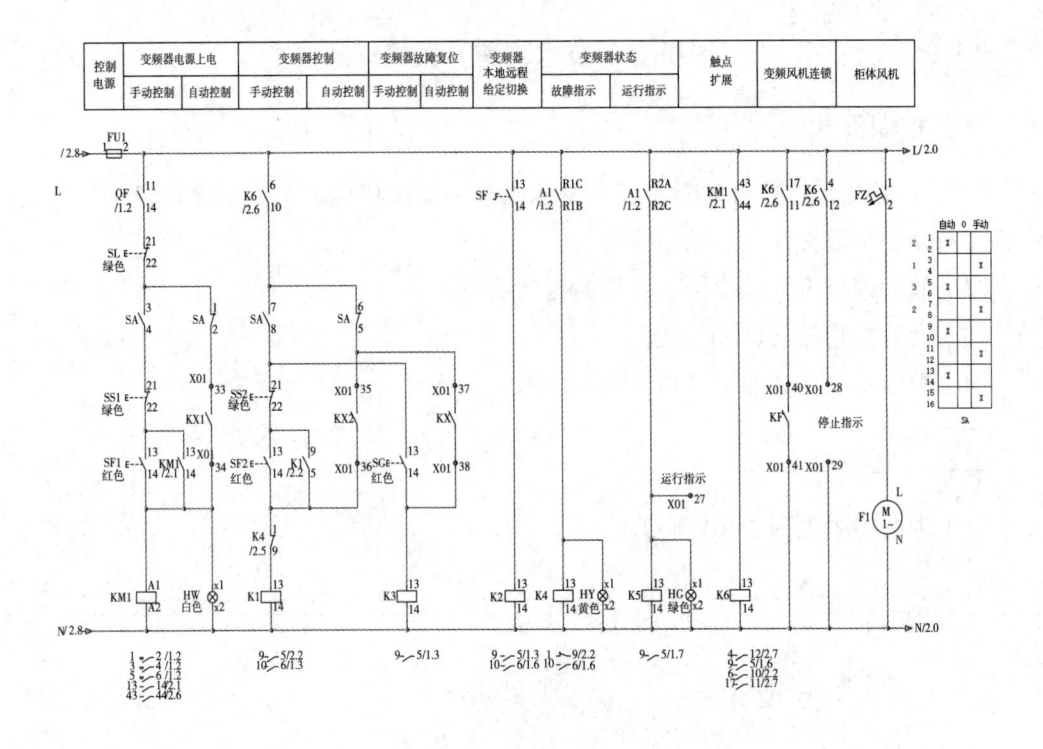

图 5-11 控制电路图

三、原理分析

改变异步电动机的电源频率就可以改变电动机的转速，这是目前最简单、最有效的交流异步电动机调速方法，可以很容易做到无级变速。变频调速装置以系统效率高、节能效果显著、调速精度高、调速范围宽、机械特性优、起制动能耗小、电力电子保护功能完善、易于实现自动控制及通信功能，得到了越来越广泛的应用。

本项目中风机由电机拖动，风机对电机来讲是一种"负载转矩与转速成平方关系"性质的负载，即转矩与转速的平方成正比。电机拖动风机时，轴功率与转速的立方成正比。故用变频器降低电动机的转速可大幅度降低功率，达到节能目的。

四、变频器参数设置

1. 电动机的参数如下：

（1）电机额定频率：50 Hz。

（2）电机额定功率：110 kW。

（3）电机额定电压：690 V。

（4）电机额定电流：111 A。

（5）电机额定转速：1485 rpm。

五、设备清单

设备图如图 5-12 所示。

图 5-12 设备图

六、案例总结

项目改造完成后，从实际运行数据来看，一次风机变频运行节电量与理论计算数据基本一致，电机一般运行于 35~45 Hz，节电率依据负荷的不同基本维持在 20%~30%，可按投资分析考虑成本回收年限。

《风机变频技术改造》教学案例实施

教学项目实施流程图如图 5-13 所示。

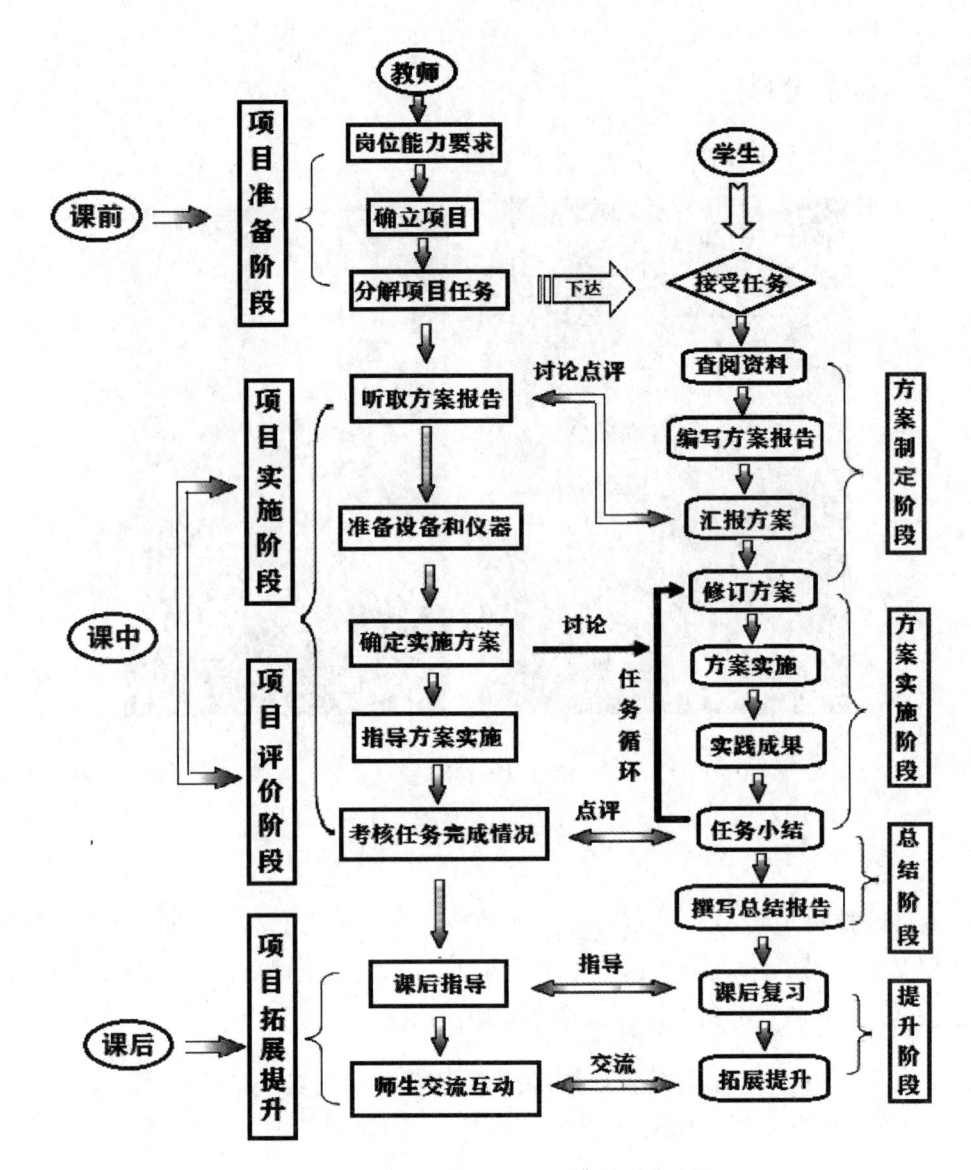

图 5-13 《风机变频技术改造》教学流程图

一、案例准备阶段（课前计划）

（1）学生分组，指定组长。

（2）与现场联系，进行现场教学准备，包括安全教育、劳保用品、行走路线、企业教师、现场教室等。

（3）安全教育，教师带领学生到现场调研，对碱回收车间碱炉工段一次风机控制系统进行了解，有一个感性认识。

（4）接受任务，查阅资料，撰写方案报告。

二、案例实施阶段（课中实施）

（1）学生按小组就座学习。

（2）技术人员介绍碱回收车间碱炉工段一次风机控制系统的工艺流程，改造控制要求。

（3）提出问题：

①写出变频器控制风机手动时动作原理、自动时动作原理。

②写出变频器控制风机发生故障时动作原理。

③列出变频器设置参数。

（4）学生根据技术人员陈述内容，分小组讨论方案。

（5）每小组选出代表汇报方案，技术人员对方案进行评价，提出优点和不足。

（6）技术人员进行案例小结。

三、案例总结提升阶段（课后提升）

（1）如要风机在工频与变频之间进行自动切换，请按小组画出风机工频与变频自动切换电路图。

（2）从风机转距特性和流量特性分析采用变频调速后节能原理。

案例3：TG车间T3000DCS系统手阀改造电动门

《T3000系统手阀改造电动阀》教学案例工作页图表5-51所示。

表5-51 《T3000系统手阀改造电动阀》教学案例工作页

案例编号	JG-03	教学案例名称	《T3000系统手阀改造电动门》
对接岗位	仪控技术员/工程师	企业案例来源	金桂TG车间汽机轴封工段T3000 DCS系统控制
适用课程	DCS技术应用	计划学时	40学时
对接标准	DCS控制系统运行与维护检修操作规程	编写人员	企业：欧芳芳 学校：谢彤
学情分析	学生是三年级学生，在校期间已经掌握DCS技术应用课程内容			
教学目标	知识目标	能力目标	素质思政目标
	熟悉各过程控制设备的结构体系和工作方式；了解各人机接口站的基本设备及各MMI站之间的相互联系方式，重点在操作员站的内容部分	掌握DCS通信网络、协议和通信设备；了解分散控制系统的可靠性指标和一些可靠性措施	1. 自觉养成从事DCS控制系统设计、编程、安装与维修工作中的规范、安全与文明生产素养 2. 培养学生项目管理应用的能力
知识点	掌握组态软件在生产过程自动化中的应用。掌握T3000 DCS系统DI/DO通道设置的流程	技能点	熟练使用组态软件进行System Configuration Utility配置，IO Driver连接
思政案例	执行元件不能自动，再好的控制系统也无法实现控制，我们的社会也是一样，每个普通老百姓都真正爱国，都发自内心的向往国家富强，国家一定会越来越好	思政目标	个体是整体的组成部分，只有充分发挥个体能动性，才能更好的实现主体目标
企业案例详解介绍	电厂轴封供气至5号低加只能现场手阀控制，无法DCS远程动作，不利于生产实时调控			
案例解决问题	由手阀改造为可远程控制开关阀			
案例教学流程	案例解读 → 观看相关图片与视频 → 提出案例问题 → 案例问题分析讨论 → 案例知识点讲解 → 学生讨论改革前后 → 学生提出解决方法 → 教师点评 → 总结、评价 → 撰写案例分析报告			

（续　表）

案例总结	刀闸阀的阀体为平面板状结构，与管道对夹连接，闸板采用单闸板，一侧与阀体阀座密封，背面与阀体另一侧之间楔形接触，密封面与介质流向相对。所述楔形接触结构是在密封面背面均设楔形压紧块，阀体另一侧对应压紧块处设调节顶丝。带盖刀闸阀具有阀体结构长度短、重量轻、阀座密封面可免受介质冲刷，密封面受压均匀、贴合严密、在关闭过程中可将阀座密封面上的尘粒、焦油等刮走以及排污方便、防止介质外泄等优点，适宜在含粉尘或焦油的煤气管线中使用

《T3000系统手阀改造电动阀》案例详解

一、控制要求：

手阀改造为开关阀，可远方控制开度。

二、控制原理图

回路走向如下：

反馈：设备→接线柜→卡件柜→服务器→操作站。

指令：设备←接线柜←卡件柜←服务器←操作站。

图5-14是DCS设备图。

开关阀　　接线柜　　卡件柜　　服务器　　操作站

图5-14　DCS设备

图5-15是DCS系统回路图。

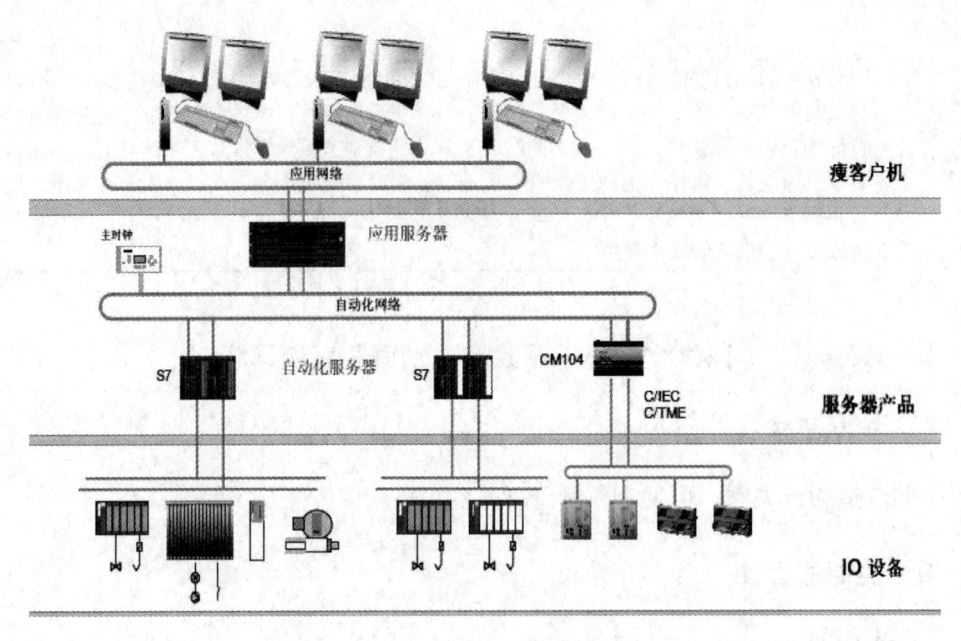

图 5-15 DCS 系统回路图

三、硬件配置（组态）

根据现场设备需求分配 IO 清单通道：DO 信号点 2 个；DI 信号点 3 个。

四、软件组态

（1）按照分配清单在对应卡件新增 DI/DO 通道，同时设置量程及单位。
（2）按照分配清单在对应控制器内新增开关阀逻辑图。
（3）添加画面，画面与逻辑连接、下装。

五、设备清单

开关阀、信号线、线鼻子、DO/DI 卡件、工程师站等。

六、系统的现场安装调试

（1）现场开关阀安装及控制电缆拉线。
（2）根据 IO 清单分配，把电缆控制线拉至对应接线柜，接入 DI/DO 信号点。
（3）逻辑编写，画面制作，下装。
（4）DCS 远程控制调试。

七、投用

调试完成后,在 DCS 操作站远程控制,给全开指令,开反馈到位;给全关指令,关反馈到位;现场阀门动作与 DCS 显示一致,验收合格,投入使用。

八、案例总结

本案例主要工作内容如下:
(1)确认设备类型,分配 IO 通道。
(2)DI/DO 回路接线及测试。
(3)DCS 逻辑编写。
(4)开关阀远方调试。

本案例需懂得的知识点:
(1)懂得开关阀原理和机构组成。
(2)懂得系统控制回路。
(3)懂得卡件类型及功能区分。
(4)懂得 IO 清单如何分配。
(5)懂得 T3000 系统模块含义。
(6)懂得 DCS 逻辑及画面如何编写。

《T3000 系统手阀改造电动阀》教学案例实施

教学项目实施流程图如图 5-16 所示。

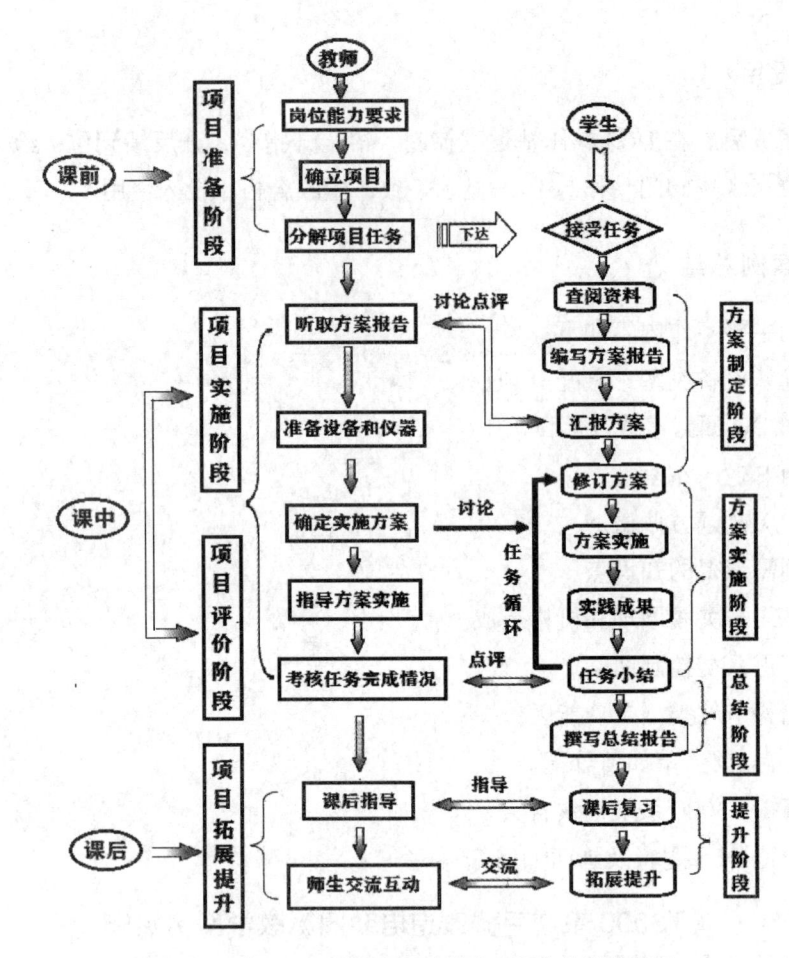

图 5-16 《T3000 系统手阀改造电动阀》教学流程图

一、案例准备阶段（课前计划）

（1）学生分组，指定组长。

（2）与现场联系，进行现场教学准备，包括安全教育、劳保用品、行走路线、企业教师、现场教室等。

（3）安全教育，教师带领学生到现场调研，对耐磨陶瓷刀闸阀产品系统进行了解，有一个感性认识。

（4）接受任务，查阅资料，撰写方案报告。

二、案例实施阶段（课中实施）

（1）学生按小组就座学习。

（2）技术人员介绍 T3000 系统的工艺流程，改造控制要求。

（3）提出问题：

①耐磨陶瓷刀闸阀产品特点。

②了解刀闸阀电动装置的组成。

③带盖刀闸阀产品特点。

（4）学生根据技术人员陈述内容，分小组讨论方案。

（5）每小组选出代表汇报方案，技术人员对方案进行评价，提出优点和不足。

（6）技术人员进行案例小结。

三、案例总结提升阶段（课后提升）

本项目可以实现电动阀门电控和手控的自动切换，提高了电动阀门工作模式切换的管理权限，避免人为切换的随意性，有效阻止某些不正当行为的发生。

案例4：TG车间T3000DCS系统新增卸压调节阀

《T3000系统新增卸压调节阀》教学案例工作页如表5-52所示。

表5-52 《T3000系统新增卸压调节阀》教学案例工作页

案例编号	JG-04	教学案例名称	《T3000系统新增卸压调节阀》
对接岗位	仪控技术员/工程师	企业案例来源	金桂TG车间公用蒸汽工段T3000 DCS系统控制
适用课程	DCS技术应用	计划学时	40学时
对接标准	AO卡件 4~20 mA AI卡件 4线制 4~20 mA	编写人员	企业：欧芳芳 学校：谢彤
学情分析	学生已经在金光企业进行了一个月地跟岗实习，对生产流程有一定的了解，对各类阀门工作过程有一定了解		
教学目标	知识目标	能力目标	素质思政目标
	1. 能进行复杂前馈系统PID参数设置与调试 2. 能进行复杂前馈系统PID控制逻辑回路的跟踪与策略阅读与测试	1. 能进行单元控制系统的分析、控制策略设计与调试 2. 能把握控制任务解耦的技巧 3. 能组态中等复杂的模拟量	1. 具备勤奋踏实的工作态度和吃苦耐劳的品质，文明生产 2. 具有较强的专业表达能力，能用专业术语口头或书面表达工作任务
知识点	掌握组态软件在生产过程自动化中的应用。掌握T3000 DCS系统4线制AI卡件和4~20 mA AO卡件通道设置的流程	技能点	掌握T3000 DCS系统模拟量输入输出技巧
思政案例	开关阀实现的是位式控制，模拟阀实现的是连续可调控制	思政目标	通过思政案例培养学生刻苦钻研的探索精神

(续　表)

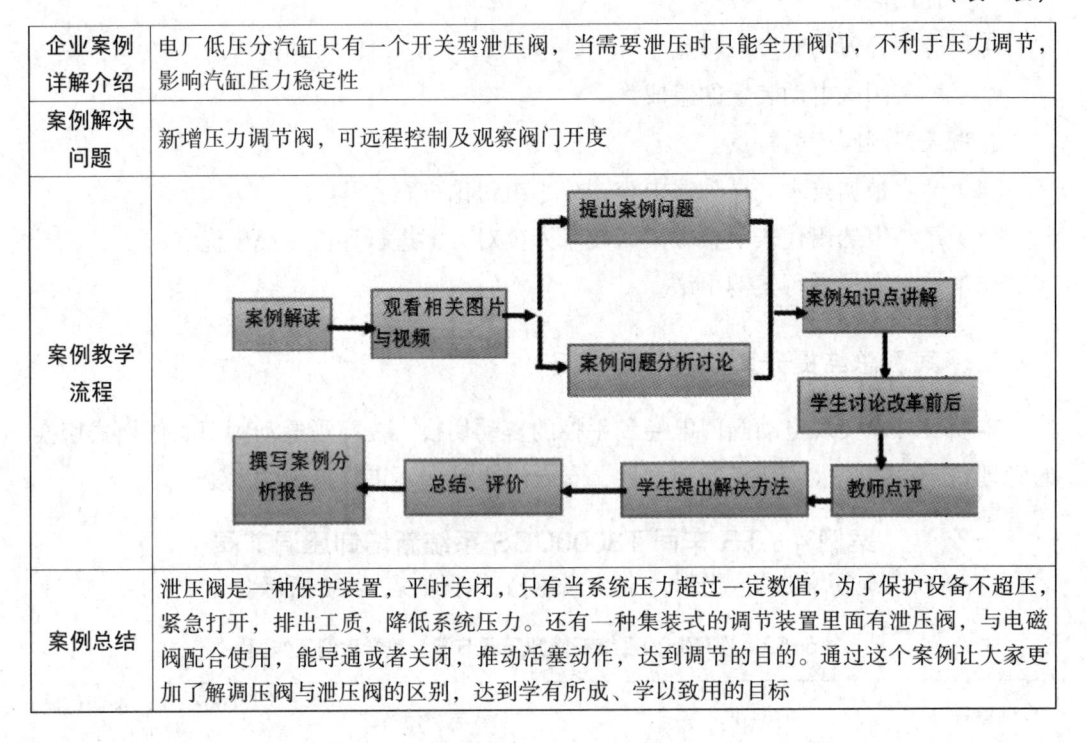

企业案例详解介绍	电厂低压分汽缸只有一个开关型泄压阀，当需要泄压时只能全开阀门，不利于压力调节，影响汽缸压力稳定性
案例解决问题	新增压力调节阀，可远程控制及观察阀门开度
案例教学流程	案例解读→观看相关图片与视频→提出案例问题→案例问题分析讨论→案例知识点讲解→学生讨论改革前后→教师点评→学生提出解决方法→总结、评价→撰写案例分析报告
案例总结	泄压阀是一种保护装置，平时关闭，只有当系统压力超过一定数值，为了保护设备不超压，紧急打开，排出工质，降低系统压力。还有一种集装式的调节装置里面有泄压阀，与电磁阀配合使用，能导通或者关闭，推动活塞动作，达到调节的目的。通过这个案例让大家更加了解调压阀与泄压阀的区别，达到学有所成、学以致用的目标

《T3000系统新增卸压调节阀》案例详解

一、控制要求

低压分气缸新增泄压调节阀，可远程控制及观察阀门开度。

二、控制原理图

回路走向如下。

反馈：设备→接线柜→卡件柜→服务器→操作站。

指令：设备←接线柜←卡件柜←服务器←操作站。

图 5-17 是 DCS 设备图。

调节阀　　接线柜　　卡件柜　　　服务器　　　　操作站

图 5-17　DCS 设备图

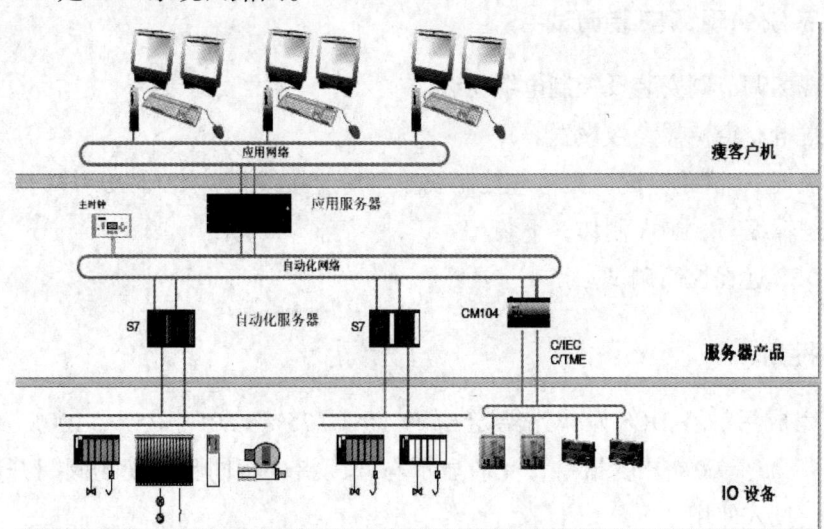

图 5-18 是 DCS 系统回路图。

图 5-18　DCS 系统回路图

三、硬件配置（组态）

根据现场设备需求分配 IO 清单通道：AO 信号点一个，量程 0~100%；AI 信号点一个（4 线制），量程 0~100%（表 5-53）。

表 5-53　IO 清单通道

金桂编码	中文描述	供电方式	测点类型	柜号	卡件号	通道	端子柜号	DCS进线	DCS出线
7136MV86ZT	调节阀位置反馈	C	AI：4~20 mA	7130CR105	AC010	7	7130CR106-F	AF01	XF101
7136MV86	调节阀位置指令	S	AO：4~20 mA	7130CR105	AD006	5	7130CR106-F	AG03	XF101

四、软件组态

（1）按照分配清单在对应卡件新增 AI/AO 通道，同时设置量程及单位。
（2）按照分配清单在对应控制器内新增调节阀逻辑图及反馈逻辑图。
（3）添加画面，画面与逻辑连接、下装。

五、设备清单

调节阀、阀门定位器、气源管、气源接头、信号线、线鼻子、AO/AI 卡件、工程师站等。

六、系统的现场安装调试

（1）现场调节阀安装及控制电缆拉线。

（2）送电、定位器参数设置。

（3）根据 IO 清单分配，把电缆控制线拉至对应接线柜，接入 AI/AO 信号点。

（4）逻辑编写，画面制作，下装。

（5）DCS 远程控制调试。

七、投用

调试完成后，在 DCS 操作站给定指令，0%、25%、50%、75%、100% 及 100%、75%、50%、25%、0% 开度指令，反馈显示与开度指令相同且与现场阀门开度一致，验收合格，投入使用。

八、案例总结

本案例主要工作内容如下：

（1）确认设备类型，分配 IO 通道。

（2）AI/AO 回路接线及测试。

（3）DCS 逻辑编写。

（4）调节阀远程调试。

本案例需懂得知识点：

（1）懂得调节阀原理和机构组成。

（2）懂得系统控制回路。

（3）懂得卡件类型及功能区分。

（4）懂得 IO 清单如何分配。

（5）懂得 T3000 系统模块含义。

（6）懂得 DCS 逻辑及画面如何编写。

《T3000系统新增卸压调节阀》教学案例实施

教学项目实施流程图如图 5-19 所示。

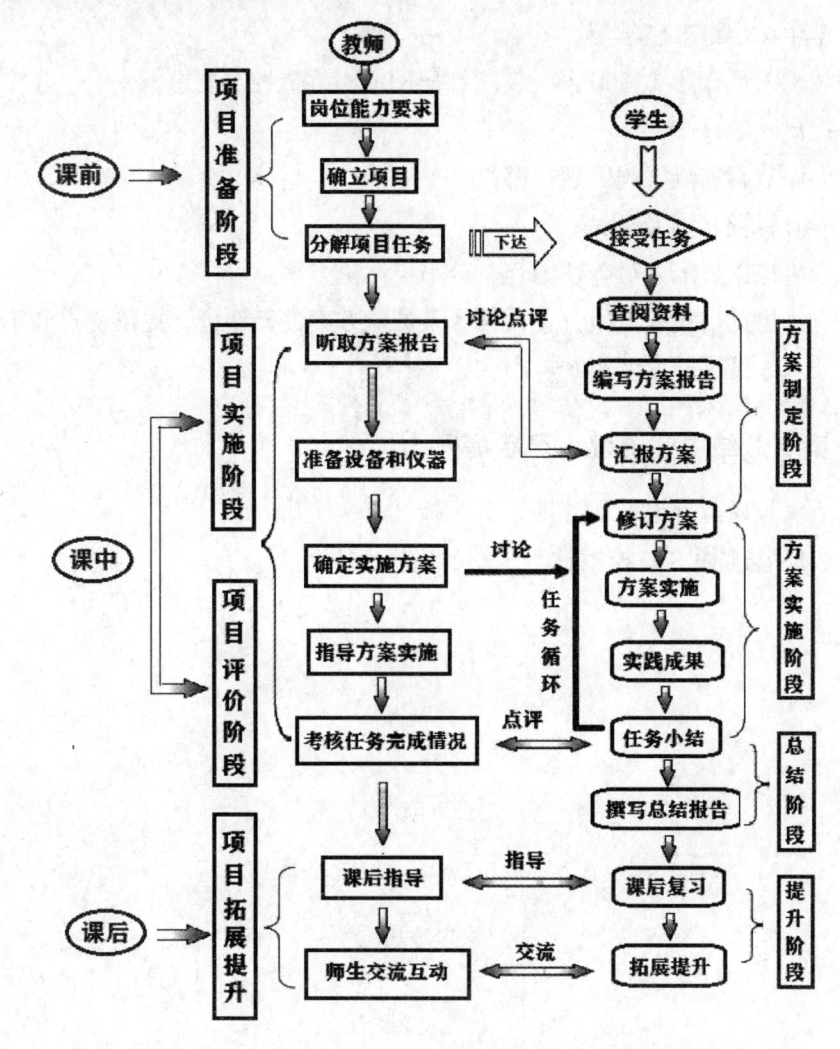

图 5-19 《T3000系统新增卸压调节阀》教学流程图

一、案例准备阶段（课前计划）

（1）学生分组，指定组长。

（2）与现场联系，进行现场教学准备，包括安全教育、劳保用品、行走路线、企业教师、现场教室等。

（3）安全教育，教师带领学生到现场调研，对低压分气缸新增泄压调节阀，可远程控制及对阀门开度进行了解，有一个感性认识。

（4）接受任务，查阅资料，撰写方案报告。

二、案例实施阶段（课中实施）

（1）学生按小组就座学习。

（2）技术人员介绍 T3000 系统新增卸压调节阀改造控制要求。

（3）提出问题：

①压力调节阀和泄压阀区别在哪里。

② AI/AO 回路接线及测试。

（4）学生根据技术人员陈述内容，分小组讨论方案。

（5）每小组选出代表汇报方案，技术人员对方案进行评价，提出优点和不足。

（6）技术人员进行案例小结。

三、案例总结提升阶段（课后提升）

（1）泄压阀噪声过大如何处理。

（2）如何通过 DCS 监控调整泄压阀的流量大小。

案例5：《纸机车间前干传动系统负载分配优化技术改造》

《纸机车间前干传动系统负载分配优化技术改造》教学案例工作页如表5-54所示。

表5-54 《纸机车间前干传动系统负载分配优化技术改造》教学案例工作页

案例编号	JG-05	教学案例名称	《纸机车间前干传动系统负载分配优化技术改造》
对接岗位	纸工务部电气处传动工程师	企业案例来源	金桂纸机车间前干燥工段ABB传动控制系统
适用课程	纸机传动系统	计划学时	16学时
对接标准	变频调速装置运行与维护检修操作规程	编写人员	企业：谢文飞 学校：周雪会
学情分析	学生已经学习了变频器调速、电工技术应用等课程，也学习了企业工程案例，有一定的企业知识			
教学目标	知识目标 掌握ABB变频器AC800M应用传动负载分配及PID控制原理	能力目标 掌握ABB变频器系统传动负载分配控制原理以及ABB变频器参数设置		素质思政目标 能利用互联网和信息技术，查阅和收集各种品牌变频器及相关产品资料
知识点	PID控制，传动速度，负载分配控制	技能点		ABB变频器C800M应用
思政案例	稳定压倒一切，不同系统之间良好的配合是稳定的前提，机器如此，社会亦是如此	思政目标		要珍惜我们稳定的社会环境，这一切离不开中国共产党的正确领导
企业案例背景介绍	前干燥在纸幅全幅后双排烘缸传动群，上下排烘缸负载相差70%，上下群组之间负载没有达到平衡控制，容易影响纸张的品质，也可能造成纸幅破洞断纸，影响到纸机正常生产			
案例解决问题	传动上下烘缸群组负载分配不平衡问题			
案例教学流程	案例解读 → 观看相关图片与视频 → 提出案例问题 → 案例问题分析讨论 → 案例知识点讲解 → 学生讨论改革前后 → 教师点评 → 学生提出解决方法 → 总结、评价 → 撰写案例分析报告			
案例总结	通过本次案例学习，了解了ABB转动控制器控制一个或一组负载，负载之间通过刚性或柔性耦合，而外部给定只给其中一个变频器，其他的变频器跟随主机动作。使用主从控制可以使负载均匀地分配到各传动单元。主机与从机之间通过光纤通信，一般主机采用速度控制，而从机采用速度还是转矩控制要视主从电机轴是采用什么方式耦合，主从之间采用刚性连接时从机需采用转矩跟随，柔性连接时要采用速度跟随。因为前者两组传动装置间不能存在速度差异，后者会存在速度差异			

《纸机车间前干传动系统负载分配优化技术改造》案例详解

一、控制要求

传动上下烘缸群组负载分配平衡控制。

二、控制原理图

控制原理图如图 5-20 所示。

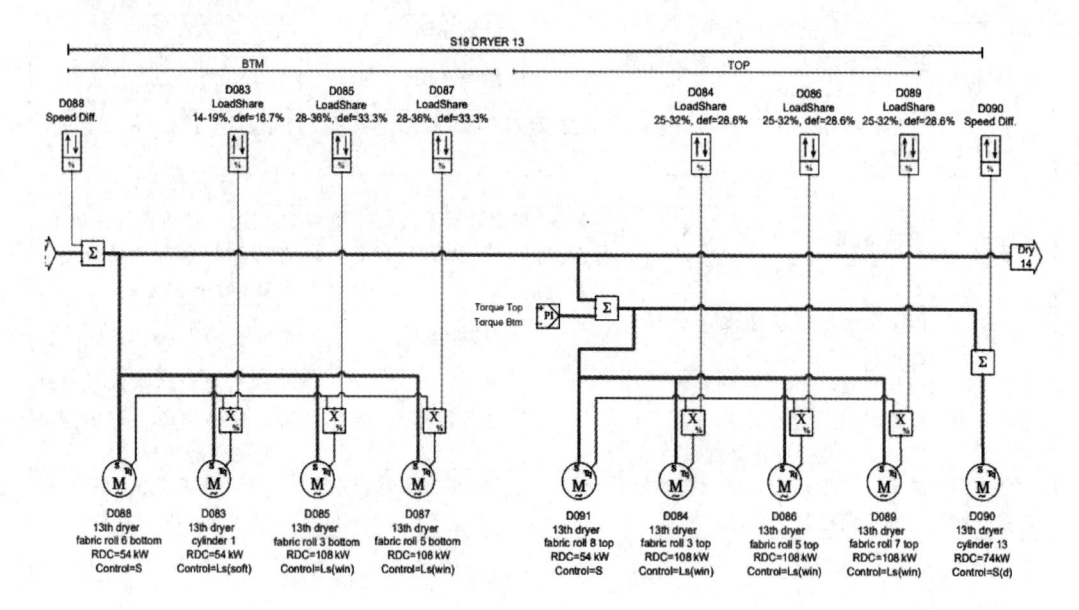

图 5-20 控制原理图

三、原理分析

在多个传动点控制中，通过设置主从关系（主：速度控制；从：负载分配控制），根据设备厂商提供的 RDC 功率（机械负载）对电机进行负载分配，单个传动点上下限幅，让整群组传动点电机负载达到平衡控制，上下群组间通过计算总 RDC 功率，根据比例进行分配。运行时采集传动点实际负载进行计算，经过 PID 计算调节上干网速度去实现上下群组负载平衡。

四、程序分析

（1）原程序设计控制参数不合理，PID 调节范围小，无法实现自动调节负载平衡功能。

（2）原传动点间负载分配不合理，造成传动点负载不平衡，纸幅松软。

（3）上下干网群组只有自动调节，没有手动调节，无法满足现场工艺通过修改控制程序，增加上排缸 Draw 功能，满足现场工艺需求，通过手动微调节实现负载平衡。

（4）优化上下排缸负载分配 PID 参数，实现上下群组间负载自动调节。

五、参数设置

（1）D088：54 kW；D083：54 kW；D085：108 kW；D087：108 kW。

（2）D091：54 kW；D084：108 kW；D086：108 kW；D089：108 kW。

（3）PI 参数设置，限幅设置。

（4）Draw 数值设定。

六、设备清单

（1）下干网传动点：D088、D083、D085、D087。

（2）上干网传动点：D091、D084、D086、D089。

七、案例总结

对于金桂 PM1 开机时前干 7-14 群上下群组负载不平衡问题，进行传动数据收集，与 ABB 工程师研究讨论，与生产部门沟通，制定改善方案，对改善方案进行风险衡量，选择最优方案进行优化程序，有组织有计划地完成改善方案，程序与参数优化后，上下干网群组电机负载平衡运行，纸幅稳定，保证了纸机提速及提产。

《纸机车间前干传动系统负载分配优化技术改造》教学案例实施

教学项目实施流程图如图 5-21 所示。

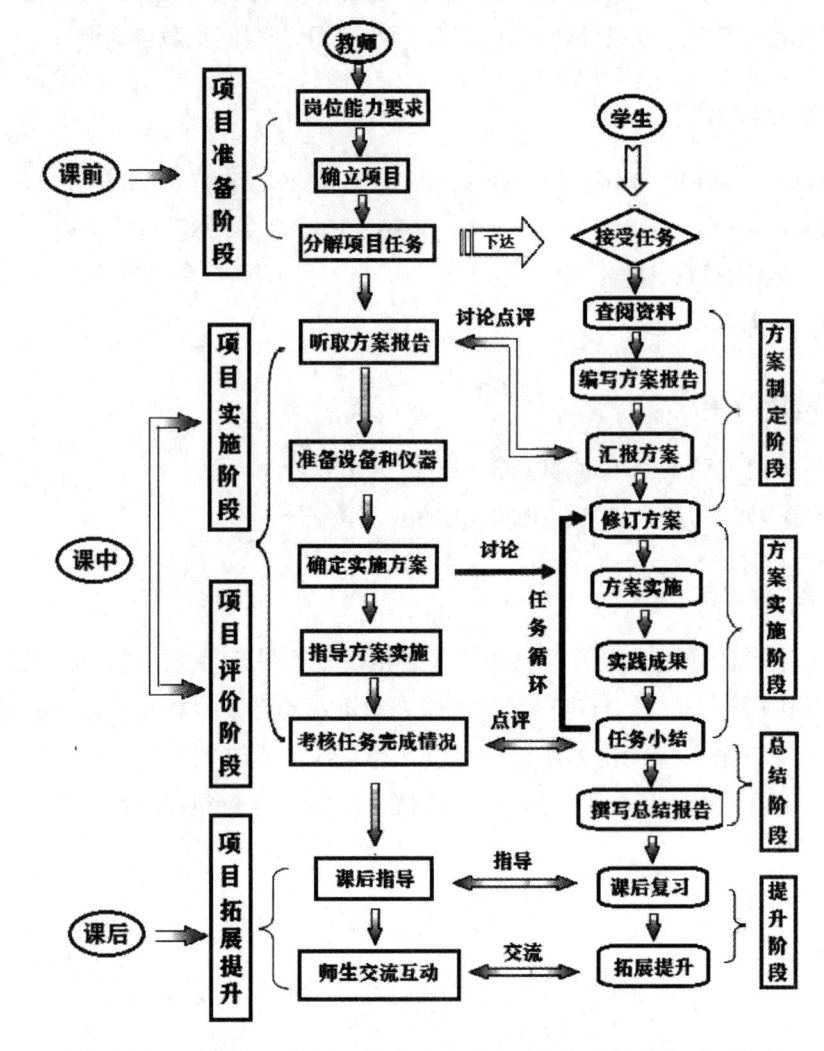

图 5-21 《纸机车间前干传动系统负载分配优化技术改造》教学流程图

一、案例准备阶段（课前计划）

（1）学生分组，指定组长。

（2）与现场联系，进行现场教学准备，包括安全教育、劳保用品、行走路线、企业教师、现场教室等。

（3）安全教育，教师带领学生到现场调研，对纸机车间前干燥工段 ABB 传动控制系统进行了解，有一个感性认识。

（4）接受任务，查阅资料，撰写方案报告。

二、案例实施阶段（课中实施）

（1）学生按小组就座学习。

（2）技术人员介绍纸机车间前干燥工段的 ABB 传动控制系统工作过程及要求。

（3）提出问题：

①如何将外部控制信号连接到主机。通过从机的故障指示继电器输出，连接至主机的运行允许信号。

②在电机不与被驱设备相连的情况下，进行电机测试。通过主机模拟/数字输入和主机控制盘发出控制命令。

③主机事实上就是一个独立的传动控制单元，对其参数的设置参照《ABB DCS800 固件手册》。

（4）学生根据技术人员陈述内容，分小组讨论方案。

（5）每小组选出代表汇报方案，技术人员对方案进行评价，提出优点和不足。

（6）技术人员进行案例小结。

三、案例总结提升阶段（课后提升）

（1）直流母线欠电压故障如何解决。

（2）ABB 变频器编码器故障如何解决。

案例 6：故障维修分析案例——造纸车间纸机工段浆流送系统维修

《造纸车间纸机工段浆流送控制故障维修》教学案例工作页如表 5-55 所示。

表5-55 《造纸车间纸机工段浆流送控制故障维修》教学案例工作页

案例编号	JG-06	教学案例名称	《造纸车间纸机工段浆流送控制故障维修》
对接岗位	纸工务部电气处	企业案例来源	金桂造纸车间纸机工段浆流送（系统）控制
适用课程	电动机拆装实训	计划学时	8学时
对接标准	电机维护维修规范	编写人员	企业：谢文飞 学校：庞广富
学情分析	学生属于三年级学生，在校期间进行了电动机拆装实训教学，同时有电气控制线路课程的理论支持			
教学目标	知识目标	能力目标	素质目标
	引导讲授如何拆装电动机、根据电动机的铭牌接线、电机检测故障处理及维修等理论知识及相关知识	掌握电机的拆装、绕组的下线、电机故障的检测等技能	通过布置典型的工作任务，培养学生的自我发展能力、自我管理能力等
知识点	电动机的工作原理及正反转工作原理	技能点	掌握电动机转子拆装，调教
思政案例	一个小零件、一条小焊缝都可能颠覆一个大工程。介绍大国工匠高凤林参与过一系列航天重大工程，焊接过的火箭发动机占我国火箭发动机总数的近四成，攻克了长征五号的技术难题	思政目标	突破极限精度，将"龙的轨迹"划入太空；破解20载难题，让中国繁星映亮苍穹。焊花闪烁，岁月寒暑，为火箭铸"心"，为民族筑梦
企业案例背景介绍	送浆泵现场使用过程中，振动变大，异常声音变大，振动检测结果为轴承跑外圈及轴承缺陷			
案例解决问题	电机联轴器对中			
案例教学流程	案例解读→观看相关图片与视频→提出案例问题/案例问题分析讨论→案例知识点讲解→学生讨论改革前后→教师点评→学生提出解决方法→总结、评价→撰写案例分析报告			

（续 表）

案例总结	备浆流送部作为纸页抄造过程中的一个重要工段，它包括从纸浆车间的成浆池到流浆箱唇口这一过程，是连接制浆工段和抄纸工段的枢纽，属于纸页抄造过程的准备工段。备浆流送部的主要作用是纸浆成分的混合、稀释、纸浆的除渣以及稳定浓度和流量。备浆流送系统的流程和设备的选择对造纸机的产品质量和造纸机运行的连续性、稳定性有很大影响

《造纸车间纸机工段浆流送控制故障维修》案例详解

一、故障现象

纸机面层FAN泵运行中，振动检测出现振动变大，声音异常，检测确认轴承缺陷，按计划进行停机维护。

二、故障分析

泵轴承电腐蚀造成轴承缺陷、泵轴承跑外圈，配合精度不良。

三、使用工具

M17\M19\M30\M46\扳手、活动扳手、套筒组、20丝杆、液压千斤顶、5T吊带、卸扣、吊环、激光对中仪等。

四、故障解决方法

更换电机，对下机电机进行装配测绘，减少异常发生。

五、故障解决步骤

拆电机线—调开电机—拉拔联轴器—回装联轴器—回装电机—接线—对中。

六、维修总结

（1）每次下机更换轴承时，复核一遍电机装配尺寸，量测轴承内外径及配合位置。

（2）结合现场振动情况，计划性下机更换，避免临时停机异常。

（3）必要时对电机外修检测平衡情况。

《造纸车间纸机工段浆流送控制故障维修》教学案例实施

教学项目实施流程图如图 5-22 所示。

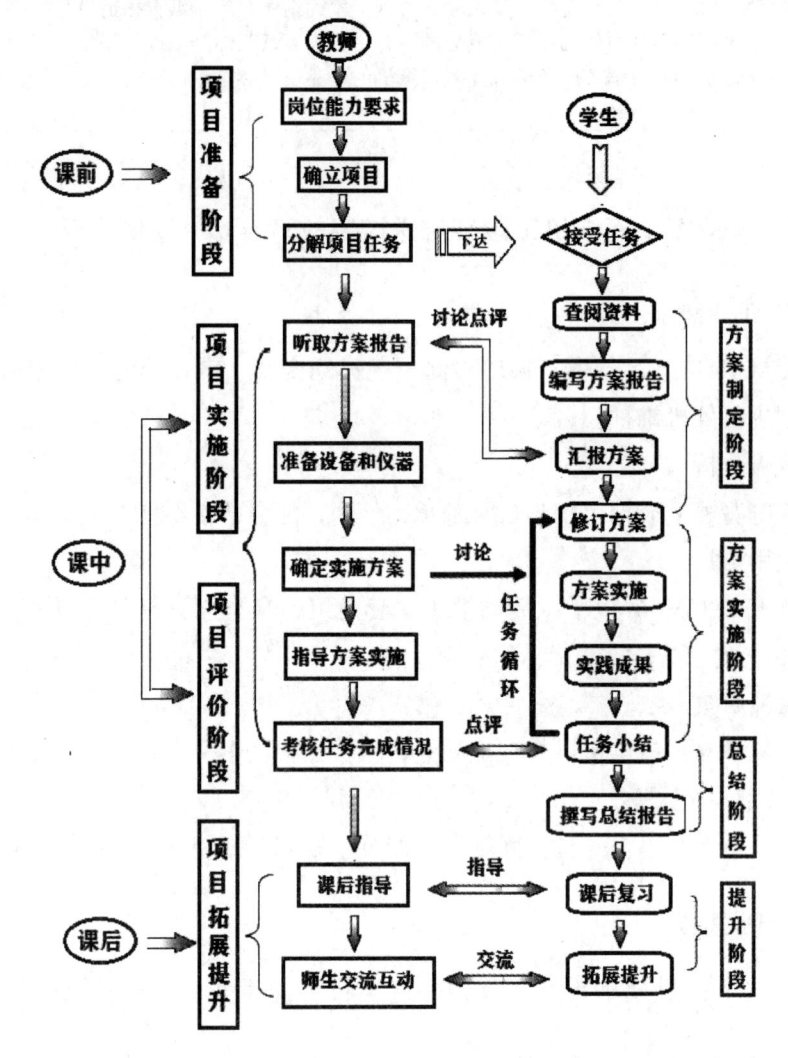

图 5-22 《造纸车间纸机工段浆流送控制故障维修》教学流程图

一、案例准备阶段（课前计划）

（1）学生分组，指定组长。

（2）与现场联系，进行现场教学准备，包括安全教育、劳保用品、行走路线、企业教师、现场教室等。

（3）安全教育，教师带领学生到现场调研，对造纸车间纸机工段浆流送控制故障维修进行了解，有一个感性认识。

（4）接受任务，查阅资料，撰写方案报告。

二、案例实施阶段（课中实施）

（1）学生按小组就座学习。

（2）技术人员介绍造纸车间纸机工段浆流送控制故障维修的工艺流程，改造控制要求。

（3）提出问题：

①如何有效地除去由浆料、填料、化学品等材料带入系统的杂质，提高浆料上网的洁净。

②如何达到抄造出的纸页定量均一的目的。

③纸料中常常含有尘埃及各种杂质，这些杂质对成纸质量均有不良影响，生产中如何有效地除去这些杂质。

（4）学生根据技术人员陈述内容，分小组讨论方案。

（5）每小组选出代表汇报方案，技术人员对方案进行评价，提出优点和不足。

（6）技术人员进行案例小结。

三、案例总结提升阶段（课后提升）

（1）轴承、电机等温度要求是多少，70 ℃是否正常。

（2）检修有易燃、易爆、有毒、有腐蚀性介质或蒸汽设备的工作流程。

案例7：故障维修分析案例——制浆车间流送工段浆流送系统维修

《浆流送系统维修保养》教学案例工作页如表5-56所示。

表5-56 《浆流送系统维修保养》教学案例工作页

案例编号	JG-07	教学案例名称	《浆流送系统维修保养》
对接岗位	浆工务部机械处	企业案例来源	金桂制浆车间流送工段浆流送（系统）控制
适用课程	制浆造纸设备	计划学时	8学时
对接标准（规范）	泵的拆解维护及对中操作规程	编写人员	企业：卢修龙 学校：庞广富
学情分析	学生学习过机械制图、机械基础，参加了学校的金工实习，有一定的测量技术			
教学目标	知识目标 1.熟悉泵的拆解维护设备的安装和拆卸以及检测原则 2.熟悉并能使用精度检测中常用的工具对典型零件进行精度检测	能力目标 1.掌握常用测量器具、工具的名称、用途和维护保养方法 2.掌握泵主要机构的作用 3.掌握部件装配图的读图方法		素质目标 1.能够遵守操作规范，正确使用工、卡、量具 2.能够在拆装和检测过程中会查阅和使用有关技术资料指导拆装和检测
知识点	泵的拆解维护知识掌握	技能点		泵的拆解维护工艺流程的掌握
思政案例	讲述电梯维修未做到位导致电梯吞人的案例，引出职业标准、安全规范、精益求精的工匠精神	思政目标		引导学生养成注重细节、一丝不苟的习惯
企业案例背景介绍	泵现场使用过程中，振动变大，衬板螺栓有断裂，造成漏浆，振动检测结果为管道振动大及轴承缺陷，需维修更换			
案例解决问题	拆解轴承单元及叶轮衬板，对衬板进行更换，调整间隙，开机			
案例教学流程	案例解读→观看相关图片与视频→提出案例问题→案例问题分析讨论→案例知识点讲解→学生讨论改革前后→教师点评→学生提出解决方法→总结、评价→撰写案例分析报告			
案例总结	通过本案例讲解了浆料以一定压力沿切线方向进入机体顶部，侧面流入筛鼓内自上而下流动，由于筛鼓内外的压力差和旋翼旋转，促使浆料穿过筛板完成筛选。当旋翼旋转时，由于前端增加对附近浆料的压力，推动细浆迅速通过筛孔，当旋翼继续旋转，旋翼尾部外侧与筛板内壁间隙逐渐增大，出现局部负压过程，当负压与筛鼓外细浆压力相等时浆料停止通过筛孔，当负压继续增大时，筛鼓外的细浆即向筛鼓里面回冲，起到冲刷筛孔上浆团和粗渣的作用。接着浆料又在另一只旋翼旋转的作用下继续进行相同的筛选过程，同时旋翼还直接推动尾浆向下流入筛子的底部经沟槽排出			

《浆流送系统维修保养》案例详解

一、故障现象

1#APMP 车间中浓浆泵后衬板漏浆，停机检查发现衬板螺栓断裂，分析振动大导致螺栓断裂，决定更换泵头及衬板、螺栓。

二、故障分析

（1）管道振动大对泵有冲击。
（2）泵联轴器对中不良。
（3）泵轴承游隙变大。

三、使用工具

M17\M19\ 扳手、活动扳手、套筒组、2 吨葫芦、吊带、卸扣、吊环等。

四、故障解决方法

拆解泵头进行更换、联轴器对中、管道加固。

五、故障解决步骤

拆联轴器护罩、联轴器—拆泵头—更换衬板及螺栓—回装—对中等。

六、维修总结

（1）设备状态检测需要加强，提前判断对中不良、振动异常等问题，避免异常再次发生。
（2）设备对中仪器的使用加强训练，提升对中速度及对中精确度。
（3）管道等紧固件定期检查。

《浆流送系统维修保养》教学案例实施

教学项目实施流程图如图 5-23 所示。

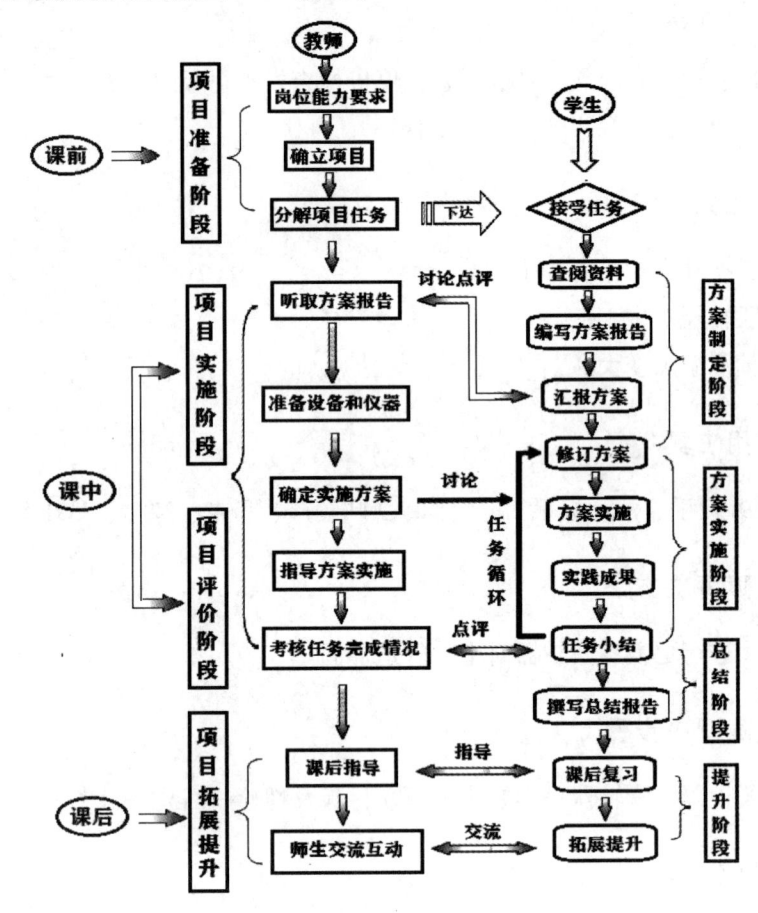

图 5-23 《浆流送系统维修保养》教学流程图

一、案例准备阶段（课前计划）

（1）学生分组，指定组长。

（2）与现场联系，进行现场教学准备，包括安全教育、劳保用品、行走路线、企业教师、现场教室等。

（3）安全教育，教师带领学生到现场调研，对制浆车间流送工段浆流送（系统）控制系统进行了解，有一个感性认识。

（4）接受任务，查阅资料，撰写方案报告。

二、案例实施阶段（课中实施）

（1）学生按小组就座学习。

（2）技术人员介绍制浆车间流送工段浆流送（系统）控制系统的工艺流程，改造控制要求。

（3）提出问题：

①纸机真空系统的作用是什么。

②除气器作用是什么。

（4）学生根据技术人员陈述内容，分小组讨论方案。

（5）每小组选出代表汇报方案，技术人员对方案进行评价，提出优点和不足。

（6）技术人员进行案例小结。

三、案例总结提升阶段（课后提升）

（1）浓浆泵抽送的密度较大或黏度较高。

（2）浓浆泵扬程低、流量大造成电动机功率与水泵特性不符。

（3）水泵内部有动静部件擦碰或叶轮与密封圈摩擦。

案例8：故障维修分析案例——造纸车间纸机工段浆流送系统故障维修

《压力筛振动值故障维修》教学案例工作页如表5-57所示。

表5-57 《压力筛振动值故障维修》教学案例工作页

案例编号	JG-08	教学案例名称	《压力筛振动值故障维修》
对接岗位	纸工务部机械处	企业案例来源	金桂造纸车间纸机工段浆流送系统控制
适用课程	制浆造纸设备	计划学时	8学时
对接标准	压力筛轴承维修安装规范	编写人员	企业：吕林辉 学校：庞广富
学情分析	学生学习过机械制图、机械基础，同时参与了学校的金工实习，有一定的测量技术			
教学目标	知识目标	能力目标	素质目标
	1.掌握常用测量器具、工具的名称、用途和维护保养方法 2.掌握机械设备主要机构的作用 3.掌握机床部件装配图的读图方法	1.掌握各项精度检查的相关知识 2.掌握各项精度检查的相关数值计算方法	掌握机械设备拆装安全操作、文明生产规程，自觉地贯彻质量、安全及生产现场的5S标准要求
知识点	1.压力筛故障原因分析 2.压力筛结构轴承结构 3.压力筛轴承装配规范	技能点	1.压力筛轴承拆装操作 2.拆装工具使用

（续　表）

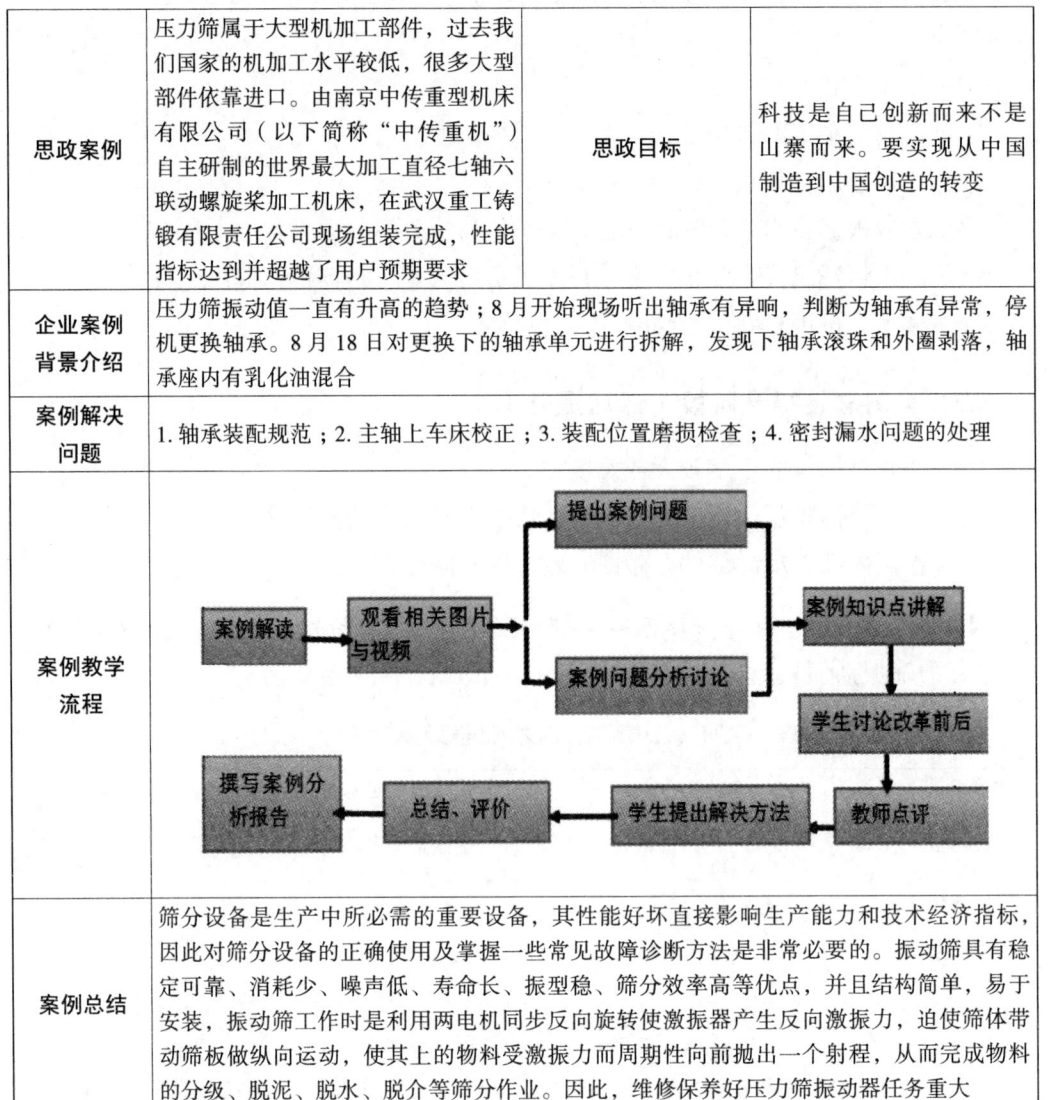

思政案例	压力筛属于大型机加工部件，过去我们国家的机加工水平较低，很多大型部件依靠进口。由南京中传重型机床有限公司（以下简称"中传重机"）自主研制的世界最大加工直径七轴六联动螺旋桨加工机床，在武汉重工铸锻有限责任公司现场组装完成，性能指标达到并超越了用户预期要求	思政目标	科技是自己创新而来不是山寨而来。要实现从中国制造到中国创造的转变
企业案例背景介绍	压力筛振动值一直有升高的趋势；8月开始现场听出轴承有异响，判断为轴承有异常，停机更换轴承。8月18日对更换下的轴承单元进行拆解，发现下轴承滚珠和外圈剥落，轴承座内有乳化油混合		
案例解决问题	1.轴承装配规范；2.主轴上车床校正；3.装配位置磨损检查；4.密封漏水问题的处理		
案例教学流程	案例解读→观看相关图片与视频→提出案例问题／案例问题分析讨论→案例知识点讲解→学生讨论改革前后→教师点评→学生提出解决方法→总结、评价→撰写案例分析报告		
案例总结	筛分设备是生产中所必需的重要设备，其性能好坏直接影响生产能力和技术经济指标，因此对筛分设备的正确使用及掌握一些常见故障诊断方法是非常必要的。振动筛具有稳定可靠、消耗少、噪声低、寿命长、振型稳、筛分效率高等优点，并且结构简单，易于安装，振动筛工作时是利用两电机同步反向旋转使激振器产生反向激振力，迫使筛体带动筛板做纵向运动，使其上的物料受激振力而周期性向前抛出一个射程，从而完成物料的分级、脱泥、脱水、脱介等筛分作业。因此，维修保养好压力筛振动器任务重大		

《压力筛振动值故障维修》案例详解

一、故障现象

4月17日开始压力筛振动值一直有升高的趋势；8月开始现场听出轴承有异响，判断轴承有异常，8月12号停机更换总承。8月18日对更换下的轴承单元进行拆解，发现下轴承滚珠和外圈剥落，轴承座内有乳化油混合。

二、故障分析

机械密封法兰面有变形问题，造成水从螺纹孔直接漏出来，有水漏到轴承座内，导致水积在下轴承位置，5月18日检修只进行堵漏及新油注入排出被污染旧油处理，这期间的进水已经造成轴承润滑不良损坏，进而导致振动持续上升，直至8月12日更换下机。

三、使用工具

M24\M30扳手、活动扳手、2吨葫芦、吊带、卸扣、吊环等。

四、故障解决方法

拆解轴承单元更换整组备件，原因分析，避免再次发生。

五、故障解决步骤

轴承单元下机更换轴承、校正主轴、更换机封、重新装配上机，上机后振动检测维护保养。

六、维修总结

（1）所有压力筛故障类型分类统计，针对以前发生过的故障做一次总结，并全部更新到SOP里面，轴承座与法兰安装面螺纹孔加装堵头已经加入SOP，并对全员培训讲解。

（2）机械密封安装到位后注水没过机械密封位，检测是否漏水。

《压力筛振动值故障维修》教学案例实施

教学项目实施流程图如图 5-24 所示。

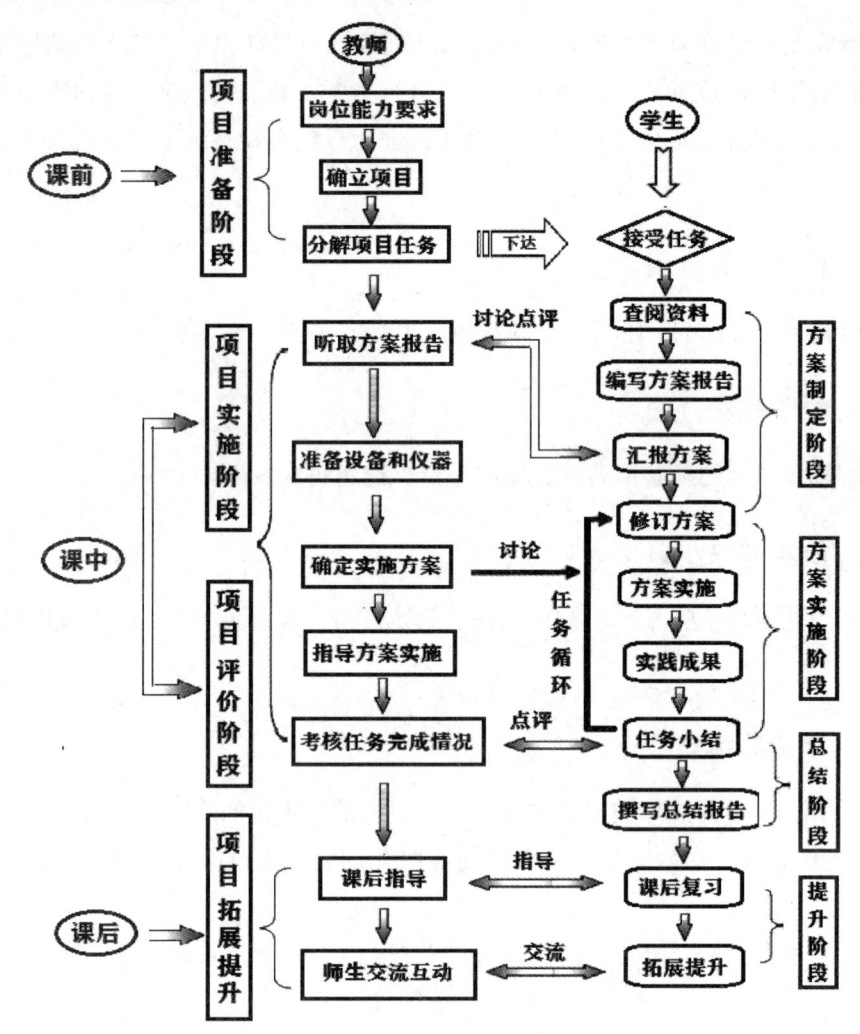

图 5-24 《压力筛振动值故障维修》教学流程图

一、案例准备阶段（课前计划）

（1）学生分组，指定组长。

（2）与现场联系，进行现场教学准备，包括安全教育、劳保用品、行走路线、企业教师、现场教室等。

（3）安全教育，教师带领学生到现场调研，对纸车间纸机工段浆流送（系统）控制系统进行了解，有一个感性认识。

（4）接受任务，查阅资料，撰写方案报告。

二、案例实施阶段（课中实施）

（1）学生按小组就座学习。

（2）技术人员介绍碱回收车间碱炉工段一次风机控制系统的工艺流程，改造控制要求。

（3）提出问题：

①振动筛筛面上物料流动异常解决办法。

②振动筛无法起动或者振幅过小故障原因。

③振动筛旋转变慢，轴承发热原因。

（4）学生根据技术人员陈述内容，分小组讨论方案。

（5）每小组选出代表汇报方案，技术人员对方案进行评价，提出优点和不足。

（6）技术人员进行案例小结。

三、案例总结提升阶段（课后提升）

（1）一端激振器轴承损坏，造成两侧激振力不一致。

（2）筛板破损、松动或筛条断裂，产生重复振动或混料。

案例9：认识制浆造纸工艺流程

《认识制浆造纸工艺流程》教学案例工作页如表5-58所示。

表5-58 《认识制浆造纸工艺流程》教学案例工作页

案例编号	JG-09	教学案例名称	《认识制浆造纸工艺流程》
对接岗位	工艺员/工程师	企业案例来源	金桂浆纸业工务部流程简介
适用课程	制浆造纸工艺	计划学时	10学时
对接标准	制浆造纸工艺流程标准	编写人员	企业：王艳峰 学校：谢彤
学情分析	初进入金光现代学徒制班级的学生对造纸厂和造纸工艺尚未有概念，为了引导学生对制浆造纸工艺有一个初步的概念，结合第一次到金桂浆纸业认岗，通过参观工厂现场，采用传统与现代工艺对照的方式，讲解现代造纸工艺流程		
教学目标	知识目标	能力目标	素质思政目标
	了解现代造纸工艺流程，掌握PRC-APMP制浆的原理	对传统与现代造纸工艺有所认识，对行业情况有所了解	1.造纸术是我国四大发明之一 2.爱岗敬业、勤于钻研
知识点	1.古法造纸工艺 2.现代制浆造纸工艺 3.PRC-APMP制浆的原理	技能点	能够清楚地认知PRC-APMP制浆工艺的现场设备
思政案例	造纸术是我国四大发明之一，传入欧洲后极大地推动了欧洲近代文化的发展	思政目标	通过中华造纸术推动人类文明进程，树立学生的中国文化自信
企业案例详解介绍	金桂采用的是改良后的APMP制浆工艺，即P-RC-APMP，这是目前最新最先进的制浆方法之一。PRC工艺由安德里兹开发并申请专利。P-RC为Preconditioning Refiner Chemical的英文缩写，P代表磨浆前的预处理，即在磨浆段加入漂白化学品的碱性过氧化氢机械浆。RC代表盘磨促进浆料的化学反应		
案例解决问题	初步了解PRC-APMP制浆工艺		
案例教学框图	案例解读 → 观看相关图片与视频 → 提出案例问题 / 案例问题分析讨论 → 案例知识点讲解 → 学生讨论改革前后 → 教师点评 → 学生提出解决方法 → 总结、评价 → 撰写案例分析报告		
案例总结	化学机械浆（英文名称Chemi-Machanical Pulp）简称CMP，是纸张制造过程中一种中间产品的名称，纸张制造是由多个加工过程构成的复杂工艺。制造纸张的原料是各种纤维原料，这些纤维原料首先需切碎并蒸煮制成纸浆，由于这些纤维材料的组成和化学成分各异，因此有不同制浆工艺。本案例结合金桂所采用的PRC-APMP制浆工艺，帮助学生了解现代化机浆的工艺，同时引导学生树立文化自信，达到学有所成、学以致用的目标		

《认识制浆造纸工艺流程》案例详解

一、木材到纸张的生产流程

木材到纸张的生产流程主要有制浆、造纸、整理等基本过程，如表5-25所示。

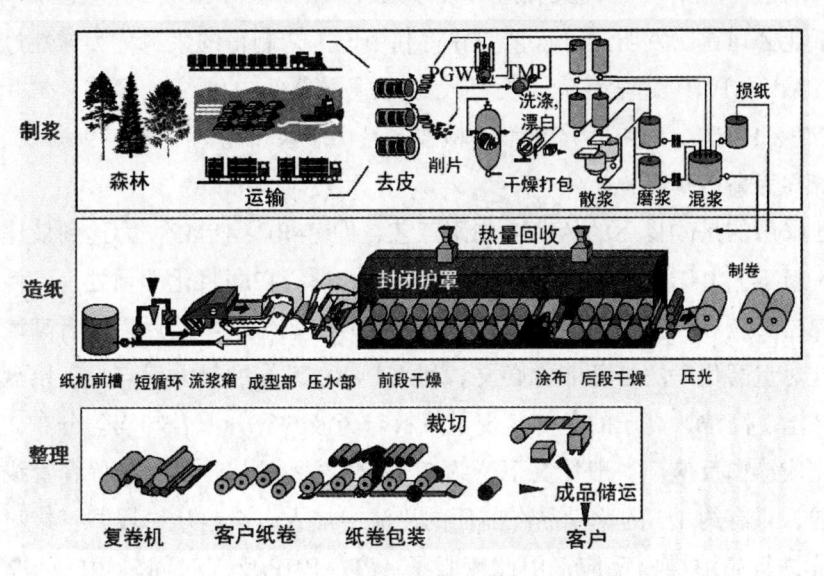

图5-25 木材到纸张的生产流程

二、金桂现代化学机械浆工艺

（一）APP/APMP

合格木片 → 木片仓 → 一段挤压预浸 → 二段挤压预浸 → 三段挤压预浸 → 反应仓 → 一段磨 → 二段磨 → 消潜 → 筛选净化 → 浓缩 → 成品送纸机

（二）P-RC-APMP

合格木片 → 1号木片仓 → 一段挤压预浸 → 2号木片仓 → 二段挤压预浸 → 反应仓 → 一段磨 → 高浓停留塔 → 压榨机 → 二段磨 → 消潜 → 筛选净化 → 浓缩 → 成品槽

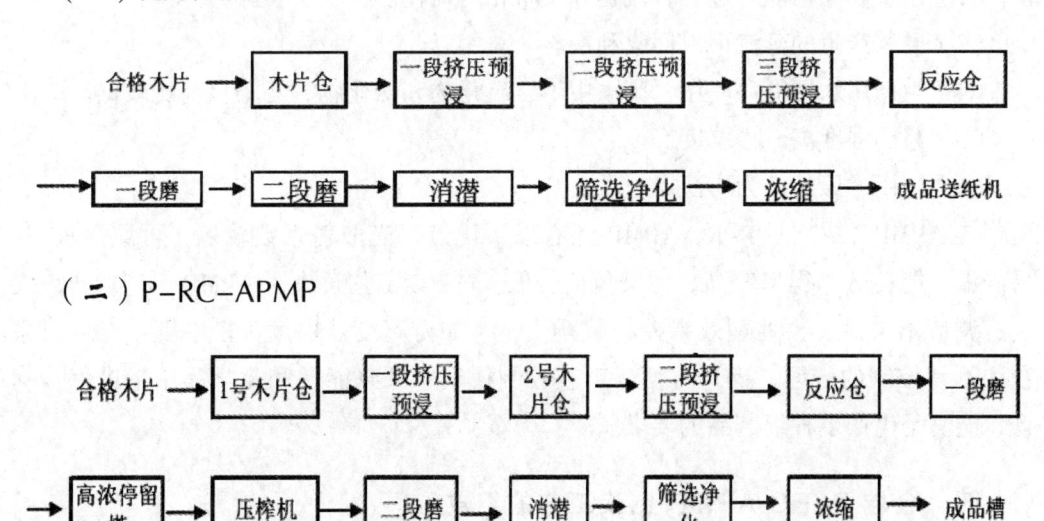

由于木材资源短缺、环境保护的压力和能源消耗等因素，设计得率高、污染少、能耗低的制浆方法已成为制浆造纸工业迫切需要解决的问题。化学热磨机械浆（CTMP 或 BCTMP）技术自 20 世纪 70 年代首条生产线建成以来发展迅速，继而在 20 世纪 80 年代后期和 90 年代又相继开发了 APP/APMP、PRC。20 世纪 80 年代后期，斯科特纸业公司首次发明这种工艺，并将利用该工艺制得的浆料称为碱性过氧化氢浆（APP）。APP/APMP 流程简单、投资较少，适用于低白度浆。目前，常用 BCTMP、APP/APMP、P-RC APMP 生产化学机械浆，且由于浆得率高（80%~90%），所得的三浆又被统称为高得率浆（HYP）。

金桂采用的是改良后的 APMP 制浆工艺，即 P-RC-APMP。为达到最佳的漂白效果，这一新工艺 P-RC 需要一个比较缓和的预处理，在磨浆化学预处理条件下完成大部分的漂白反应。因为浆料在盘磨机中的停留时间较短，磨浆后需要有高浓停留反应过程，这对盘磨化学法处理非常必要。利用 P-RC 系统的最大优点是利用盘磨进行喷放管中高温、高浓、高压的条件实现了浆料与药液的充分混合与均匀分布，并且在高浓塔中完成漂白反应。一般情况下，约 2/3 的化学品是从一段磨的稀释管线或喷放管线加入的，只有约 1/3 的化学品在前面的浸渍中加入。浆料从一段磨直接喷放至反应塔，继续进行高浓漂白反应，因此克服了 APP/APMP 反应时间较短的问题。大部分漂白反应是在高浓、高温条件下完成的，而不是漂白木片。

三、APMP 制浆工艺的优点

（1）磨浆得率高，可达到 90% 以上，可节省木材用量。
（2）制浆和漂白同时进行，流程和设备相对简化。
（3）磨浆产生的蒸汽可以回收利用。
（4）生产用水可循环使用，废水中不含硫化物和氯化物，污染负荷比较低。
（5）浆的强度高，松厚度好。
（6）适用的原料较为广泛。

与 APMP 工艺比，P-RC APMP 还有以下优点，光散射系数较好，可漂性较好，易洗涤，能耗低，得率较高，污染负荷较低。P-RC 工艺解决了 APMP 工艺加药点固定、调节不灵活、预处理效果差、浆料质量（如游离度、白度、松厚度、光散射系数）不易控制的难题，操作方便、工艺控制稳定、磨浆能耗和化学品用量进一步降低，能满足生产多种纸产品的要求。

四、金桂 P-RC APMP 制浆工艺的组成

（1）木片洗涤系统。

（2）预浸渍系统。
（3）主生产线的磨浆系统。
（4）热回收系统。
（5）筛选净化系统。
（6）浆渣处理系统。
（7）浓缩系统。
（8）后高浓漂白系统。
（9）洗涤系统和浆储存系统。

五、金桂 P-RC APMP 制浆工艺的特点

（1）采用一段木片挤压及预浸系统，有效地促进了桉木片与药液反应的均匀性，木片得到充分软化。

（2）一段带压磨浆、压力喷放，可减少纤维束含量。

（3）通过在一段磨喷放管中加入漂白化学药液，充分利用其高温、高浓、高压等有利条件，促进了药液与浆料的混合均匀，有利于浆料在后续的漂白反应，从而使系统药品需要量及漂白设备投资大幅减少。

（4）在一段磨浆后设置高浓漂白反应塔，保证了反应时间，充分利用化学品，提高了漂白效率。

（5）漂液的多点加入有利于对漂白工艺及成浆白度进行控制，浆料的漂白潜能得到提高。

（6）成浆质量控制更灵活，在一段磨后增加了低浓磨浆系统，使成浆质量更均匀，浆料游离度控制更方便，更有效地减少成浆中的纤维束含量，降低能耗。

（7）在后段另外设置一道后高浓漂白工序，如果需要更高的白度可使浆料进入这个漂白塔中漂到 85% 左右的白度。

（8）采用两级两段筛选，再磨段还有浆渣磨后的筛选，保证筛选质量。

（9）优化了渣浆再磨系统，在渣浆磨前有浓缩系统，稳定渣浆磨浆浓度，改善了已磨渣浆质量。

（10）热回收系统和白水系统能确保热能充分利用，减少能量损失和纤维流失。

（11）采用 DCS 控制系统，操作简捷、可靠、稳定性高；配有单独的密封水和冷却水处理系统，安全性能高。

（12）在最后一段的挤浆机出口的螺旋可正反转，正转时可生产约 12% 的浆送去储浆塔，反转时可生产 30% 的湿浆装包后外卖。

六、案例总结

本案例主要需懂得知识点：

（1）古法造纸工艺。

（2）现代制浆造纸工艺。

（3）P-RC-APMP 制浆的原理。

《认识制浆造纸工艺流程》教学案例实施

教学项目实施流程图如图 5-26 所示。

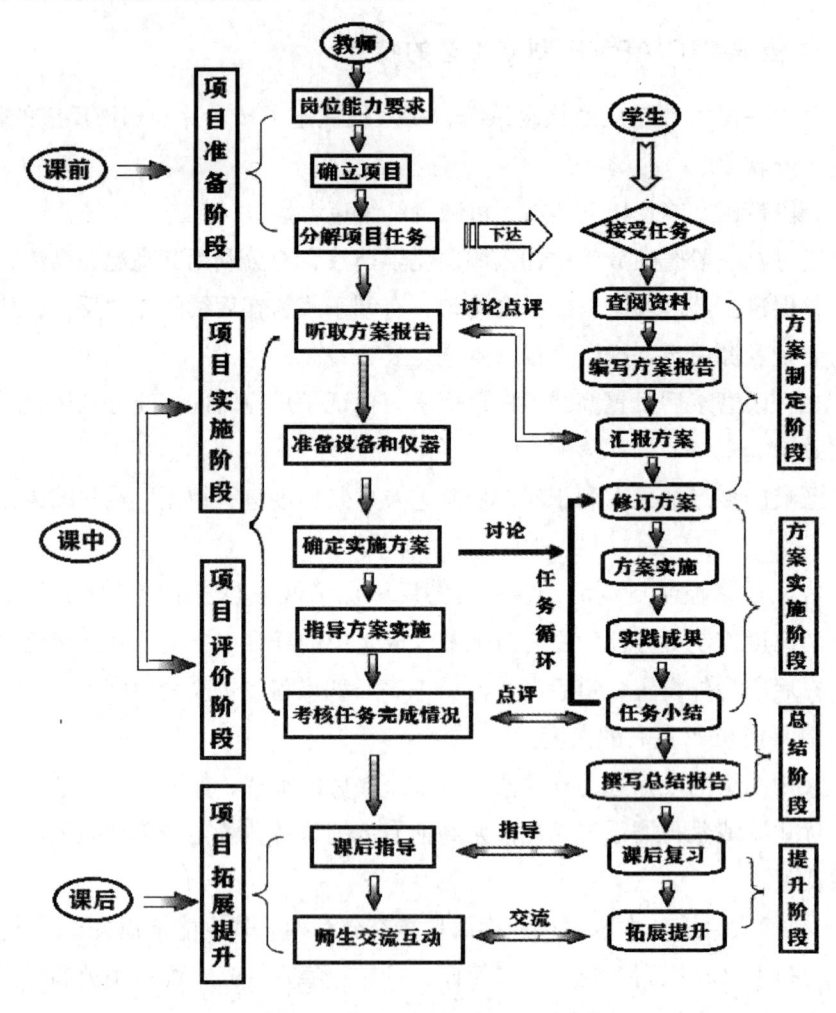

图 5-26 《认识制浆造纸工艺流程》

一、案例准备阶段（课前计划）

（1）学生分组，指定组长。

（2）与现场联系，进行现场教学准备，包括安全教育、劳保用品、行走路线、企业教师、现场教室等。

（3）安全教育，教师带领学生到现场调研，对碱回收车间碱炉工段一次风机控制系统进行了解，有一个感性认识。

（4）接受任务，查阅资料，撰写方案报告。

二、案例实施阶段（课中实施）

（1）学生按小组就座学习。

（2）技术人员介绍金桂企业制浆造纸的工艺流程。

（3）提出问题：

①说出制浆的基本过程。

②制浆方法有几种。

③造纸方法有几种。

④说出湿法造纸的过程。

（4）学生根据技术人员陈述内容，分小组讨论方案。

（5）每小组选出代表汇报方案，技术人员对方案进行评价，提出优点和不足。

（6）技术人员进行案例小结。

三、案例总结提升阶段（课后提升）

请画出广西金桂制浆造纸工艺流程方框图。

案例 10："文化引路，圆梦金光"企业文化拓展活动

《"文化引路，圆梦金光"拓展活动》教学案例工作如表 5-59 所示。

表5-59 《"文化引路，圆梦金光"拓展活动》教学案例工作页

案例编号	JG-10	教学案例名称	《"文化引路，圆梦金光"拓展活动》
对接岗位	金光集团企业所有岗位	企业案例来源	金光集团企业文化拓展活动
适用课程	企业文化	计划学时	16学时
地点	南宁青秀山拓展基地	编写人员	企业：李华青 学校：王彩霞
学情分析	金光现代学徒班学生主要来自农村，对工厂、企业不了解，结合以往经验，很多学生进入企业工作岗位之后，不适应企业管理环境或者被企业淘汰，并不一定由于缺乏胜任职业岗位的知识和能力，而是由于缺乏适应企业管理和人际关系的能力素质，无法在企业的环境里找准自己的位置，很好地发挥自己的专业技能。将专业文化和企业文化有机结合起来就成为一种必然要求。这有助于引导和规范学生的思想行为，使学生实现从"校园人"向"企业人"的角色转变，实现学生综合素质的全面提升			
教学目标	知识目标	能力目标	素质思政目标
	1. 了解金光集团，熟悉企业文化 2. 了解金光集团"客户至上、创业精神、结果导向、持续改进"企业文化精神	1.学会与同学们交流方法 2. 提升表现自己勇气 3. 提高团结协作能力，增强团队凝聚力	1. 培养同学们的团队合作、克服困难和解决问题的能力 2. 提升学徒对金光集团的认同感和忠诚度
知识点	企业文化	技能点	参加拓展活动
思政案例	五个项目拓展活动	思政目标	提升学徒对金光集团的认同感和忠诚度
企业案例详解介绍	"文化引路，圆梦金光"是金光集团针对新员工举行的拓展活动，通过穿越电网、团队卓越、团队神笔、翻天覆地、团队极速、团队解码等若干个项目的锻炼，培养企业员工的团队合作精神和解决问题的能力			
案例解决问题	1. 了解金光集团，熟悉企业文化，了解金光集团"客户至上、创业精神、结果导向、持续改进"的企业文化精神 2. 培养企业员工的团队合作精神和解决问题的能力 3. 提升学徒对金光集团的认同感和忠诚度			
案例教学流程	1. 文化引路——集团发展历程，企业文化介绍 2. 文化引路——破冰正能量 3. 组建团队——团建正能量 4. 铸就团队——神笔马良、团队卓越、团队极速、群龙取水、七彩人生 5. 闭营仪式——活动回顾，总结分享			
案例总结	通过形式生动的培训和寓教于乐的拓展活动，把公司的理念和价值观传递给学生，同时以师带徒方式，通过师傅榜样示范对学生正面引导，养成良好的个人身体素质，学会与同学们交流，提高团结协作能力，增强团队凝聚力，保证了学生在校园学习和工厂实习阶段就领会理解并认同企业的文化价值观；期望同学们在今后的学习、工作中不断努力，有"纸业精英，舍我其谁"的担当，争做最好的自己，成就最棒的团队，为成为一名真正合格的企业员工打下了良好的基础			

《"文化引路，圆梦金光"拓展活动》案例详解

一、拓展项目1：神笔马良

项目内容：一支长度约1m的大号毛笔，在笔杆的上、中、下部分，分别用长约1m的多根细线捆扎，团队每位成员各自拉住一根细线的线端，分散执线，合力同步协调操作"神笔"在一张纸上写字，让11人的配合如同"神笔马良"一样挥洒自如。

活动目的：①加强团队精神，培养团队配合协作能力；②感受团队配合协作中，各成员之间的沟通方式与行为方式的变化及所需要的调整；③提升团队士气，激发饱满的激情。

二、拓展项目2：团队卓越

项目内容：所有队员用最短时间，让身体垂直通过一个身体大小的绳圈，用时最短的队获胜。

活动目的：①加强团队成员间的相互合作；②提高团队沟通与快速决策的能力；③卓越的团队需要有坚定的决心、坚强的意志、坚不可摧的精神。

拓展项目3：团队极速

项目内容：拓展教练在固定的绳圈内摆放30张极速60 s卡片，每张卡片分别代表一个数字，30张卡片的内容分别代表1至30的阿拉伯数字，卡片的内容形式由图像组成。要求学员在60 s内把散落在绳子区域内的急速60 s卡片按照1~30数字的正确排列顺序拿出来交给拓展教练。

活动目的：①培养团队成员主动沟通的意识，体验有效的沟通渠道和沟通方法；②培养成员面对困难的突破与挑战精神，学会分析事情而决定行动导向；③明确自己在团队中的位置与重要性，本位工作的完成情况对团队的协助意义。

四、拓展项目4：群龙取水

项目内容：在直径一定的绳圈内放置许多矿泉水瓶。在规定的时间内，不进入圈内取出矿泉水瓶。在取出的过程中，水有任何的洒出即算任务失败。

活动目的：①重视团队的力量，进行有效的沟通，在团队中看似非常简单的任务，不通过团队中所有人的努力，不通过所有人的合作和配合也是无法完成的；②做好自己。作为团队的成员，做好自己的本职工作是前提，明确自己的职责，不要太在意别人的错误，而忽略了自己的职责。

拓展项目 5：七彩人生

项目内容：项目将团队所有人分成七个工作小组，模拟企业中不同分支机构或者各个部门的角色。通过团队沟通协作来完成一系列复杂的任务，体验沟通、团队合作、资源配置、信息共享、科学决策、创新观念、领导风格、高效思维等管理主题，系统整合团队。

活动目的：①培养团队成员主动沟通意识；②强调团队的信息与资源共享，通过加强资源的合理配置来提高整体价值；③体会团队之间加强合作的重要性，正确处理竞争关系，实现良性循环。

第六节 其他材料

广西现代学徒制试点——电气自动化技术专业工作任务书：

教育部第三批现代学徒制

试点工作任务书

单 位 名 称　　广西工业职业技术学院
单 位 类 型　　高职院校
项 目 负 责 人　　陶 权
填 表 日 期　　2018 年 7 月 10 日

教育部 制
2018 年 3 月

一、项目基本情况

建设目标如表 5-60 所示。

表5-60 建设目标

建设总目标及具体目标	建设总目标： 广西工业职业技术学院与目前亚洲规模最大、世界前10制浆造纸企业金光集团APP（中国）通过"圆梦计划"——电气自动化技术专业现代学徒制试点，建立起"企业、学校、学生"三方共赢的合作育人的人才培养模式，逐步建立起招生录取和企业用工一体化的招生招工制度；形成现代学徒培养的教学文件、管理制度、相关标准，基本形成企业和学校双主体协同育人、共同发展的一体化人才培养长效机制；推进专兼结合、校企互聘互用的"双师型"师资队伍建设，提高职业教育资源的使用效率，提升育人效果，培养符合企业人才需求的技术技能人才 具体目标： 1.完善校企协同育人机制。包括签订现代学徒制合作协议，完善联合招生、分段育人、多方参与评价的育人机制 2.校企推进招生招工一体化。2018年校企联合招生30人，完善校企用工一体化的招生招工制度与方案。明确学徒的学校学生和企业员工双重身份，学徒、学校和企业签订三方协议，确定各方权益及学徒在岗培养的具体岗位、教学内容、权益保障等 3.校企完善人才培养方案和各种标准。校企共同设计试点专业人才培养方案，共同制定专业教学标准、课程标准、岗位技术标准、师傅标准、质量监控标准及相应实施方案；校企共同建设基于工作内容与典型工作过程的专业课程体系 4.校企联合开发特色教学资源。把企业现场管理知识、安全操作知识、企业标准、能力素养、企业文化、企业精神融入课程建设之中，依据企业岗位典型工作任务和工作流程，开发课程标准及教学内容，开发教材，创建案例资源库及课程资源网站 5.强化校企互聘共用的师资队伍建设。完善双导师制，建立健全双导师选拔、培养、考核、激励制度，形成校企互聘共用的管理机制；明确导师的职责和待遇；校企共同制定双向挂职锻炼、联合技术研发、专业建设的激励制度 6.完善体现现代学徒制特点的管理制度。建立健全与现代学徒制相适应的教学管理制度、创新考核评价与督查制度、学徒考核评价标准、多方参与的考核评价机制

二、分年度目标及验收要点

验收表如表 5-61 所示。

表5-61 验收表

建设内容	2019年9月 （预期目标、验收要点）	2020年9月 （预期目标、验收要点）
1. 校企"双主体"育人机制 负责人： 陶权（系主任）	预期目标： 建立健全学院与金光集团APP（中国）共同组建的电气自动化技术专业现代学徒制试点的校企协同育人机制 验收要点： 1. 校企共同编制开展现代学徒制试点工作实施方案 2. 校企双方签订的电气自动化技术专业现代学徒制合作协议 3. 校企共同编制的体现校企联合招生、分段育人、多方参与评价的双主体育人机制等资料 4. 校企共同编制建立的体现探索人才培养成本分担机制	预期目标： 完善优化学院与金光集团APP（中国）共同组建的电气自动化技术专业现代学徒制试点的校企协同育人机制 验收要点： 1. 修改完善的开展现代学徒制试点工作实施方案 2. 修改完善的校企双方签订的"报关与国际货运"专业现代学徒制合作协议 3. 修改完善的体现校企联合招生、分段育人、多方参与评价的双主体育人机制等资料
2. 招生招工一体化 负责人： 钟柳青 （招生办主任）	预期目标： 建立健全学院与金光集团APP（中国）联合开展的招生招工一体化方案 验收要点： 1. 校企共同编制建立的招生招工一体化工作方案 2. 开展现代学徒制试点学生录用名册 3. 按试点专业学生人数1/3确定的带徒双师傅名册 4. 校企共同编制建立的师带徒活动方案及举行师带徒拜师仪式相关资料 5. 学徒、学校和企业签订的三方协议，包括协议确定的各方权益及学徒在岗培养的具体岗位、教学内容、权益保障等	预期目标： 优化完善学院与金光集团APP（中国）联合开展的招生招工一体化方案 验收要点： 1. 修改完善的招生招工一体化工作方案 2. 开展现代学徒制试点学生录用名册 3. 按试点专业学生人数1/3确定的带徒双师傅名册 4. 企业师带徒活动方案相关资料 5. 学徒、学校和企业签订的三方协议，包括协议确定的各方权益及学徒在岗培养的具体岗位、教学内容、权益保障等

（续　表）

建设内容	2019年9月 （预期目标、验收要点）	2020年9月 （预期目标、验收要点）
3.人才培养方案和标准 负责人：庞广富 （专业负责人）	预期目标： 建立健全学院与金光集团APP（中国）开展的电气自动化技术专业现代学徒制人才培养方案和各种标准 验收要点： 1.校企共同编制的现代学徒制人才培养方案 2.校企共同编制建立的专业教学标准、课程标准、岗位技术标准、师傅标准、质量监控标准 3.校企共同编制建立的基于工作内容与典型工作过程的专业课程体系 4.校企共同编制建立的基于岗位工作内容、融入国家职业资格标准的专业教学内容和教材，包括学徒的培训教材或岗位操作手册等	预期目标： 优化完善学院与金光集团APP（中国）开展的电气自动化技术专业现代学徒制人才培养方案和各种标准。总结试点项目成果和实施效果，扩大试点范围，向相关专业推广 验收要点： 1.修改完善的现代学徒制人才培养方案 2.修改完善的专业教学标准、课程标准、岗位技术标准、师傅标准、质量监控标准 3.修改完善的基于工作内容与典型工作过程的专业课程体系 4.修改完善的基于岗位工作内容、融入国家职业资格标准的专业教学内容和教材，包括学徒的培训教材或岗位操作手册
4.校企联合开发特色教学资源 负责人：莫文火 （专业教师）	预期目标： 建设校企联合开发现代学徒制特色教学资源 验收要点： 1.专业教学资源方案 2.部分开发专业、课程教学资源（PPT课件、文档、微课视频、动画、仿真软件等）	预期目标： 优化完善和运用校企联合开发现代学徒制特色教学资源 验收要点： 1.继续开发充实专业、课程教学资源 2.学生选用教学资源点击率
5.校企互聘共用的教师队伍 负责人： 陶权（系主任）	预期目标： 建立健全学校与金光集团APP（中国）开展的电气自动化技术专业现代学徒制校企互聘共用的师资队伍 验收要点： 1.校企共同编制建立的双导师带徒花名册 2.校企共同编制建立的双导师管理办法 3.学徒在企业岗位接受企业导师的培训材料 4.学生在学校接受企业兼职教师的培训、讲座材料 5.教师顶岗实践材料	预期目标： 优化完善学校与金光集团APP（中国）开展的电气自动化技术专业现代学徒制校企互聘共用的师资队伍 验收要点： 1.优化完善校企共同编制建立的双导师带徒花名册 2.优化完善校企共同编制建立的双导师管理办法 3.学徒在企业岗位接受企业导师的培训材料 4.学生在学校接受企业兼职教师的培训、讲座材料 5.教师顶岗实践材料

（续　表）

建设内容	2019年9月 （预期目标、验收要点）	2020年9月 （预期目标、验收要点）
6.体现现代学徒制特点的管理制度 负责人：余鹏 （专业教师）	预期目标： 建立健全学校与金光集团APP（中国）开展的电气自动化技术专业试点管理制度 验收要点： 1.校企共同编制建立的与现代学徒制相适应的教学管理制度 2.校企共同编制建立的考核评价与督查制度，包括基于工作岗位以育人为目标的学徒考核评价标准，多方参与的考核评价机制，定期检查、反馈等形式的教学质量监控机制 3.校企共同编制建立的学徒管理办法，包括保障学徒权益，根据教学需要，科学安排学徒岗位、分配工作任务，保证学徒合理报酬，落实人身意外伤害保险、学生实习责任保险、工伤保险等	预期目标： 优化学校与金光集团APP（中国）开展的电气自动化技术专业试点管理制度 验收要点： 1.优化完善校企共同编制建立的与现代学徒制相适应的教学管理制度 2.优化完善校企共同编制建立的考核评价与督查制度，包括基于工作岗位以育人为目标的学徒考核评价标准，多方参与的考核评价机制，定期检查、反馈等形式的教学质量监控机制 3.优化完善校企共同编制建立的学徒管理办法，包括保障学徒权益，根据教学需要，科学安排学徒岗位、分配工作任务，保证学徒合理报酬，落实人身意外伤害保险、学生实习责任保险、工伤保险等

三、资金预算表

表5-62　资金预算表

序号	时间	支出项目	企业投入资金/万元	学校投入资金/万元	省级财政投入资金/万元	其他资金/万元
1	2018.9—2020.9	学徒工资	65	0	0	0
2	2018.9—2020.9	企业师傅指导津贴	10	0	0	0
3	2018.9—2020.9	企业师傅到校授课津贴	0	6	0	0
4	2018.9—2020.9	开发与编制《现代学徒制招生招工一体化手册》，含招生招工一体化工作方案，学徒、学校和企业三方协议等	0	1	2	0

（续 表）

序号	时间	支出项目	企业投入资金/万元	学校投入资金/万元	省级财政投入资金/万元	其他资金/万元
5	2018.9—2020.9	开发与编制《现代学徒制人才培养制度和标准手册》，含现代学徒制人才培养方案，专业教学标准、课程标准、岗位技术标准、师傅标准、质量监控标准以及课程体系、教材与操作手册等	0	4	10	0
6	2018.9—2020.9	开发与编制《现代学徒制校企互聘共用的师资队伍手册》，含现代学徒制管理办法、双导师管理办法等	0	1	2	0
7	2018.9—2020.9	开发与编制《与现代学徒制相适应的教学管理制度手册》	0	1	1	0
8	2020.9	编制学校试点现代学徒制的典型案例（2~3例）、年度自检报告及相关研究报告等	0	3	5	0
合计			75	15	20	0

四、试点单位意见

单位承诺：

承担单位（公 章）

年　　月　　日

五、主管部门意见（全国性行业组织可不填此项）

```
省级教育行政部门意见：



              （公章）


                              年   月   日
```

广西工业职业技术学院金光班暑假实习计划：

广西工业职业技术学院"金光自动化班"
工厂暑假实习方案

一、工厂暑假实习单位广西金桂浆纸业有限公司。

二、工厂暑假实习学生2018级金光自动化班学生，共计30人。

三、暑假实习组织机构

组长：陶权（学校）。

副组长：苗文峰、龚昌芬（企业）。

组：谢彤、谢华锋、张丽华（企业）、企业师傅成员（企业）。

四、专业认识实习的目的

（1）使学生了解浆纸业生产工艺过程、基本浆纸制造技术、基本产品与性能以及纸浆造纸设备及其操作方法，为后续专业理论课程学习奠定坚实基础。

（2）使学生进一步巩固专业知识和熟悉专业技能，并把理论知识应用于生产实践，为浆纸业生产原理课程设计收集一手资料做好准备。

（3）培养学生观察问题、分析问题、解决问题的能力和创新能力。

（4）进一步熟悉金光集团企业文化，更快融入金光集团工作学习环境。

五、专业认识实习的基本要求

（1）了解金光集团浆纸业企业的历史、现状、发展前景及其企业文化。

（2）了解有关浆纸业产品的生产原理、工艺条件及其理论基础。

（3）了解有关浆纸业生产过程、设备与控制。

（4）了解浆纸业企业环境污染状况、环境保护现状及措施。

（5）了解金光集团浆纸业现代化企业生产模式和管理理念。

（6）了解、感受金光集团企业文化。

六、专业认识实习基本内容及进度安排：

（1）见习动员、专题讲座。

（2）分A、B、C、D四个组分别深入浆线、纸线、能源部、品保学习。

（3）学生完成个人见习报告、总结。

七、工厂专业认识实习方式

（一）入厂安全教育

广西金桂浆纸业公司技术人员做专题技术讲座（工厂概貌及入厂教育，安全生产规章、各种技术报告、现代浆纸业工厂生产组织和管理等）。

（二）组织实习

组织对实习单位各车间及生产流程各进行一周的实习，着重了解产品生产的原理、生产流程、所采用的生产工艺、生产设备及其控制方式等，加深对企业岗位的认知，督促学生从实际出发对工厂的现行生产工艺、生产设备及其控制与在校所学的理论联系起来。

（三）总结讨论

实习结束后以班为单位、工厂师傅参与、分组讨论，交流实习感受。

（四）实习报告

在实习结束后，学生应提交书面的实习报告。内容包括以下两点：①所实习工厂的情况，包括地理位置、人员情况、生产能力、生产流程、生产基本工艺及其控制、生产设备及其结构/功能原理及其控制、产品特性与性能及环境保护情况等；②实习感受。

八、工厂岗位技能实习考核

（一）暑假实习要求

为了确保暑假实习任务的顺利完成，对实习学生提出如下要求：

（1）金光集团圆梦计划金光班学生要牢记自己的双重身份，既是广西工业职业技术学院的一名学生，也是金光集团的一名员工，实习学生进厂必须以企业员工标准要求自己，学徒必须严格遵守广西金桂浆纸业有限公司的有关规章制度，进出单位必须出示有关证件，上班不迟到，不早退，按时进入指定的工作岗位，下班须办好交接手续，经师傅允许后，方可离开。

（2）学徒进入工作场地前必须穿好工作制服，戴好劳保用品，做好一切准备工作，确保安全、文明生产。

（3）学徒不准擅自离开实习岗位，有事离岗需经组长或师傅批准，返回岗位向班组或师傅报告，同意后方可上岗。

（4）学徒必须听从带教师傅指导，严格遵守安全操作规程，爱护设备，不乱动设备，不得无故损坏设备。如发现故障或异常现象，立即报告值班领导和师傅，未经允许，不得任意拆卸或启动设备，确保人身、设备的安全。

（5）爱护工具、量具，节约原材料，认真做好所在岗位的设备保养，做好实习场地和工位的清洁卫生工作。

（6）在工作场所内，不准嬉闹、奔跑和大声叫喊，上班不准串岗、打瞌睡、干私活、看手机等，不准参加非企业组织的其他活动。

（7）尊重实习单位领导、师傅和其他工作人员，听从安排、服从分配，做好本职工作，做到谦虚谨慎、勤学好问、刻苦钻研，学以致用，精益求精，提高操作技能，争取尽快达到实习的合格要求。

（8）严格遵守实习单位的保密制度，不得将技术或商业情报向外泄露，维护实习单位利益。

（9）实习期间，注意人身安全，注意维护学校声誉和社会公德。

（二）考勤制度

（1）学徒在实习期间实行双重考勤，即所在实习单位师傅的日常考勤和学校指导教师不定时抽查。

（2）学徒必须遵守学校和单位的各项规章制度，履行学徒工作职责，遵守单位的作息时间，不得迟到、早退和无故缺勤。未经批准，一律不得在外住宿。

（3）学徒未经允许不能擅自离开实习单位，学徒原则上不允许请事假，如学徒请病、事假，必须按照有关规定办理相关请假手续，应经实习带队教师和车间师傅同意，请假三天以上者必须经学校审核，否则按旷工和学校规章制度处理。

（4）学徒必须遵纪守法，遵守社会公德，互帮互助，自尊自爱，自觉接受实习单位、学校的双重教育和管理。

（5）学徒必须参加轮岗实习考核和技能鉴定，做好实习总结，经实习单位签署意见后交给学校。

（6）督促学徒严格执行企业的各项规章制度，并对学生出勤情况进行考核，请假情况填入请假登记表，学生实习期满，由各部门负责人和实习岗位的师傅及学校导师共同对其做出考核评价。根据学生的政治思想、工作作风、团结协作、劳动纪律、学习态度、业务能力等写出评语，并按优秀、良好、合格和不合格四等评定成绩，记入实习手册。对实习期间有严重违纪行为或发生重大差错事故者，综合评定不合格。

（7）对于违反学校纪律与实习单位规章制度的同学，视其情节给予处理，严重者停止其实习，取消实习学分，不予毕业。由此发生的费用自理，由此引起的一切后果由学生自己负责。

（三）工厂岗位技能实习成绩考核

学生必须在实习结束下学期开学前，根据实习单位的具体情况和实习内容撰写暑假实习报告。实习报告字数要求在3 000字以上，实习结束返校后交实习指导教师评阅；暑假实习考核实行企业和学校双向考核，双向考核合格的学生才能取得应得的学分。

九、附件

具体考核表如表5-63所示
具体金光集团圆梦计划学生工厂暑假实习计划如表5-64所示。

表5-63 考核表

序号	评定项目	项目成绩
1	实习出勤率	30%
2	实习总结评定	30%
3	实习单位师傅鉴定	40%
	合计	100%

表5-64 金光集团圆梦计划学生工厂暑假实习计划

序号	实习内容				时间	地点	负责人
	浆线工艺、设备及其基本控制	纸线工艺、设备及其基本控制	能源工艺、设备及其基本控制	产品品质保证、检测项目方法			
1	出发、到达实习地点——广西金桂浆纸业有限公司				2019.7.14		
2	安全教育、实习计划安排及工厂带队师傅见面会				2019.7.15	工厂会议室	
3	A	B	C	D	2019.7.16	生产现场	谢华锋（企业）
4	A	B	C	D	2019.7.17		
5	A	B	C	D	2019.7.18		
6	A	B	C	D	2019.7.19		
7	技能训练—浆浓度测量与在线工程				2019.7.20	工厂会议室	
8	休息				2019.7.21		
9	B	D	A	C	2019.7.22	生产现场	谢彤（企业）
10	B	D	A	C	2019.7.23		
11	B	D	A	C	2019.7.24		
12	B	D	A	C	2019.7.25		
13	B	D	A	C	2019.7.26		
14	技能训练—制浆造纸碱回收控制工程				2019.7.27	工厂会议室	
15	休息				2019.7.28		
16	C	A	D	B	2019.7.29	生产现场	谢彤（企业）
17	C	A	D	B	2019.7.30		
18	C	A	D	B	2019.7.31		
19	C	A	D	B	2019.8.1		
20	C	A	D	B	2019.8.2		
21	技能训练—制浆造纸废水处理工程				2019.8.3	工厂会议室	
22	休息				2019.8.4		

（续　表）

序　号	实习内容				时间	地点	负责人
23	D	C	B	A	2019.8.5	生产现场	谢彤（企业）
24	D	C	B	A	2019.8.6		
25	D	C	B	A	2019.8.7		
26	D	C	B	A	2019.8.8		
27	总结讨论（与工厂师傅交流实习成果）				2019.8.9	工厂会议室	
28	学生返校（广西工业职业技术学院）				2019.8.10		谢彤

参考文献

[1] 姜大源. 德国"双元制"职业教育再解读 [J]. 中国职业技术教育，2013（33）：5-14.

[2] 刘立新，张凯. 德国《职业教育法 (BBiG)》——2019 年修订版 [J]. 中国职业技术教育，2020（4）：16-42.

[3] 高羽. 美国注册学徒制的历史演进、改革举措及启示 [J]. 中国职业技术教育，2018，673（21）：40-45，89.

[4] 薛栋. 美国学徒制发展战略的最新进展及其启示 [J]. 职教论坛，2020（1）：170-176.

[5] 鲁碗玉. 高职教育中"现代学徒制"人才培养模式研究 [D]. 大连：大连大学，2011.

[6] 彭跃刚，石伟平. 美国现代学徒制的历史演变、运行机制及经验启示——以注册学徒制为例 [J]. 外国教育研究，2017，44(4)：103-114.

[7] 杰弗里. A. 康托. 21 世纪美国现代学徒制：培养一流劳动力的奥秘 [M]. 孙玉直，译. 北京：中国劳动社会保障出版社，2016.

[8] 赵志群，陈俊兰. 现代学徒制建设——现代职业教育制度的重要补充 [J]. 北京社会科学，2014（1）：28-32.

[9] 苟顺明. 欧盟职业教育政策研究 [D]. 重庆：西南大学，2013.

[10] 杨青. 现代学徒制立法的三个基本点 [J]. 职业技术教育，2016（10）：45-49.

[11] 佘松涛，万军梅. 英国现代学徒制实施情况及其对我国的启示 [J]. 职教论坛，2013（15）：91-96.

[12] 关晶. 当代澳大利亚学徒制述评 [J]. 职教论坛，2015（4）：80-84.

[13] 王维思，徐涵. 英国、澳大利亚学徒制新发展之比较 [J]. 职教论坛，2016（25）：82-86.

[14] 蔡泽寰. 英国的现代学徒制度 [J]. 中国职业技术教育，2005（6）：55-60.

[15] 黄日强，施晶晖，陈龙. 中国职业教育现代学徒制研究 [M]. 北京：中国原子能出版社，2014.

[16] 张翌鸣，黄日强，陶军明. 澳英两国职业教育研究 [M]. 四川：四川出版社，2013.

[17] 陈俊兰. 职业教育现代学徒制研究 [M]. 长沙：湖南大学出版社，2014.

[18] 孙丽丽."现代学徒制"人才培养模式实践探索 [J].教育教学论坛,2013（51）：207-208.

[19] 王志文,刘迪.机电行业现代学徒制人才培养方案设计 [J].山东工业技术,2015（8）：201.

[20] 教育部.教育部关于开展现代学徒制试点工作的意见 [EB/OL].（2014-08-27）[2017-01-25].http://www.moe.gov.cn/.

[21] 王映红,李传伟.现代学徒制试点专业人才培养方案的研究与制定——基于创新创业教育的机电一体化技术专业 [J].湖北工业职业技术学院学报,2016,29（2）：4-8.

[22] 陈天娥.基于成果导向的物联网专业诊断与改进研究 [J].机械职业教育,2017（2）：10-13,28.

[23] 王伯庆.参照《悉尼协议》开展高职专业建设（J）.江苏教育,2014（7）：16-19.

[24] 白凤臣,马文姝.成果导向教育在高职热能专业教学设计上的应用 [J].哈尔滨职业技术学院学报,2017（3）：34-37.

[25] 高楚云,胡志清,熊建武.基于《悉尼协议》的高职高专院校专业建设改革思路 [J].机械职业教育,2017（10）：22-24.

[26] 许艳丽,李资成.中国制造 2025 背景下高职院校复合型人才能力培养研究 [J].中国职业技术教育,2017（20）：5-9.

[27] 张孟芳,张安富."中国制造 2025"对高等工程教育提出的新要求及其应对 [J].黄冈师范学院学报,2018（8）：50-51.

[28] 周平.现代学徒制校企协同育人机制的构建与实践 [J].科技文汇,2017（6）：73-75.

[29] 黄天贵.高职制浆造纸专业人才培养方案的改革与实践 [J].纸和造纸,2009,28（7）：70-74.

[30] 王敬,张政梅,崔秋立.基于OBE理念的学徒制人才培养方案研究 [J].职业,2019（28）：42-43.

[31] 陈丽婷.《悉尼协议》范式下高职专业建设的本土化实践 [J].中国职业技术教育,2018（22）：59-65.

[32] 丁丽梅,韩治国,陈湘君,等.八引八入—高职校园文化与企业文化融合的新模式（J）.广东水利电力职业技术学院学报,2012,10（1）：62-66.

[33] 易瑜.高职院校特色专业文化建设的研究——以娄底职业技术学院为例 [J].甘肃科技,2015,31（24）：51-53.

[34] 钱俊,丁传安.高职专业文化与企业文化融合探微 [J].中国成人教育,2015（1）：87-89.

[35] 占卫国.经济欠发达地区现代学徒制运行模式研究 [J].农村经济与科技,2016（5）：278-280.